KB213528

긍정심리학 · 인간의 최고 상태에 대한 탐구 · 3

역경을 통해 발견하기

Shane J. Lopez 편
권석만 · 박선영 · 하현주 공역

학지사

긍정심리학을 선물로 주신

세 분을 기리며

Chip Anderson(1942~2005)[1]

Don Clifton(1924~2003)[2]

C. R. Snyder(1944~2006)[3]

---

1 역자 주: 인간의 강점을 연구하고 그에 초점을 맞춘 교육에 학술적 업적을 남긴 미국의 저명한 심리학자.
2 역자 주: 인간의 강점 연구를 본격적으로 시작한 선구자이자 갤럽(Gallup)사의 회장이었던 미국의 심리학자.
3 역자 주: 희망에 대한 연구로 커다란 학술적 업적을 남긴 미국의 심리학자.

■■ ┆ 추천사

1980년에 David Burns는 대단한 베스트셀러가 된『우울한 현대인에게 주는 번즈 박사의 충고(*Feeling Good: The New Mood Therapy*)』를 출간했다. 이 책에서 그는 우울하고 불안한 기분을 끌어올리도록 과학적으로 개발된 인지행동적 치료기법을 소개했다. 이 책은 미국의 정신건강 전문가들이 우울증 환자에게 가장 자주 추천하는 도서가 되었다. 무려 400만 명 이상이 그 책을 구입했으니 말이다. 이 책은 우울과 불안 그리고 낮은 자존감으로 괴로워하는 사람들에게 기분이 좋아지는 방법들을 제시했다. 연구에 따르면, 이 책의 독자 중 70%는 증상이 현저하게 호전되었으며 그 효과가 3년 동안 지속되었다. 전반적인 기분 상태 검사에서 −8점이었던 것이 0점으로 증가했으며 심지어 +2점까지 증가하기도 했다.

이후 많은 시간이 흘렀다. 오늘날의 심리학자들이 추구하는 목표는 보다 더 높고, 야심 차다. 지난 10여 년 동안, 긍정심리학이라는 새로운 분야의 연구자들은 사람들이 괴로운 기분을 **좋은** 기분으로 바꿀 뿐만 아니라 **최고의** 기분으로 높이는 방법, 즉 그들의 강점, 재능, 능력을 최대한 발휘하여 번영하는 삶을 살 수 있게 하는 방법에 대한 놀라운 학술적 진전을 이루었다. 간략히 말하면, 긍정심리학은 삶을 살 만한 가치가 있는 것으로 만들어주는 심리학이라고 할 수 있다. 긍정심리학은 심리적 행복의 원천들, 예컨대 긍정 정서, 긍정 경험, 긍정 환경, 인간의 강점과 미덕에 대한 집중적인 연구관심을 뜻한다. 긍정심리학은 사람들로 하여금 가장 가치 있고 생산적이며 행복한 삶을 누릴 수 있도록 긍정적인 마음 상태를 만들어내도록 돕는 것이 결점을 고치고 고통과 장애를 치유해온 심리학의 전통적인 관심만큼이나 중요하다는 믿음에 뿌리를 두고 있다.

긍정심리학이 강점, 번영, 성취에 초점을 맞추게 된 것은 현명한 동시에 뚜렷한 전환이라고 할 수 있다. 1950년대부터 심리학은 질환, 장애, 그리고 삶의 어두운 부분에 고착되어 있었으나 다행스럽게도 우리는 행복을 이루고 유지하는 방법, 좀 더 생산적이고 즐거운 삶을 영위하는 방법, 강점을 함양하고 역경 극복 능력을 육성하는 방법 등에 대한 최신의 과학적 연구결과를 쉽게 접할 수 있는 새로운 시대에 살고 있다. 그러나 중요한 연구결과들은 대학교에서 주로 구독하는 전문학술지에만 소개되고 있을 뿐 일반 학생이나 비전문가들이 쉽게 접하기 어려웠다. 긍정심리학을 통해 밝혀진 다양한 연구성과들이 쉽게 접할 수 있고 이해하기 쉬운 책자로 통합되어 제시되지 못했다. 이 네 권의 책은 좀 더 행복해지고 잠재력을 더 잘 실현하는 방법, 인간의 강점을 이해하고 계발하는 방법, 고통스러운 시기의 역경을 극복하는 방법, 그리고 이 밖의 많은 것에 대한 연구성과를 처음으로 종합하여 제시하고 있다.

그러나 아마도 당신은 자기계발 서적, 즉문즉답을 해주는 라디오 프로그램, 무수한 신문기사, 잡지, 블로그를 통해서 이러한 주제들에 대한 해답을 접했으리라 짐작된다. 그렇다면 이 네 권의 책은 어떤 의미를 지니는 것일까? 기존 자기계발 서적의 저자에 의해서 제시되거나 미디어에 의해서 나름대로 또는 흔히 잘못 풀이되는 해답, 설명, 처방들은 대부분 과학적 이론과 실증적 검증의 근거가 부족한 것이었다. 오늘날 미디어를 통해서 흔히 접하게 되는 정보와는 달리, 이 네 권의 책에서 소개하는 설명, 이론, 제안들은 모두 최신의 과학적 연구에 근거하고 있다.

이 책들의 내용에서는 순전히 저자의 개인적 경험이나 그들의 조부모, 지인들 또는 우울한 내담자의 경험, 그리고 일부 사람들에 대한 인터뷰 결과에 근거한 결론을 발견하기 어려울 것이다. 실증적 연구는 이러한 개인적 또는 임상적 경험에 비해서 다양한 강점을 지니고 있다. 과학적 방법을 사용한 실증적 연구는 어떤 현상과 그 원인을 체계적이고 편견 없이 밝혀낼 수 있다. 물론 과학은 불완전하며 나름대로의 한계를 지니고 있다. 그러나 한 개인이 자신의 신념, 편견, 제한된 경험에 근거하여 제시하는 주장에 비해서 과학적 연구에 의해 도출된 결론은 훨씬 더 믿을 만한 것이다.

내가 항상 읽기를 좋아하는 편지 중 하나는 한 신문의 독자가 편집장에게 보낸 것인데, 그 편지는 과학이라는 주제에 관해 언급하고 있다.

"과연 신은 존재하는가?"와 같은 신앙에 관한 질문들이 있다. "역사상 최고의 야구 선수는 누구인가?"와 같은 견해에 대한 질문들이 있다. "낙태는 합법화되어야 하는가?"와 같은 논란거리의 질문들도 있다. 그리고 과학적 방법을 적용하여 좀 더 확실하게 대답할 수 있는 질문들도 있다. 이것은 실증적인

물음들이라고 할 수 있는데, 대부분 증거에 의해서 해결될 수
있는 것이다(Ivins, 2000).

인간의 강점에 대한 질문들, 긍정 정서의 이점에 대한 질문들,
스트레스와 외상 경험 이후의 성장에 대한 질문들, 행복과 번영
의 추구에 대한 질문들은 바로 그러한 실증적인 물음이다. 긍정
심리학 분야의 과학적 진전은 매우 확고한 것이어서 과학자가 아
닌 사람들을 위한 기술, 설명, 처방으로 풀어서 제시될 수 있다.
최선의 삶을 위한 이 네 권의 책은 긍정심리학의 엄격한 연구와
최신의 지식을 반영하는 기념비적 서적이 될 것으로 기대한다.
또한 이 책들은 이해하기 쉽고 희망을 고취하는 방식으로 쓰여
있어서 독자들이 자신과 인간의 본성에 대한 새로운 인식을 얻게
될 뿐만 아니라 자신의 삶을 어떻게 변화시킬 것인지에 대한 분
명한 인식을 얻을 수 있을 것이다.

Sonja Lyubomirsky[4]

> 참고문헌

Ivins, M. (2000, September 22). The manufactured public schools crisis.
The Fort Worth Star Telegram.

---

4 미국 University of California(Riverside) 심리학과 교수이며 긍정심리학의 주요
한 연구자 중 한 명이다. 학술지 *Journal of Positive Psychology*의 부편집장이
며 『How to be happy(행복도 연습이 필요하다)』를 비롯한 다수의 저서와 연
구논문을 발간하였다.

머리말

　내가 새로 전학간 학교에 가려고 학교버스를 처음 탔을 때, 밝은 표정의 아이들이 뛰어다니며 장난을 치고 있었다. 나는 전학 온 학생이었기 때문에 조용히 앉아서 아이들이 놀며 웃고 뛰어다니는 모습을 가만히 지켜보고 있었다. 그중 가장 행복해 보이는 여자 아이가 있었는데, 그 아이의 이름은 디아나(Deana)였다. 얼굴 가득 미소를 띠고 있었는데, 그런 그 아이의 모습이 나의 관심을 끌었다. 그 아이는 너무나 편안하고 즐거워 보였다. 나는 그 아이가 아마도 버스에 타고 있는 모든 아이를 잘 알고 있을 정도로 매우 인기 있는 아이라고 추측했다. 그러나 나의 추측은 완전히 빗나갔다. 그 아이 역시 새로 전학온 학생이었다. 게다가, 여러 해 동안 옆 동네에 살면서 학교만 옮긴 나와는 달리, 디아나는 완전히 새로운 주(State)의 새로운 동네로 이사를 온 것이었다. 도대체 그 아이는 어떻게 새로운 환경에 자신 있게 걸어 들어가서 자신의 빛을 발하는 법을 배웠을까? 바로 이러한 물음에 답할 수 있는 심리학이 나의 관심을 끌었다. 수십 년이 지난 후에야, 이러한 분야의 심리학이 긍정심리학으로 알려지게 되었다. 이 네 권의 책은 바로 긍정심리학에 관한 것이다.

　지난 10년 동안 나는 대학에서 인간의 고통을 완화시키는 데 필요한 소중한 지식과 기술을 배웠다. 심리적 장애로 인해서 고통 받는 사람들을 치료하면서 큰 보람을 느껴왔다. 그러나 긍정심리학에 관한 것, 즉 무엇이 인간을 최고의 상태로 만드는지에 대해서는 배우지 못했다. 디아나와 같은 사람들에 대해서는 배우지 못했다. 나는 당신이 나와는 다른 교육적 경험을 쌓길 바란다. 모든 사람의 고통뿐 아니라 번영에도 주목하는 좀 더 균형 잡힌 공부를 하기 바란다. 네 권으로 구성된 〈긍정심리학: 인간의 최고 상태에 대한 탐구〉를 통해서 당신은 디아나와 같은 사람들을 많이 접할 수 있고 긍정심리학과 인간이 누릴 수 있는 최선의 삶에 대해서 배울 수 있을 것이다. 아울러 자신과 주변 사람들의 삶을 행복하게 하기 위해서 자신의 강점과 정서를 어떻게 활용해야 하는지를 배울 수 있을 것이다.

이 책의 편집자로서 나는 세계적으로 가장 탁월한 긍정심리학자와 활동가들에게 인간의 최고 상태에 대한 연구와 견해를 써달라고 요청했다. 각자 한 장(章)씩 쓰되, 동료 학자들이 읽는 '학술적'인 글이 아니라 일반인도 읽기 쉽게 쓰도록 권장했다. 이 책의 필자들은 사람들이 어떻게 순탄한 시기뿐만 아니라 역경의 시기에서도 강인하고 행복하며 활기찰 수 있는지에 대한 자신의 연구를 읽기 쉽게 서술하고 설명하는 놀라운 일을 해주었다. 우리는 한 팀이 되어 긍정심리학의 주요한 발견들, 즉 인간의 강점들은 실재하며 강력하다는 점과 긍정 정서는 인간의 발달에 매우 중요하다는 점을 설명할 뿐만 아니라 사람들이 어떻게 역경을 극복하고 최고의 상태로 성장하게 되었는지를 명료하게 밝히고자 한다. 우리는 긍정심리학의 연구와 실제에 관한 이야기를 네 권의 책으로 나누어 공유하고자 했다.

1권: 인간의 강점 발견하기

2권: 정서적 경험 활용하기

3권: 역경을 통해 성장하기

4권: 인간의 번영 추구하기

긍정심리학이 현실 세계에 시사하는 바는 구체적인 사건과 사례연구를 통해 전달될 수 있다. 독자들이 긍정심리학의 원리를 일상생활에 적용해볼 수 있도록 각 장의 마지막에는 '개인적인 작은 실험들(personal mini-experiments)'을 제시하였다.

1권(인간의 강점 발견하기)은 인간의 강점을 어떻게 발견하고 계발하여 여러 영역의 삶에서 성공을 거둘 수 있는지를 살펴본다. 이 책에서는 교육자, 심리학자, 철학자로 구성된 필진들이 우리 자신과 사람들에게서 어떻게 최선의 것을 이끌어낼 수 있는지를 소개한다. 2권(정서적 경험 활용하기)의 필진들은 긍정 정서에 관한 연구와 긍정 정서를 최대화하는 방법을 포함하여 20세기 후반에 이루어진 심리학의 주요한 발견을 소개하고 있다. 아마도 독자들은 감사와 정서 지능처럼 이 책에서 소개하는 많은 개념을 이미 알고 있을 수도 있지만, 긍정적인 정서 경험에 대한 기본적 지식 이상의 내용을 접할 수 있을 것이며, 긍정 정서를 효과적으로 활용하는 방법을 배울 수 있을 것이다. 3권(역경을 통해 성장하기)은 인간 영혼이 펼치는 일상적인 마술로 여겨왔던 역경 극복력에 초점을 맞추고 있다. 이 책에서 독자들은 하나의 일관된 주제, 즉 고난의 시기를 통한 개인적 성장이 매우 사회적인 과정이라는 것을 충격적으로 접하게 될 것이다. 마지막으로, 4권(인간의 번영 추구하기)에서는 학교 심리학자, 가족문제 전문가, 대학 행정가 그리고 경영 전문가가 우리가 가정과 직장, 학교에서 성공하고 웰빙을 증진할 수 있는 방법에 관한 새로운 연구결과들을 소개할 것이다.

긍정심리학은 인간에게 있어서 무엇이 올바른 것인지를 연구하는 학문으로서 심리학의 연구와 실제에 관한 학술적·대중적 관점을 재정립하고 있으며, 우리 안에 깃들어 있는 긍정적인 측면에 초점을 맞추고 있다. 〈긍정심리학: 인간의 최고 상태에 대한 탐구〉는 이 학문분야의 이론과 실제를 종합적이면서도 간결하게 요약하고 있을 뿐만 아니라 풍부한 연습과제를 제시함으로써 강점, 긍정 정서, 역경 극복력, 번영에 대한 독자들의 관심을 불러일으킬 것으로 믿는다.

나는 각 장의 원고를 수합하여 편집하면서 이 책의 발간에 기여한 동료들이 지니고 있는 탁월함을 발견할 수 있었다. 진심을 다해 이분들께 감사드리며 특히 이 출간사업에 생명을 불어넣어 준 Jeff Rettew(편집국장), Rhea Owens(부편집국장), Allison Rose Lopez(특별 편집위원), Neil Salkind(스튜디오 B), Elizabeth Potenza(Praeger 출판사)에게 고마움을 전한다.

1권: 인간의 강점 발견하기

사람들마다 지니고 있는 최선의 것을 밝힌다면 어떤 일이 벌어질까? 이 물음은 심리학 교수이자 갤럽(Gallup)[5]의 전 대표인

---

5 미국의 저명한 여론조사 기관.

Donald Clifton이 제기하였으며 많은 긍정심리학자가 풀어야 할 사명이 되었다. 이 물음에 대한 학자들의 반응은 두 개의 강점 척도 개발로 이어져 200만 이상의 사람들이 이 검사를 이용하였으며 그 결과 강점개발 프로그램이 대다수의 회사, 학교, 교회 등에서 실시되고 있다. 확신하건대, 이 책을 읽는 독자들도 5년 이내에 학교나 직장에서 강점 척도를 시행하게 될 것이다.

이 책에서는 인간의 강점을 측정하는 두 척도, 즉 Clifton의 강점 발견하기(Clifton StrengthsFinder)와 VIA 강점 척도(Values in Action Inventory of Strengths)가 소개되고 있는데, 이 척도들은 심리측정 전문가와 일반인으로부터 호평을 받은 바 있다. 이 책에서 Rettew, Lopez, Bowers와 Cantwell은 강점이 왜 중요한지를 보여주는 개인적, 철학적 그리고 증거 기반적인 사례를 제시하고 있다. Sparks와 Baumeister는 "나쁜 것이 좋은 것보다 강하다."는 자신들의 고전적인 연구를 확장하면서 우리가 약점과의 균형을 이루기 위해서 왜 강점에 주목해야 하는지를 보여주고 있다.

또한 세 장에 걸쳐서 특정 강점들, 즉 지혜(Ardelt), 용기(Pury), 낙관성(Rasmussen과 Wallio)이 주는 여러 가지 이득이 소개되고 있다. 지혜와 용기에 관한 장에서는 이러한 강점들이 학습될 수 있다는 점을 제시하고 있다. 낙관성에 관한 장에서는 미래에 대한 긍정적 기대가 건강과 밀접하게 관련되어 있음을 보여주는 연구들을 요약하여 제시하고 있다.

역사적 인물인 Martin Luther King Jr.의 강점은 그의 글을 통해서 발견할 수 있다. Rice가 쓴 장에서는 감화적인 인물들의 강점이 어떻게 우리의 삶에 빛을 비추고 있는지를 보여주고 있다.

마지막으로, 가장 저명한 20세기 심리학자 중 한 사람인 Albert Bandura는 우리가 긍정심리학이라는 선물을 어떻게 전 세계로 전달할 수 있을지를 제시하고 있다.

2권: 정서적 경험 활용하기

대부분의 사람은 긍정적인 정서 경험에 어떻게 대응해야 하는지 잘 알지 못한다. 그저 자연스럽게 느끼는 대로 반응할 뿐이다. 최근까지도, 사회과학자와 정신건강 전문가들은 부정 정서(예: 분노, 공포)의 관리방법에 대해서는 많은 것을 알고 있지만 긍정 정서(예: 기쁨, 만족감)를 최대한 활용하는 방법에 대해서는 거의 알지 못했다. 최근에야 긍정심리학자들에 의해서 사람들이 정서 경험을 어떻게 생산적인 방식으로 활용하는지가 밝혀지기 시작했다. 이 책에서는 긍정 정서가 개인의 내면과 대인관계에서 처리되는 과정, 감사라는 긍정적인 도덕적 정서, 나눔이라는 행위, 정서 지능, 그리고 타인애(allophilia)라는 새로운 과학, 남성성에 대한 새로운 관점에 초점이 맞춰지고 있다.

첫 번째 장에서, Kok과 동료들은 긍정 정서의 확장 및 축적 이론을 설명하고 있다. 요약하면, 긍정 정서는 자신과 세상에 대한 개인적 관점을 확장시키고, 개인적 자원을 계발하는 데 도움을 주며, 성장의 상향적 선순환을 만들어낸다. 이 장에서 소개하고 있는 연구결과들을 통해서 개인의 성장과 인간의 번영에 대한 우리의 인식이 상당 부분 향상될 것이다.

Danner와 동료들은 수녀 연구(the Nun study)라고 알려져 있는 기념비적인 연구를 통해 밝혀진 사실들을 소개하고 있다. 독자의

관심을 위해서 요지를 소개하면, 수녀원에 들어온 젊은 여자들의
자전적 에세이에 반영되어 있는 긍정 정서는 더 오래 사는 것과
관련이 있다는 것이다. 친밀한 관계에 대한 연구자인 Impett과
Gordon은 긍정 정서에 관한 개인적인 자료의 짧은 사례를 통해
긍정 정서를 대인관계 상황에서 어떻게 활용할 수 있는지를 알려
주고 있다.

감사하기(Tsang와 동료들; Froh와 Bono)와 나눔(Dillard와 동료
들), 그리고 정서 지능(David와 Ebrahimi)이 어떤 이득을 주는지
가 네 개 장에 걸쳐서 소개되고 있다. 우리는 다른 사람에게 감사
하는 것과 선행하는 것이 우리 자신에게 얼마나 좋은 일인지를
잘 알지 못했었다.

마지막으로, 두 집단의 연구자들이 다소 새로운 분야를 소개하
고 있다. Pittinsky와 Maruskin은 '타인애(allophilia)' 라는 새로운
용어를 통해서 대인관계의 새로운 과학을 소개하고 있다. Wong
과 Rochlen은 남자의 정서적 측면을 논의하고 아울러 정서 경험
에 주목하는 것이 어떻게 남자와 그들의 대인관계를 변화시키는
지에 대해서 소개하고 있다.

3권: 역경을 통해 성장하기

당신이 루이지애나 남부에서 성장했다면, 물과 날씨가 얼마나
대단한지를 배웠을 것이다. 2005년에 물과 날씨가 힘을 합쳐 역
사상 가장 강력하고 파괴적인 허리케인으로 기록된 카트리나와
리타를 만들어냈다. 당신은 뉴올리언스를 완전히 폐허로 만들어
버린 카트리나에 대해서 들어봤을 것이다. 그러나 나의 고향인

아카디아나에 몰아닥쳤던 카트리나에 버금가는 리타에 대해서는 아마도 기억하지 못할 것이다. 그 폭풍우가 몰아치고 나서 이틀 뒤에, 나는 폭풍우로 집을 잃어버린 어머니를 돕기 위해 고향으로 향했다. 그때 나는 내가 어떤 것을 목격하게 될지, 즉 인간이 지니는 최악과 최선의 모습을 예상하지 못했다. 그래서 나는 사람들이 그토록 빨리 회복하는 것에 대해서도 놀라지 않을 수 없었다. 집과 삶을 재건하는 노력은 모든 곳에서 일어나고 있었다. 내가 고향에 내려가 있는 동안 발견한 두 가지 사실은 이 책의 여러 장에서도 지지되고 있다. 첫째, 사람들은 그 어떤 것에 대해서도 곧바로 회복할 수 있으며, 결심과 희망에 의해서 그렇게 될 수 있다. 둘째, 회복하는 것은 사회적 현상이다. 혼자서 회복하는 일은 매우 드물기 때문이다.

이 책에서 Fazio와 동료들은 상실과 역경을 통해서 성장했던 자신들의 흥미진진한 경험을 들려준다. 아울러 우리가 인생 최악의 시기를 경험한 후에 우리의 삶을 앞으로 나아가게 하는 방법을 모색하는 데 도움이 되는 설명체계를 제시하고 있다.

두 개의 장(Berman과 동료들; Zacchilli와 동료들)에서는 우리 모두가 경험하게 될 경험, 즉 낭만적 사랑의 갈등과 실연에 어떻게 대응해야 하는지를 설명하고 있다. 대부분의 사람은 연애를 시작하기 전에 친밀한 관계에 대한 연구자료를 잘 숙지하기를 원할 것이다. 나 역시 그렇다. 선택의 문제이기도 한 용서(Holter와 동료들에 의하면)는 심지어 어린 시기부터 갈등적 관계를 해결하려는 시도와 밀접하게 관련되어 있다.

일련의 장을 통해서 특수한 갈등과 이를 극복하기 위한 방법이 소개되고 있다. 특히 Wehmeyer와 Shogren은 경미한 인지장애를 지닌 학생들이 어떻게 자기주도적인 학습자가 되는지를 설명하고 있다. Aronson과 Rogers는 고정관념에 의한 위협이 지니는 악영향과 이를 예방하고 극복하는 방법을 소개하고 있다. 다음으로, Ebberwein은 노동자들이 직업 장면에서 좀 더 유연하게 적응할 수 있는 다양한 기술을 제시하고 있다.

마지막 장에서, Greenberg는 역경으로부터 의미를 발견하는 가장 고전적인 방법 중 하나인 스토리텔링 기법을 소개하고 있다. 정서적인 스토리텔링의 강력한 긍정적 효과를 매우 자세하게 설명하고 있다.

4권: 인간의 번영 추구하기

당신 앞에 사다리가 있다고 상상해보라. 사다리의 가장 아랫단은 0이고, 가장 윗단은 10이다. 현재 당신은 어느 단계에 있는가? 5년 후에는 어느 단계에 있을 것인가?

이 물음은 지난 50여 년 동안 여론조사자와 연구자들이 자주 사용했던 것이다. 이 물음에 대한 당신의 응답은 당신의 희망과 웰빙에 관해 많은 것을 알려주고 있다. 5년 후에 펼쳐질 당신의 삶에 대해 생각하면서 떠오르는 심상은 아마도 번영 또는 좋은 삶과 관련되어 있을 것이다. 번영은 바로 이 책의 초점이다.

첫 번째 장에서, Ambler는 인간의 번영을 완전한 정신건강으로 정의하고 있다. 긍정 정서가 존재하고 정신질환 증상이나 고통이 부재한 상태에서, 우리는 인생 사다리의 최고 단계를 향해 나아갈 수 있다.

두 개의 장(Kurtz와 Lyubomirsky; Myers)은 행복에 기여하는 요인과 행복의 지속 가능성을 다루고 있다. 아마도 당신은 유전과 돈이 인간의 행복이라는 복잡한 이야기의 일부라는 것을 알고 놀라게 될지 모른다. Vansteenkiste와 동료들은 웰빙 상태를 이루는 데에 물질주의가 지니는 부정적인 역할을 밝힘으로써 웰빙 상태에 이르는 경로를 논의하고 있다.

다음의 세 장(Gilman과 동료들; Harter; Eagle)은 모범사례를 통해서 사람들이 어떻게 학교와 직장에서 잘(매우 잘) 기능하는지 그리고 좋은 가족의 구성원이 되는지를 소개하고 있다. 그리고 다른 한 장(Kerr와 Larson)에서는 똑똑한 소녀들이 어떻게 재능 있고 유능한 여성으로 성장하는지를 보여주고 있다.

마지막의 세 장은 우리가 리더로서(Avolio와 Wernsing), 시민적 참여를 통해서(Sherrod와 Lauckhardt), 그리고 우리를 힘겹게 하는 우울증상의 극복을 통해서(Rashid) 어떻게 최적의 기능 상태를 적극적으로 추구할 수 있는지를 제시하고 있다.

차례

1

상실과 역경을 통한 성장

가치로운 선택

• Robert J. Fazio, Tayyab Rashid와 H'Sien Hayward

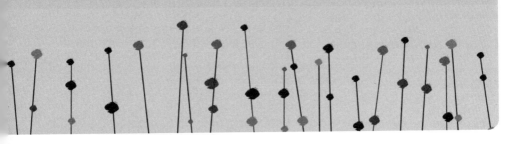

상실과 역경을 통한 성장
가치로운 선택

Robert J. Fazio, Tayyab Rashid와 H'Sien Hayward

"가기 전에 집에 들러서 쉬었다 가지 그러니?"

"아니에요, 아버지. 학교에 다시 가봐야 해요. 학교상담센터 오리엔테이션에 참석을 못해서 벌써 뒤처졌거든요."

"그래. 그럼 뭐 좀 먹고 갈래? 배고파 보이는구나. 뭐라도 좀 먹어야 일을 하지."

"아니요. 가는 길에 사 먹을게요. 내담자들과 약속이 있어서 학교에 다시 가봐야 해요."

"우리 모두 오늘 기분이 좋지 않은데 운전해도 정말 괜찮겠니?"

"아버지, 저 지금 가야 해요."

"그래 알겠다. 와줘서 고맙구나."(아버지는 나를 포옹하며 볼에 가볍게 입을 맞춰주었다.)

"물론, 저도 와서 좋았어요. 아버지, 이제 가야겠어요. 아버지가 자랑스러워요. 아버진 오늘 빌(Bill)을 위해 큰 일을 하신 거예요. 사랑해요."

"나도 사랑한다. 가는 길에 차에서 전화하마. 뭐라도 꼭 좀 먹으렴."

"알겠어요. 아버지, 안녕히 계세요."

(2001년 8월 말경, 뉴저지의 하워드에서)

우리는 사랑했던 사람이 살아 있을 때 남긴 마지막 말을 기억해내려고 애쓰는 날이 언젠가 오리라는 것을 알고 있다. 아버지의 가장 친한 친구의 장례식에서 나눴던 말들이 아버지와의 마지막 대화가 될 줄은 생각지도 못했다. 그 마지막 대화 속에는 많은 것이 담겨 있었다. 장례식에 온 여러 사람들 앞에서 말을 해야 할 때 처음으로 아버지가 내게 도움을 구했던 일, 내가 당신을 자랑스럽게 여긴다고 말하는 것을 아버지가 처음으로 들었던 일, 아버지가 교회에서 내 곁에 앉아 처음으로 내 손을 잡고 흐느꼈던 일, 그리고 내가 영원히 마지막으로 아버지를 보았던 그 순간까지.

성장에 대한 이야기

성장에 대한 Robert Fazio의 이야기

그 모든 일은 2000년 겨울, 어머니가 다급하게 소리치며 전화를 건넸을 때부터 시작되었다. 나는 어머니의 목소리를 듣고 무언가 끔찍한 일이 일어났음을 알 수 있었다. 나는 2층으로 뛰어 올라갔고, TV를 보던 아버지가 울고 있는 것을 보았다. 내 아버지는 감정을 밖으로 표현하는 사람이 아니었기에 아버지의 우는 모습을 보고 나는 놀라지 않을 수 없었다. 그는 깊은 한숨을 쉬고는 우리의 평생친구였던 크레이그(Craig)가 일하던 도중 살해되었다는 얘기를 가족들에게 전했다. 겨우 29세밖에 되지 않았던 크레이그는 2000년 12월 26일, 다른 6명의 무고한 동료들과 함께 목숨을 잃었다. 크레이그는 내 아버지의 가장 친한 친구인 빌의 아들이었다.

빌은 자식을 사랑하는 여느 부모와 같이 아들을 잃은 후 깊은 비탄에 잠겼다. 불행하게도, 빌의 면역 체계는 약화되었고, 암에 걸리게 되었다. 빌은 2001년 8월 27일 사망했고, 그의 생일인 8월 31일 땅에 묻혔다. 다행히 나는 빌의 장례식 때문에 집에 갔었고 그것이 내가 아버지를 본 마지막이 되었다.

내 아버지는 9월 11일 화요일, 세계무역센터에서 돌아가셨다. 그 후로 그가 여기 우리 곁에 계셨으면 하고 바라지 않은 날이 하루도 없을 만큼 그를 그리워했다. 불행한 것은 우리가 사랑했던 이는 바로 지금 다른 곳에 있고, 우리는 여기에 있다는 사실이다. 그렇다면 우리는 무엇을 해야 하고, 어떻게 살아갈 수 있을까? 9·11 이후 내 아버지에 대해 알게 된 사실은 그가 자신의 한계를 뛰어넘어 세상에 변화를 만들었다는 것이었다. 그는 다른 이들을 위해 문을 붙잡아주면서 재앙 속에서 다른 사람들을 구하는 생명줄의 역할을 했던 것이다. 그의 영웅적인 행동은 당신이 사랑하는 많은 이의 영웅담과 마찬가지로, 나와 내 가족 그리고 친구들로 하여금 아버지의 선례를 따라 사람들의 삶에 변화를 만들어주도록 영감을 불어넣어 주었다. 우리는 이미 다른 이들을 위해 문을, 즉 삶의 기회를 열어주는 역할을 시작해왔다.

아버지를 잃은 내 감정을 존중할 수 있도록 해준 것은 바로 아버지가 다른 이를 위해 삶의 기회를 열어주며 자신의 생명을 잃었던 것처럼 나도 다른 이들을 위해 살아가고자 노력해왔다는 것이다. 나는 위험한 시기에 다른 사람을 먼저 고려하는 것에 대한 깊은 열정을 가지고 있다. 흥미롭게도, 다른 이를 먼저 배려하는 가장 좋은 방법은 자신에게 먼저 초점을 맞추는 것이다. 이는 타인이 그들 자신을 도울 수 있도록 하기 위해서는 자신 스스로가 건강하고, 강하고 탄력적이며, 정서적으로도 지혜로워야 한다는 뜻이다. 당신은 삶 속에서 긍정적인 면이 하나도 없어 보일 때라도, 긍정적인 면을 찾아낼 수 있어야 한다.

나는 다행히도 9·11이 일어나기 전에 정서지능(EI)에 대해 깊은 관심을 가지고 있었다.[6] 나는 수련기간 동안 내내 내담자들과 작업하면서 나의 말과 행동을 일치시켜야 한다고 강하게 느껴왔다. 내담자들에게 정서지능과 관련된 행동과 스킬들을 훈련하도록 할 때마다 나도 똑같이 하려고 했다. 이러한 접근은 내게 꿈을

---

6 성장에 대한 이야기 전체를 통해 OTHERS(S) 모델에 대해 언급할 것이다. 이 모델과 그 목적에 대해서는 이 장의 뒤에서 살펴보겠다. OTHERS 모델을 구성하는 8가지 자원들이 있는데 각각은 역경을 극복하여 개인적인 성장으로 이끄는 것과 관련된 문헌들에서 찾은 것들이다. 나는 내 성장과 8개의 자원 각각을 연결시킬 수 있었다. 그러나 여기에서는 EI에 초점을 맞추도록 하겠다.

이루려는 노력을 유지하는 것뿐만 아니라 내 아버지의 죽음으로 인한 심리적 어려움을 다룰 수 있는 힘과 균형 그리고 에너지를 주었다.

나는 9월 12일, 버지니아 주의 리치먼드에서 집으로 오던 길을 기억하고 있다. 일부 지역들에 고속도로, 항공, 기차 운행이 중단되어 9월 11일에는 집에 올 수 없었고, 집으로 오는 길에 아버지가 실종된 일에 대해 극도의 슬픔과 걱정을 느꼈던 것을 기억한다.

나는 그 당시 다음의 두 가지를 매우 빠르게 인식했다. 9·11이라는 역경과 연관된 극한의 감정들을 인식해야 한다는 것과 아버지를 뉴욕 거리에서 찾을 수 있도록 기력을 회복해야 한다는 것이었다. 개인적으로, 나는 긍정적인 사고를 통해 감정을 다룰 수 있는 능력을 정서지능을 이해함으로써 배웠다고 생각한다. 내가 연구하고, 다른 사람들이 이해할 수 있도록 도왔던 그 개념은 아버지가 다른 수천의 미국인들처럼 영원히 사라졌을 거라고 생각하며 울던 밤과 아버지를 찾으러 길을 찾아 헤맸던 숱한 날들에 내게 큰 자원이 되었다.

아버지를 찾다가 처음 학교로 돌아왔을 때를 기억한다. 집단치료 수업에서 당시 Virginia CommonWealth 대학교의 집단치료 프로그램의 리더였던 크레이그 앤더슨(Craig Anderson) 박사와 얘기를 나눴다. 앤더슨 박사는 매우 따뜻하고 지지적인 사람이었다. 그는 내게 자신이 도와줄 수 있는 일이 있는지 물었고, 나는 그에게 고민되는 것이 있다고 얘기했다. "크레이그, 울면서 내가 고통 받고 있는 것을 보이는 것이 강한 것인지, 아니면 울지 않고 멀쩡한 모습을 보이면서 그 경험을 통해 성장할 수 있는 것이 강한 것인지 잘 모르겠어요." 그가 내게 얘기해준 내용은 매우 단순하지만 내 삶에 막대한 영향을 주었고, 우리가 하는 비영리적 작업의 철학에 강한 기반이 되어주었다. 크레이그는 잠시 생각한 후 답했다. "롭(Rob), 둘 다 강한 모습이에요." 그의 말이 정말 맞았다. 나는 지금까지 감정과 경험을 이해하는 것이 얼마나 중요한지, 그리고 또한 취약함으로부터 자기신뢰(self-reliance)와 강점(strength)으로 한 걸음 더 나아가는 것이 얼마나 중요한지에 대해 설명하고자 이 이야기를 사람들과 나누고 있다.

성장에 대한 Tayyab Rashid의 이야기

1999년 가을, 내가 대학원 2년차 학생일 때, 학교에서 8천 마일 떨어진 파키스탄의 어느 곳에서 내 부모님은 18일 간격으로 모두 돌아가셨다. 그해 여름 나는 부모님 집을 방문했다가 다시 돌아가기를 망설이고 있었는데, 내 형제자매들이 신의 가호로 모두 잘 있을 거라고 확신하였기에 다시 미국으로 돌아오게 되었다.

충격과 비탄에 빠진 채, 나는 순진하게 사태를 낙관했던 내 자신에게 화가 났다. 내 감정과 생각들은 비관적으로 흘렀고, 내 아내와 친구들로부터도 떨어져 있으려 했다. 내 신념들은 산산조각이 났고, 삶에서의 어떤 의미조차도 헛된 망상처럼 여겨졌다. 비관주의는 내 삶을 장악했고, 웃음, 미소, 포옹들은 낯설게만 느껴졌다. 비탄이 내 몸에 큰 타격을 입힘에 따라 내 영적인 힘도 위축되었고, 나는 점점 병들고, 우울해져 갔다.

의사는 내게 무엇보다도 운동을 해야 한다고 말했다. 처음에 나는 그의 조언을 무시했지만 아내는 나를 체육관으로 거의 끌고 가다시피 했다. 체육관에 다니면서 내 근육들은 조금씩 안정을 되찾기 시작했다. 그러나 어느 날 내가 사용하려는 운동기구를 다른 사람이 독점하고 있는 것을 발견했을 때 나는 다시금 화가 나고, 기분이 나빠지고 말았다. 분노와 특권의식으로 서성거리다가 나는 결국 체육관에서 나가기로 했다. 걸어 나가려던 그때, 진행 중이던 요가 수업이 내 주의를 끌었다. 나는 별 생각 없이 수업의 흐름을 방해하면서 걸어 들어갔다. 강사는 부드럽게 내게 매트를 건넸고, 나의 방해 때문에 불쾌한 기색이 역력했던 두 여성 사이에 끼어서 할 수 있겠는지를 물었다. 나는 강사의 격려에 힘입어 수업을 끝까지 마칠 수 있었고, 요가수업을 통해 나는 정서적으로, 또한 영적으로도 고양될 수 있었다.

나는 다음 수업에도 참여했고, 그다음 수업에도 빠지지 않고 참여했다. 요가수업은 차츰 내게 일상적인 일이 되었고, 나중에는 자동적인 의례가 되었다. 요가 자세와 깊은 호흡, 이완(Shavasana)은 나를 단단히 얽어매던 깊은 슬픔과 죄책감, 비관주의를 천천히 내려놓는 데 도움이 되었다. 실제로, 요가수업이 나를 순식간에 행복하게 만든 것은 아니었지만, 내 자신으로 하여금 나의 내면에 관심을 기울이도록 해주었다. 나 자신을 반성적으로 돌아볼수록, 부모님의 죽음에 대해 내 자신이나 다른 사람을 덜 비난할 수 있게 되었다. 나는 흩어진 조각들을 모으기 시작했다. 그것들을 다시 조합하는 것이 아니라 현재 그 조각들이 어떤 형태를 띠고 있는지를 보고자 했던 것이었다. 죽음이란 결국 가을 낙엽과도 같이 피해갈 수 없는 현실이라는 것을 알게 되었다. 더욱 중요한 것은 이러한 현실이 비관적이지만은 않다는 것을 깨달았다는 것이다. 요가가 내 몸과 마음을 연결해주었던 것과 더불어, 〈미국 심리학자〉 2000년 1월호(긍정심리학 특별호)는 내 생각을 긍정적인 쪽으로 연결해주었다. 삶의 최후가 비록 슬프고 피할 수 없을지라도 어떠한 의미로 진화할 수 있다고 내 안에서 내 자신을 위로하는 대화가 시작되었다. 이러한 자각은 내면의 통합을 가져왔고, 그때 이후로 나는 이러한 통합을 낙관성, 요가, 명상, 긍정심리학을 통해 공유하고 있다. 나는 그 의미를 발견하기 위한 여정을 거쳐 왔고, 이 여정은 진정한 변화를 가져다주었다.

성장에 대한 H'Sien Hayward의 이야기

오빠 리쉬(Rishi)와 나는 사진과 필름의 흑백이 다르듯이 서로 정반대였다. 오빠는 나이에 비해 키가 컸고 나는 작았다. 그는 운동을 잘했고, 나는 공부를 잘했다. 그가 외향적이고 사교적이었던 데 반해 나는 내성적이었다. 오빠는 내 어린시절 내내 내 삶에서 가장 중요한 사람이었다. 우리는 18개월밖에 차이가 나지 않았지만 나는 오빠처럼 되기를 원했다. 나는 남자아이처럼 오빠에게서 물려받은 옷을 입고 머리까지 오빠처럼 짧게 잘랐었다. 사람들은 나를 남자아이로 생각해서, 자주 우리를 쌍둥이라고 착각하기도 했는데, 그럴 때마다 나는 굉장히 자랑스러워하곤 했다. 오빠는 내 보호자였다. 쉬는 시간에 나이 많은 애들이 나를 놀리지 못하게 했고, 싸움이 나면 나를 제일 먼저 챙겨주었다. 잠자기 전에는 항상 내 모든 걱정을 들어주곤 했는데, 오빠가 모든 게 다 잘될 거라고 얘기해주고 나서야 나는 잠이 들 수 있었다.

그러던 그가 떠나버렸다. 오빠가 10세이고 내가 9세이던 어느 날 오후, 오빠는 차 사고로 죽었고, 나는 영영 그를 볼 수 없었다. 그가 죽었을 때 나는 그 자리에 없었고, 그를 화장하기 전에도 그를 보지 않았다. 비 온 뒤 나와 함께 길가에 도랑을 파던 그는 더이상 그 자리에 없었고, 통학버스의 내 옆자리에도 없었으며, 오빠의 침대도 빈 채로 남아 있었다.

그가 죽었다는 소식을 들었을 때의 내 기억은 너무도 정확해서 마치 누군가 내 머리 안쪽에 영원히 지워지지 않는 흔적을 남겨놓은 것만 같았다. 그 기억 속에서 나는 자주색 천으로 만들어진 카우치에서 우리 가족과 친했던 리즈(Liz) 아주머니가 전화기를 내려놓고 나에게로 걸어오는 것을 보고 있었다. 그녀는 그날 일찍 오빠가 트랙터 사고로 다쳐서 병원에 함께 가 있던 부모님과 전화로 얘기하고 있었다. 오빠는 자주 다쳤지만 언제나 무사했기 때문에 나는 이번에도 그가 괜찮을 줄 알았다. 그는 소란을 잘 피우고, 밖에서 놀기 좋아했으며, 큰 농장의 기계들을 만지길 좋아해서 언제나 커다란 찰과상과 멍을 달고 집에 오곤 했다. 집에 오면 그는 자신이 어떻게 다치고 멍이 들게 되었는지에 대해 상처보다 더 큰 이야기 보따리를 풀어놓곤 했다. 그 후, 나는 리즈 아주머니의 표정을 보았다. 그녀가 말을 꺼내기 직전, 방안의 모든 것과 세상 모두가 느리게 돌아가던 것을 기억한다. 그것은 마치 차 사고가 나기 전 주변의 모든 것이 느려지고 매우 고요해지는 것과 흡사했다. 하지만 그때는 그러한 현상이 차 사고가 났을 때와 비슷하다는 것도 알지 못했다.

그때 나는 어려서 논리와 인과관계가 모두 뒤죽박죽인 상태였다. 내가 무엇을 했고 하지 않았는지, 무엇이 그를 죽게 했는지 알지 못했다. 다만 세상에 혼자 남겨진 듯한 끔찍한 그 느낌을 기억한다. 마치 내 커다란 일부가 그와 함께 죽어버린 것만 같았다. 나는 오빠의 여동생이 아닌 나 자신이 누구인지 알지 못했다. 나는 그의 죽음 이후 반항의 시기를 보냈다. 머리를 초록색으로 염색했다가 분홍색으로 바꾸기도 하고, 쉬는 시간이면 나이 많은 '불량한 아이들' 과 어울리며 물건을 훔치기도 하고 담배를 피우기도 했다. 그러나 그때 가장 선명하게 기억에 남는 것은 깊은 실존적 혼란감이었다. 나는 모든 사람이 죽은 아이가 오빠가 아닌 차라리 나이기를 바랄 것이라고 확신하고 있었기 때문에 내가 살아있다는 것이 너무도 혼란스러웠던 것이다. 이러한 혼란감과 함께 나는 내가 존재하는 가치와 권리를 어떻게든 입증해야 한다는 막대한 불안감을 함께 느꼈고, 반항기가 끝나자 열심히 노력하기 시작했다. 나는 경쟁적인 4종 경기 선수가 되었고, 완벽한 점수를 받았으며, 외향적으로 변해갔다. 나는 학교 무도회의 여왕이었고, 미식축구의 쿼터백이나 농구선수, 야구 투수를 계절별로 갈아치우며 사귀기도 했다.

오빠의 죽음으로부터 7년이 흘러 16세가 되었을 때, 나는 혼수 상태에 빠지고, 가슴 아래 부분이 마비되는 끔찍한 교통사고를 당했다. 친구들 몇 명과 나는 주(州)에서 주관한 트랙경기 챔피언십 우승을 축하하기 위해 차를 몰고 해변으로 가던 길이었다. 우리를 태운 차가 굽은 산 길을 내려올 때 나는 뒷좌석에 앉아 있었는데, 내가 기억하는 마지막 장면은 운전하던 친구에게 제발 속도 좀 낮추라고 말했던 것이었다. 내가 혼수 상태에서 깨어났을 때, 탄력성의 전형이라 할 수 있는 나의 부모님은 사랑과 희망으로 나를 에워싸고 있었다. 부모님은 오빠가 죽은 이후 이혼했지만 나에게만큼은 단결된 지지 세력으로 남아 있었다. 나쁜 상황 속에서도 좋은 것을 발견할 수 있다는 실례를 나의 부모님은 내게 보여주었고, 이는 4개월간의 입원생활과, 그 이후의 통원 물리치료, 또 휠체어를 타고 고등학교로 돌아갔을 때에도 나를 버틸 수 있게 해주었다. 혼수 상태에서 깨어나면 반복되는 우울증과 치명적인 자살 사고가 찾아올 수도 있다는 얘기를 들었지만, 내게 있어 삶은 그 이상 아름답고 감사할 수가 없었다. 오빠의 사고와 잇따른 그의 죽음을 통해 나는 서서 보내든, 앉아서 보내든 삶은 소중한 것이라는 것을 느끼게 되었다.

거의 14년간을 휠체어에 앉아 지내고, 오빠의 죽음으로부터도 20년이 지난 지금, 나는 심각한 상실과 역경을 겪은 사람들로 하여금 이러한 도전 속에서 아름다움을 발견할 수 있도록 돕는 일에 마음을 다해 전념하고 있다. Stanford 대학교 2학년 시절, 나는 삶의 경험에 대한 일반적 통념들에 체계적으로 도전하고, 대안을 제시할 수 있는 과학적 탐구의 힘을 느꼈고, 지금은 Harvard 대학교에서 임상심리학 박사학위를 마치기 위해 학술 연구를 하고 있다. 나는 비극이 닥쳤을 때 어찌해서 누군가는 무너지고, 또 누군가는 일어날 수 있는지를 이해하기 위해 내가 사용할 수 있는 가장 강력한 도구가 심리학이라 믿는다. 박사과정의 학생으로서, 그리고 그 이후에는 학자로서, 나는 거대한 도전 속에서 살아가는 사람들의 심리적 안녕감을 증진시키고, 탄력성을 강화시키는 데 궁극적으로 도움이 될 수 있는 지식의 기반에 공헌할 수 있기를 바란다.

　상실과 역경을 통해 성장한 나의 개인적인 경험에서 나를 지지해주었던 자원들에는 희망, 의미, 타인과의 관계가 있었고, 또한 상실과 역경에서 일어날 수 있는 총체적인 반응들을 이해하는 데 중요하다고 입증된 많은 연구도 나를 지지해주는 자원이 되었다.

서 론

　지난 5년간 우리는 2001년의 9·11 테러, 인도양의 쓰나미, 허리케인 카트리나와 리타, 이 밖에도 암과 다른 만성질환, 신체 장애와 사고들로 인해 사랑하는 사람을 잃거나 역경에 닥친 많은 이를 만나왔다. 이 장에서 다룰 내용은 비극적이고 예상치 못한 상실에 대한 우리의 개인적인 경험과 전문적인 작업과 연구들, 그리고 동료들의 통찰력에 기반한 내용들이다. 우리는 이 모든 것이 매우 현실적인 도움이 되기를 바란다. 우리 3명의 저자 모두는 갑작스러운 상실과 외상, 역경을 경험했으며, 사람들에게 통찰과 실질적인 삶의 전략을 제시하기 위해 개인적인 경험과 전문적인 경험을 통합하고자 했다. 우리가 모여 앉아 이 장을 마지막으로 검토하고 있을 때, Virginia 공대 총기사건으로 32명이 사망했다는 기사를 보았다. 이 사건은 우리 모두가 취약하다는 불행한 진실을 인식하게 해주었다. 바로 이러한 사실로 인해 우리가 상실과 역경에 반응하는 것에 더 많은 자원을 공급하는 것은 중요해진다. 3명의 저자 중 한 명은 외상과 역경을 다루는 작업에서 우리가 직접 경험하면서 배운 것들을 적용하기 위해 지금 Virginia 공대 캠퍼스로 가는 길이다.

이 장에서는 이러한 경험을 여러 방식으로 공유하고자 한다. 첫째, 성장과 관련된 개념을 개관하고, 관련 문헌들에 제시된 주요 주제들을 살펴볼 것이다. 둘째, 사람들로 하여금 외상과 역경에 직면할 수 있도록 돕는 데 효과적으로 사용했던 우리의 모델 OTHERS(S)를 제시할 것이다. 또한 이 모델을 기반으로 한 개입에 대해 설명하고, 마지막으로는 앞으로의 방향을 제시할 것이다.

외상과 고통 이후에 찾아오는 긍정적인 결과는 철학과 종교, 문학에서는 이미 오래된 주제다. 그러나 심리학은 전통적으로 개인에게서 관찰되는 질병의 경과와 역기능적인 행동에 주로 초점을 맞춰왔다. 일례로, 사별에 대한 이론적인 작업과 경험적인 연구 모두 고통스러운 상실로 인한 부정적인 결과에만 초점을 맞추는 경향을 보여왔다는 것을 들 수 있다.

한편, 최근 긍정심리학이 과학적 연구 분야로 등장함으로써 변화의 기폭제가 되고 있으며, 외상 후 성장과 이점에 관한 문헌 또한 지난 몇 년간 급증해왔다. 외상과 상실이 지닌 이점을 입증하는 많은 연구가 이루어졌다(예: Affeck & Tennen, 1996; Fazio & Fazio, 2005; Helgeson, Reynolds, & Tomich, 2006; Linley & Joseph, 2004; McMillen, 1999; Park, 1998; Tedeschi & Calhoun, 1995;

Zoellner & Maercker, 2005). 이러한 연구들은 유방암, 골수이식, HIV와 AIDS, 강간과 성폭력, 군사적 충돌, 비행기 사고, 허리케인, 테러 공격, 총기사고, 상해, 사별과 같은 역경들 이후의 긍정적인 변화를 경험적으로 연구해왔다.

여러 관련 변인들 중에서 외상이 성장과 관련된다는 증거가 집중적으로 제시되었는데, 이때의 성장은 때로 삶의 의미와 관계의 중요성을 깨닫는 것으로 이해될 수 있다. 외상 후 성장은 때로 상실감과 무력감을 경감시키는 데 도움이 되기도 한다. 이와 같이, 연구방향이 전환되었으며, 점점 더 많은 연구가 기존 주류의 질병-지향적 구조를 벗어나 상실과 외상의 부정적인 결과를 예방하고, 상실과 외상에 성공적으로 대처할 수 있는 방법을 설명하는 데 역점을 두고 있다(Basic Behavioral Science Task Force of the National Advisory Mental Health Council, 1996). 또한 외상 사건 이후의 부정적인 증상과 성장은 상호 배타적이지 않으며(Calhoun & Tedeschi, 2006), 외상 후 성장(Posttraumatic Growth: PTG, 외상과 상실 이후의 성장을 반영하는 데 주로 사용하는 용어)과 외상후 스트레스 장애(PTSD)가 독립적으로 구분되는 구성개념인 것이 아니라 연속적인 차원이라는 주장이 주목받고 있다. 그러므로 외상 사건이나 상실 이후의 성장에 초점을 맞추는 것은 사람들로 하여금 자신의 고통을 다룰 수 있도록 돕는 방법이 될 수 있다.

비극적 사건 이후의 성장을 기술하는 데 사용되는 용어에는 PTG(Tedeschi & Calhoun, 1995), 스트레스 관련 성장(Park, 1998), 그리고 역경을 통한 성장(Adversarial Growth; Linley & Joseph, 2004)이 포함된다. 위협적인 사건을 접했을 때 사람들이 경험하는 긍정적인 변화를 기술하기 위해서, 우리는 '상실과 역경을 통한 성장(Growth Through Loss and Adversity: GTLA)'이라는 용어를 사용할 것이다. 우리가 이 용어를 쓰는 이유는 부정적인 사건이 긍정적인 변화로 도약할 수 있는 출발점이 된다고 믿기 때문이다. 또한 우리는 개인의 성격과 그가 지닌 사회적 및 개인적 자원뿐 아니라 그 사건을 개인이 어떻게 받아들이느냐가 성장의 강력한 예언변인이라고 믿는다.

'상실과 역경을 통한 성장(GTLA)'의 배경

여러 연구에서 외상과 상실 이후의 성장에 관한 다양한 양상들을 보여주었고(Affeck & Tennen, 1996; McMillan, 1999; Park, 1998; Tedechi & Calhoun, 1996), Linley와 Joseph가 39개의 경험적 연구를 메타 분석한 최근 연구에서는 주목할 만한 여러 주제가 제시되었다. 첫째, 정서적인 사회적 지지가 높을수록 성장의 수준도 높았다. 둘째, 위협과 손해의 수준이 크다고 느낄수록 성장의 수준도 더 컸다. 그러나 상실과 외상, 역경의 정도와 성장 간의 선형적 관계는 발견되지 않았다. 노출의 수준이 높거나 낮을 때보다는 중간 수준일 때 더 도움이 되는 것으로 나타났다. 셋째, 인지적 평가 변인에서는 일반적으로 사건에 대해 인식하고 또 그 사건을 통제할 수 있는 가능성이 높을수록 높은 수준의 역경 후 성장을 보이는 것으로 나타났다. 넷째, 여성은 남성보다 더 많은 성장을 보고했고, 나이가 어린 응답자는 주어진 발달 성숙 단계에 도달하게 될 때 더 많은 성장을 보고하는 경향을 보였다. 즉, 나이가 많은 청소년이 성장을 보고하는 경향이 더 높았다는 것이다. 한편, 노인들이 말기에 죽음에 근접하게 되면 곧 죽을 것에 대해 더 많이 걱정하게 되므로 성장에 대해서는 더 적게 보고하게 된다는 결과에 대해서는 논쟁의 여지가 있다.

다섯째, 성격 특질에 대한 5요인 모형에 있어서, 외향성, 경험에 대한 개방성, 우호성 그리고 성실성은 모두 성장과 정적 상관을 보인 데 반해, 신경증은 부적 상관을 보였다. 자기효능감과 강인성은 모두 성장과 관련되었지만 일관성은 그렇지 않았다. 또한 자존감이 높고 낙관적인 사람들은 성장을 더 많이 보고하는 경향이 있었다. 마지막으로 문제.중심적 대처, 긍정적 재해석, 긍정적인 종교적 대처 또한 성장과 정적 상관을 나타내었다. 시간적 경과에 있어서 Linley와 Joseph(2004)는 다른 사건이나 과정이 중간에 개입하지 않는 이상, 시간이 경과한다고 해서 성장에 영향을 주지는 않으며, 성장은 시간이 지나도 안정적인 경향이 있음을 발견했다.

또한 Helgeson 등(2006)은 '상실과 역경을 통한 성장(GTLA)'과 관련된 변인을 연구했다. 그들이 87개의 횡단적 연구를 개관한 결과는 Linley와 Joseph(2004)의 결과와 상당부분 일치했다. 이들의 연구에서 중요한 점은 외상과 역경으로부터의 성장은 자신의 권리에 대한 관심으로부터 발생하며, 이는 고통이 단순히 적은 것이 아니라 외상으로부터 긍정적인 결과를 얻었다는 것을 반영하고 있다는 점이다. 그러나 그들은 성장과 이점에 대한 발견은 질병에 대한 침투적이고 회피적인 사고들과도 연관된다는 사실 또한 발견했다. 이에 대한 한 가지 설명으로는, 스트레스 사건에 대해 침투적 사고를 경험한다는 것은 사람들이 자신의 삶을 위해 그 사건에 대한 의미를 다루고자 한다는 신호이며, 그러한 의미들이 성장을 이끌 수 있다는 것이다. 사실, 스트레스 사건을 깊이 숙고하고 성찰하는 기간은 성장을 위해서 필수적일 수 있다. 게다가 외상 사건이 일어난 며칠만에 진정한 성장이 이루어진다는 것은 생각하기 어렵다. 외상 이후 더 오랜 시간이 지난 후에 이점을 찾는 것이 긍정적인 결과와 더 많은 관련이 있다고 보아야 할 것이다. 그러나 모든 사람이 상황에 따라 다르게 반응한다는 것을 고려한다면, 어떤 이들은 사건이 발생한 이후 얼마 지나지 않아 새로운 관점을 갖게 되는 것과 같은 성장의 측면들을 경험할 수도 있다.

장애와 관련된 GTLA

장애는 소수의 사람만이 경험하는 것은 아니다. 개인적인 상태 때문이든 혹은 사랑하는 사람 때문이든, 대부분의 사람은 삶의 어느 시점엔가 장애를 겪게 된다. 최근 미국에서 실시된 연구에 따르면, 미국 인구의 거의 20%에 해당되는 5,400만 명이 한 가지 이상의 신체적, 감각적, 혹은 인지적 장애를 겪고 있었고 (Centers for Disease Control and Prevention [CDC], 2006), 그중 절반은 그 정도가 심각해서, 보행이나 시각, 청각과 같은 삶의 기본적인 기능을 수행하는 능력에 영향을 미칠 정도였다(CDC, 2006;

Department of Health and Human Services, 2001). 2차 세계 대전 이후 기대수명과 생존율이 높아졌기 때문에, 장애를 어떻게 정의하건, 장애를 가지고 살아가는 사람들은 현재 미국 내에서 지금까지 확인된 가장 대규모의 단일한 소수자 집단을 구성하고 있다고 볼 수 있다(Campbell, 1996a, 1996b). 사실상 장애는 진정으로 평등한 참여 기회를 지닌 소수집단이다. 즉, 민족, 연령, 성별, 혹은 사회경제적 수준에 상관없이 누구든 언제든지 들어갈 수 있는 집단이라는 것이다. 더욱이, 1946년에서 1964년에 태어난 베이비 붐 세대가 노령화되면서 예상되었던 결과는 보다 분명해지고 있다. 결과적으로 미국에서 장애를 지닌 채 살아가는 사람들이 전례 없이 많아질 것이라는 것이다(Administration on Ageing, 2001; Campbell, 1996b). '장애와 노화에 관한 국민 연합(2004)'에 의하면, 장기적 장애를 가진 채 늙어가거나 혹은 노년기에 처음으로 장애를 갖게 된 사람이 미국인의 거의 3분의 1에 해당되는 7,500만 명에서 8,500만 명에 달한다고 한다(Campbell, 1996b). 장애와 어려움에 직면한 사람들의 수가 증가함에도 불구하고, 전 생애에 걸친 장애의 인지적 · 정서적 영향에 관한 경험적 연구는 거의 존재하지 않는다.

장애 및 기타 건강 관련 역경이 미치는 영향을 다룬 연구들은, 외상 후의 결과를 다룬 기존의 연구들과 마찬가지로 상실을 강조한다. 장애에 관한 이론들은 상실과 감퇴를 강조하며, 신체적 제약을 지닌 채 살아가는 것에 대한 고정관념 또한 대개 부정적이기 마련이다(Wright, 1983). 이러한 장애 및 기타 다른 건강관련 역경들이 초기에는 예상 가능한 부적응적 반응을 유발하고, 이러한 반응들은 더 심한 문제(예: 만성 우울)들을 야기하기도 하지만, 그렇지 않다는 연구결과들도 제시된다. 예를 들어, 많은 연구자가 심각한 만성 질환이 있는 사람이 질환이 심각하지 않은 환자 또는 건강한 사람들에 비해 삶의 질(Quality Of Life: QOL) 수준이 더 나쁘지도 더 좋지도 않다고 보고했고(Cassileth et al., 1984), 심지어는 생명을 위협하는 질환이나 장애가 있는 환자들조차 안정적인 삶의 질을 보고하는 사례들을 발견했다(Andrykowski, Brady, & Hunt, 1993). 한편, 건강관리서비스 직종에 있는 사람들과 환자와 가까운 사람들은 환자의 만족 수준을 환자 자신이 보고한 것에 비해 과소평가하는 경향이 있었다(Sprangers & Aaronson, 1992).

외상으로 인해 발생되는 장애들 중, 척수손상(Spinal Cord Injury: SCI)은 상당한 비율의 미국인이 앓게 되면서 최근 몇 년간 관심이 증가하고 있다. 척수손상이 있는 25만 명 이상이 현재 미국에 거주하고 있으며, 마비치료를 위한 Buoniconti 펀드(1995)에 의하면 매일 1시간에 1명가량의 사람이 척수손상집단에 합류하고 있다고 한다. Schulz와 Decker(1985)는 척수손상이 있는 성인 연구에서, 질환으로 인해 뚜렷한 영향을 받고 있음에도 불구하고, 참여자들은 자신이 장애가 있든 없든 대부분의 사람보다 평균적으로 더 잘 살고 있다고 여긴다는 사실을 보여주었다. Brickman과 Coates, Janoff-Bulman(1978)은 복권 당첨자, 통제집단, 하반신 불수가 있는 참여자들의 삶의 만족도 차이를 비교했는데, 행복은 이전 경험의 맥락에서 비교되기 때문에 복권에 당첨되었던 사람들은 하반신 불수인 사람보다 결국에는 더 행복하지 않은 것으로 보고되었다. Diener와 Diener(1996)는 미국의 모든 사회경제적 집단이 삶의 만족도에서 중간 이상의 점수를 기록했다는 것을 개관하면서, 심각한 장애가 있는 사람 또한 그러했다는 것을 보고하였다. 마지막으로, Silver(1982)는 척수손상이 있는 사람들이 장애가 발생한 당시에는 매우 불행했지만, 장애 이후 3주가 지나면서는 58%의 사람들이 현재 가장 강하게 느끼는 감정이 행복이라고 진술했다고 보고했다.

Janoff-Bulman과 Berger(2000)는 사람들이 '그들의 상실이나 취약성에도 불구하고' 그러한 변화를 만드는 것이 아니라, '그러한 상실과 취약성으로 인해' 변화가 일어난다고 지적했다(p. 39). 이러한 관점에서는, 장애가 대처능력과 개인적 성장을 촉진하는 조건을 만들어낸다고 보는 것이 합리적이라 하겠다. 장애는 전반적으로 부정적이기만 한 경험이기보다는 삶에 대한 개인의 이해를 깊게 해준다는 점에서 긍정적으로 해석될 수 있다. 그러므로 우울감의 증가와 죽음에 대한 인식을 통해 삶의 이해가 증가된다는 보고는 결코 모순적이지 않다. 성숙한 도식은 오히려 더 복합적일 수 있으며, 겉으로는 배타적으로 보이는 다양한 관점들까지도 동시에 견지할 수 있다. 실제로, 도식의 복잡성에 대한 연구에서도 성숙한 도식이 미숙한 도식에 비해 더 복잡하다고 제시한다(Linville, 1982, 1987; Linville & Jones, 1980). 마찬가지로 Tedeschi과 Calhoun(1995)은 외상 후 성장의 결과를 지혜라고 했으며, 이는 곧 역설에 대한 이해라고 설명했다. Collins, Taylor와 Skokan(1990)은 55명의 암 환자에게 그들의 삶의 변화에 대해 물었는데, 그들의 결과는 이러한 현상의 좋은 예가 되어준다. 암환자들은 세상과 자신에 대한 관점에서는 부정적인 변화를 보고했지만, 이와 동시에 자신이 받고 있는 혜택을 인식하게 된 점과 우선순위를 재정리하게 된 점과 같은 면에 있어서는 그들의 경험을 긍정적으로 재해석하였다.

성장은 어떻게 일어나는가: 이론적 모형으로부터의 통찰

앞서 요약한 연구들은 외상과 역경이 성장과 밀접하게 관련된다는 것을 보여준다. 외상과 상실 이후의 성장에 관한 2가지 모형은 성장의 기제를 가장 탁월하게 설명해준다(Schaefer & Moos, 1992; Tedeschi & Calhoun, 1995, 2004). Schaefer와 Moos(1992)에 의하면, 환경적 체계와 개인적 체계가 삶의 위기 경험과 그 영향을 형성한다고 한다. 이러한 체계는 인지적 평가 과정과 대처 반응에 영향을 미치며, 이는 다시 위기의 결과에도 영향을 미친다. 피드백 루프는 모형의 모든 요소와 관련되며, 그럼으로써 서로 영향을 주고받게 된다. 개인적 체계에는 자기효능감, 탄력성, 낙관성, 자기확신, 느긋한 기질, 동기, 건강 상태, 이전의 위기 경험과 같은 개인적 자원과 사회인구학적 특성이 포함된다. 환경적 체계에는 경제적 자원 및 생활환경과 같은 사회적 환경과 더불어 개인적 관계, 가족과 친구의 지지도 포함된다. 사건 관련 요인에는 삶의 위기의 심각도와 기간, 시점(timing)으로 인한 결과와 개인에게 영향을 미치는 범위가 포함된다.

최근 개정된 Tedeschi와 Calhoun(1995, 2004)의 모델에서는, 성장 과정을 다음과 같이 개념화하고 있다. 외상 사건은 그 정도가 상당히 큰 사건이며, 개인의 명확한 목표와 세계관의 중대한 요소들을 흔들거나 파괴한다. 외상 사건은 높은 수준의 목표와 높은 수준의 신념, 그리고 정서적 고통을 다루는 능력에 대한 도전이라 할 수 있다. 결과적으로 사람은 반복적으로 반추하기 시작하고, 고통을 줄이려고 애쓰게 된다. 외상과 관련된 주제에 대해 빈번하게 생각하는 반추는 처음에는 의식적이기보다는 자동적으로 떠오른다. 정서적 고통이 줄어들고, 도달할 수 없는 목표를 현실적인 것으로 수정하는 등 성공적으로 대처하게 되면, 반추는 외상과 외상이 삶에 미치는 영향을 보다 명확하게 생각하는 것으로 변화된다. 반추가 적응적인 형태가 되면서, 인지적 처리(새로운 상황에 대한 분석, 의미의 발견, 재평가)를 유도하고, 이는 성장의 발달에서 중요한 역할을 하게 된다. 외상 후 성장(PTG)은 다차원적인 구성개념으로, 신념, 목표, 행동, 정체감뿐 아니라 삶의 이야기와 지혜의 발달을 포함한다.

성장은 대처 전략(Affeck & Tennen, 1996), 의미를 찾고 부여하는 과정(Nolen-Hoeksema & Davis, 2004; Park & Folkman, 1997), 해석적 과정(Fillip, 1999), 또 다른 면으로는 자기고양적(self-enhancing) 평가나 긍정적 착각의 형태(Taylor, Kemeny, Reed, Bower, & Gruenewald, 2000)로도 개념화되어왔다. 외상과 역경으로부터의 성장 모형이 이론적 연구에 있어서는 유의미한 진전을 보였지만, 몇몇 중요한 요소들까지 포괄하지는 못했다. 예를 들어, Zoellner 와 Maercker(2005)는 이 모형이 일반적으로 인지적 요인, 대처 전략, 혹은 성격 차이에 중점을 두고 있지만 정서, 특히 긍정 정서가 이제까지 가정했던 것보다 더 중요한 역할을 할 수 있다고 제안했

다. Fredrickson, Tugade, Waugh와 Larkin(2003)은 대학생을 대상
으로 2001년 초에 평가를 한 후 2001년 9월 11일 이후 얼마 지나지
않아 다시 평가를 했다. 이 연구는 위기 이후의 긍정 정서가 위기
이전의 탄력성(성격 특질)과 위기 이후의 성장, 즉 삶의 만족, 낙관
성, 평정심의 증가로 개념화되는 성장과의 관계를 충분히 설명한
다는 사실을 최근에 보여주었다. 외상과 상실에는 많은 원인과 결
과가 있기 때문에, 성장을 하나의 통합된 이론적 모형의 범위 내로
제한하는 것은 어려울 수 있다. 게다가 문화적 다양성이 증가됨에
따라 단일한 모형은 부적합할 수도 있다. 따라서 우리는 성장에 관
한 이론적 개념의 다양성을 고무적인 신호로 여기고 있다.

GTLA를 어떻게 촉진할 것인가

개인적인 경험과, 외상과 상실을 겪으며 살아가는 다른 이들의
경험을 근거로 하여 우리는 성장을 촉진하기 위한 OTHERS(S)
모델을 고안했다. 우리는 경험적으로 이 모형을 검증했고(Fazio
& Fazio, 2005), 개인적이고 전문적인 개입뿐 아니라 지역사회 개
입을 위한 지침으로도 사용해왔다.

OTHERS(S) 모델

우리는 사람들이 상실과 역경을 건강한 방식으로 다루고 성장
하도록 이끄는 8개의 주요 자원을 확인했다. 8개 주요 자원은 3가

지 기본 자원을 기초로 하는데, 이는 OTHERS(S) 모델과 관련된
필수적인 삶의 기술들을 강화시킨다(그림 1.1 참조). OTHERS(S)
모델은 역경을 통해 성장을 증진시키는 8개의 자원, 즉 낙관성
(Optimism), 진정한 의미(True meaning), 유머(Humor), 정서지능
(Emotional Intelligence), 탄력성(Resilience), 영성(Spirituality), 자기
확신(Self-confidence), 그리고 타인들(Others)과의 관계의 머리글자
를 따서 만든 약어다.

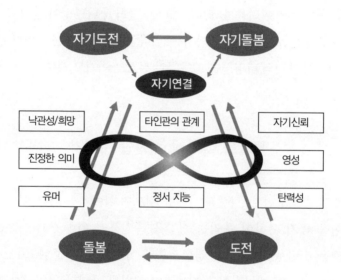

| 그림 1.1 | 개인적 성장과 관계를 위한 OTHERS(S) 모델(Fazio & Fazio, 2006)

OTHERS(S) 모델은 강점을 기반으로 하며, 이전 모델에서는 간
과되었지만 주목할 만한 요소인 긍정 정서와 강점을 촉진시킴으
로써 실제적인 기술, 권한강화(empowerment), 교육, 관계, 그리고
가장 중요한 것으로서 성장에 역점을 둔다. 강점을 구축하는 것은
외상과 상실을 다루는 타당하고 효과적인 방법이다. 강점은 삶이

편안할 때가 아니라 삶이 힘들 때 가장 도움이 되어준다. 즉, 힘든 시기에 사람들이 낙관성, 희망, 유머, 사회지능, 정서지능, 탄력성, 의미, 영성과 같은 강점을 발견하도록 돕는 것이 더욱 중요하다는 것이다. Zoellner와 Maercker(2005)는 너무 오랜 기간 동안 임상가들이 외상 증상을 완화하는 것에만 초점을 맞춤으로써 외상 생존자들을 부당하게 대우해왔고, 임상가 자신들의 기본 신념을 일괄적으로 반영했기 때문에 내담자들을 지지하는 데 실패해왔다는 사실에 주목했다.

OTHERS(S) 모델은 핵심적인 메시지와 기술을 가르치기 전과 후, 그리고 가르치는 동안의 연결, 돌봄, 도전의 과정에도 중점을 둔다. OTHERS(S) 모델을 사용하는 이유는 단순히 증상을 완화하거나 정상 수준의 기능으로 돌아오게 하는 것만은 아니다. 목표는 외상적인 경험을 했을지라도 그 경험의 결과로 성장할 수 있다는 것을 사람들이 알 수 있도록 도와주는 것이다. 이 모델에서 우리는 사람들이 통찰을 얻고, 개인적인 자원을 계발하기 위해 그들의 강점을 활용하는 행동을 취하도록 격려한다. 아픔, 불만, 고통만큼 성장의 가능성에도 확실히 주의를 기울일 때, 임상가와 상담자는 내담자가 역경과 외상으로부터의 이점을 명확히 탐색하도록 도와줄 수 있다. 이러한 이유로 우리는 아픔과 고통뿐 아니라 치유와 성장을 강조한다. 우리는 아픔과 고된 분투를 치료 과정의 효과적인 측면이라 여기며, 사람들이 그들의 아픔을 이해하고 성장을 위해 행동할 수 있도록 돕는다. 우리는 그들이 변화하도록 촉진하기보다는, 자기자신과 자신의 특수한 상황을 이해하도록 돕는다. 그러므로 대부분의 작업은 자기이해와 관계

구축에 초점을 맞추게 된다.

표 1.1에는 이러한 자원을 증진시키는 데 필요한 설명과 핵심 메시지, 기술들을 제시했다. 이는 다음과 같은 3가지 요소로 구분된다.

(1) 기본적 자원(자기연결[자기이해], 자기돌봄, 자기도전)은 자기발전과 성장을 위한 것이다. 이 자원은 GTLA의 자원들을 발달시키기 위해 필요한 핵심적인 근간이 된다. 사람들은 자신을 다루든 혹은 다른 사람을 돕든, 이 3가지 기본 자원을 발달시킬 필요가 있다. 이 자원은 이후에 제시될 핵심 자원을 개발하도록 도와주는 동기가 된다. 기본 자원은 우리가 자신의 이해를 증진시키고, 정서 및 신체적 건강을 도모하며, 성장을 위해 강점을 활용하도록 고무시킨다. 이는 우리가 집을 지을 때처럼 튼튼한 기초가 있어야만 문이나 창문 같은 집의 필수요소들을 지탱할 수 있는 것과 같다.

(2) 관계적 자원(연결, 돌봄, 도전)은 개인이 OTHERS(S) 모델의 8개의 핵심 자원을 강화하도록 돕는 과정에 중점을 둔다. 다시 말해, 전문가 혹은 성장자문가(Growth Consultant)가 개인과 작업할 때, 연결, 돌봄, 도전은 사람들을 서로 협력하게 하는 과정이다. 목표는 함께 작업함으로써 OTHERS(S) 자원을 강화시키는 것이다.

(3) 핵심적 자원은 낙관성/희망, 진정한 의미, 유머, 정서지능,

탄력성, 영성, 자기확신, 그리고 OTHERS(S)다. 핵심 자원은 외상의 결과를 완충하는 데 필수적이며, 우리가 성장을 향하도록 이끌어준다. 이 자원은 다른 사람들과의 관계, 그리고 상실과 역경에 어떻게 반응하고 상호작용하는지와 관련된다. 본질적으로 이 자원은 사람들과의 일상적인 상호작용에서 쉽게 확인할 수 있는 것들이다.

|표 1.1| OTHERS(S) 모델의 기본적·관계적·핵심적 자원들

기본적 자원	
자기연결	정의: 자기인식과 타인 이해. 자기연결은 당신과 타인 간의 믿음을 촉진하고, 사람들과 더 깊은 유대관계를 형성하도록 돕는다. 주요 기술: 일기 쓰기. 당신의 개인적인 생각과 느낌 그리고 행동을 알아차리도록 하라.
자기돌봄	정의: 자신과 타인에 대한 연민을 갖는 것. 건강을 위한 조치 취하기 주요 기술: 반성. 당신의 신체적이고 정서적인 요구에 귀를 기울이고 수용하라. 당신이 어려운 시기 동안 단순히 버티는 것만이 아니라 힘든 장애들을 이겨내고 성공하기 위해서는 스스로를 더 잘 준비해두는 것이 좋다.
자기도전	정의: 자기도전. 가장 고통스럽고 어려운 시기에도 내적인 강점을 발견하는 것을 강조하라. 주요 기술: 도전 선언하기. 개인의 목표를 달성할 수 있는 방법에 대해서 생각하고, 성공에 대한 구체적인 이유를 제시하라.
관계적 자원(당신이 도움을 주는 사람일 때)	
연결	당신이 성장을 도와주고 있는 그 사람과의 관계를 수립하고 깊게 하라. 이 과정은 그와 당신이 '같은 팀'이라는 사실을 알도록 하게 하는 시작이다.

돌봄	공감을 표현하고, 당신이 진심으로 그 사람의 치유와 성장에 관심을 가지고 있다는 것을 알게 하라.
도전	그 사람이 성장할 수 있도록 연결하고 도와주며 도전하게 하라. 특정한 성장기회, 참여, 행동단계를 인식할 수 있도록 그 사람과 협력하고 관계를 활용하라.

핵심적 자원(OTHERS[S])

낙관성/희망	정의: 힘든 시기에서도 희망과 긍정적인 태도를 유지하고 발전시키는 능력 주요 기술: 긍정적인 면을 찾고 재초점화하기
진정한 의미	정의: 상실과 역경에 의미를 부여하고, 미래를 위한 목적을 찾는 능력 주요 기술: 자기질문. 당신 스스로에게 긍정적이고 목적이 뚜렷한 질문을 하라.
유머	정의: 상실과 역경의 부담을 가볍게 하기 위해 유머를 사용하고 웃을 수 있는 능력 주요 기술: 좀 더 가벼운 측면을 찾기. 지나치게 진지한 태도와 지나치게 진지하지 않은 태도 사이에서 균형을 찾아라.
정서지능	정의: 당신의 감정을 인식하고, 타인과 관계를 맺으며, 타인의 감정을 읽고, 자신의 감정을 타인과 소통하는 능력. 또한 정서지능은 생각과 느낌을 성공적으로 통합하는 것과도 관련 있다. 주요 기술: 정서 코칭. 당신의 감정을 알아차리고, 감정을 이해하며, 역경에 대한 긍정적인 반응으로 이끌어라.
탄력성	정의: 역경과 상실, 도전에 대해 적응하고 회복하며 강점으로 반응하는 능력 주요 기술: 자기대화. 당신 자신과 대화를 하고, 스스로에게 적응적인 것을 배우라.
영성	정의: 이 자원은 모든 자원들 중에서 가장 개인적이기 때문에 당신 자신만이 정의할 수 있다. 개인적 정의의 일례: 사람들과 주위 세계와의 연결성의 정도 영성은 타인과의 관계에 대한 내면의 정신이나 열망, 혹은

중요한 데이트나 공통적인 경험을 할 때, 뜻밖의 행운을 만났을 때처럼 즉각적인 연결감을 갖게 되는 것으로 정의될 수도 있다. 어떤 이들은 영성을 자신보다는 좀 더 커다란 무언가를 인식하는 것으로 여긴다.

주요 기술: 당신의 정신을 최대한 활용하기. 성장하도록 격려하는 당신 안의 열정을 스스로 정의하라. 예를 들면, 내가 타인과 공유하는 연결성과 같은 정의를 내릴 수 있다.

자기확신	정의: 자신과 개인적 자원에 대한 믿음 주요 기술: "할 수 있다고 믿기." 당신이 무언가를 성취할 수 있는 방법을 생각하라. 할 수 없다고 말하는 대신, 당신의 목표를 향한 작은 단계를 생각하고, 현재 할 수 있는 것들과 그 단계에서 성장하는 것을 생각하라. "'할 수 없다'는 뜻의 Can't라는 단어는 t가 옆에 붙은 '할 수 있다 Can.'일 뿐이다. 즉, 당신은 T를 할 수 있다는 뜻이다."
OTHERS(S)	정의: OTHERS(S)는 모든 개인적 자원을 합한 것이며, 관계를 강조한다. 이는 사회적 연결망 속에서 관계를 형성하고, 다른 사람을 도움으로써 치유하는 능력이다. 주요 기술: 다른 사람을 위해 문을 열어주기. 사람은 다른 사람들과 연결됨으로써 상실을 통한 성장과 치유를 이루어낸다. 할 수 있는 한 어떤 식으로든 다른 누군가를 자발적으로 도와라.

자원의 평가

상실과 역경을 통한 치유와 성장의 필수적인 요소는 자기를 이해하는 것이다. 개인의 강점과 발달 영역이 OTHERS(S) 모델의 어떤 영역과 관련되는지를 더 잘 이해하기 위해서 우리는 자기인식 도구인 OTHERS(S) 자원 역량 지표(OTHERS(S) Resources Competency Indicator: ORCI)를 개발했으며, 현재 타당화 절차를 진행하고 있다. 이 도구는 자신에 대한 통찰을 증진시키고, 성장을 위한 계획에 초점을 맞추도록 고안되었다. ORCI는 다른 자료들과 마찬가지로 www.holdthedoor.com/resources에서 무료로 내려받을 수 있다.

OTHERS(S) 모델에 대한 지지

9 · 11 사건 발생 이후 거의 2년 동안, 'Hold the door for others (HTDFO)'는 9월 11일에 사랑하는 사람을 잃은 240명의 사람들을 조사했다. 우리는 그들에게 표 1.2에 있는 5개의 질문 이외에도 여러 질문지에 응답하도록 요청했다.

우리의 결과에서 상실과 역경은 실제로 긍정적인 변화를 위한 계기로 작용할 수 있다는 것이 증명되었다. 일반적으로 나왔던 주제들을 표 1.2에 제시하였다. 이 연구에서 9 · 11 때 사랑하는 이를 잃은 사람들의 외상 후 성장을 가장 유의미하게 예측하는 변인은 탄력성과 정서지능이라는 결론을 내렸다(Fazio, Strunk, & Danish, 2004).

우리는 OTHERS(S) 모델을 강화하고, 개인 및 지역사회에 개입할 수 있는 방법을 고안하기 위해 이러한 주제들과 추가적인 연구 및 경험을 활용하였다. 우리는 쌍방향의 CD-ROMS에서부터 강연 일정, 워크북, 매년 열리는 'Hold the Door Day'와 같은 일일 이벤트에 이르기까지 다양한 개입을 시도했고, 다양한 장면에서 우리의 모델을 적용해왔다. 일례로, 우리는 허리케인 카트리나로 충격을 받은 아이들이 또래 상담가가 될 수 있도록 훈

런시키기 위해 OTHERS(S) 모델을 사용했다. 2005년 봄, 태국을 돌면서 동남아의 쓰나미의 여파를 다루는 데 OTHERS(S) 모델을 사용할 수 있도록 정신건강 전문가들을 훈련하였다(Hayward, 2005). 보다 최근에는 Virginia 공대에서 발생한 충격적인 총기사건의 희생자들을 지원하기 위한 예방 노력을 기울인 바 있다. 우리의 개입에는 핵심적인 학습을 강화하고 앞으로의 성장을 위한 기회를 제공하기 위한 워크북 사용이 포함된다. 워크북에는 강의와 자기반성적 연습이 포함되어 있으며, OTHERS(S) 모델과 관련된 자원들을 발달시키기 위한 행동을 실천에 옮길 것을 강조하고 있다(Fazio & Fazio, 2006; Fazio, Van Raalte, & Burke, 2002).

|표 1.2| GTLA와 관련된 9 · 11의 주제들

질문	응답비율과 주제
1) 상실과 함께 살아갈 때, 무엇이 당신에게 가장 큰 도움을 주었는가?	▪ 상실을 겪은 후 삶을 살아가야 했을 때, 응답자 중 55%는 사회적 지지(예: 친구들이나 가족들로부터의 지지)가 가장 큰 도움이 되었다고 언급했다. 이 55% 중에서 11%는 상실을 이미 경험했던 사람들의 지지적 네트워크가 가장 도움이 되었다고 언급했다. ▪ 응답 내용 중 26%는 영성에 대한 언급을 포함하고 있다(예: 신앙, 사랑하는 사람과의 연결, 사람이 죽으면 천국에 간다는 믿음). ▪ 응답자 중 11%는 다른 형태의 지지를 언급하였는데, 심리치료와 낯선 사람으로부터의 지지가 가장 도움이 되었다고 하였다. ▪ 응답자 중 9%는 일기 쓰기가 도움이 되었다고 하였다.

---

2) 지금까지 당신의 상실과 관련되어 가장 힘들었던 점은 무엇인가?	▪ 응답자 중 66%는 상실이 갑작스럽게 찾아왔다는 점이 가장 힘들었다고 언급하였다. ▪ 응답자 중 30%는 삶을 다시 시작하는 것이 어려웠다고 답하였다(예: '새로운' 삶을 영위하고, 사랑하는 사람이 없는 일상을 직면하는 것). ▪ 응답자 중 20%는 상실과 관련된 감정을 다루는 것이 어려웠다고 답하였다(예: 고통, 슬픔, 외로움, 불안감).
3) 상실을 통해 얻은 것 중 좋은 것이 있다면 무엇인가?	▪ 응답자 중 52%는 개인적 성장에 대해 언급하였다(예: 자립심의 증가, 독립성의 증가, 탄력성의 증가). 이들 응답자들 중 40%는 다른 사람들의 진가를 보다 더 잘 인식하게 되었다고 보고하였다(예: 가족, 친구들, 더 깊어진 관계).
4) 9·11 이후로 당신은 어떻게 성장해 왔는가?	▪ 응답자 중 41%는 타인에 대한 관용과 연민을 갖게 됨으로써 삶을 더욱 올바르게 이해할 수 있었다고 보고하였다. "나는 더 넓은 조망을 갖게 되었다. 더 큰 그림을 볼 수 있게 되었고, 사소한 일들로 걱정하지 않으려고 노력한다." ▪ 응답자 중 29%는 개인적으로 성장하게 되었다고 보고하였다(예: 의지와 결심, 탄력성이 보다 강해짐). "내가 해낼 수 있을 거라고 결코 생각지 못했던 것들을 하게 되었다. 한 번도 해보지 않은 일들을 하게 되었다."
5) 만일 다른 사람들이 9·11의 유족처럼 외상적 상실을 경험한다면, 그들에게 도움이 될 만한 것으로 무엇을 제안하겠는가?	▪ 응답 내용 중 49%는 다른 사람을 돕거나 다른 사람으로부터 지지받을 것을 제안하였다. ▪ 응답 중 24%는 집단치료, 개인치료, 지지집단과 같은 도움을 받을 것을 제안하였다. "사람들에게 당신을 도울 수 있는 방법을 말하라. 도움을 구하는 것을 두려워하지 말라."

출처: Fazio & Fazio (2006).

생애 발달적 개입

OTHERS(S) 모델은 역경이나 외상에 직면했을 때 가장 중요한 것이 무엇인지에 대한 비전을 제공한다. 그러나 개입의 시점은 개입 그 자체만큼 중요하다. 우리는 성장과 발달의 영역을 중요하게 고려하는 강점에 기반한 개입을 믿는다. 우리는 사건이 일어나기 이전과 이후, 사건이 일어나는 동안 사용될 수 있는 개입이 포함된 접근을 가장 지지한다. 이러한 시기를 개입의 선행단계, 진행단계, 반응단계라고 정의한다(그림 1.2 참조). OTHERS(S) 모델과 관련된 강의와 기술을 적용하는 것은 사건이 발생하기 이전, 사건이 발생할 당시, 그리고 그 이후에도 도움이 된다. 이러한 접근은 생애 발달적 개입이라는 구조에 토대를 두고 있다 (Danish, Petitpas, & Hale, 1993).

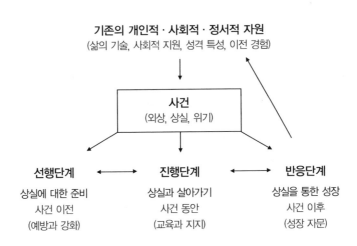

|그림 1.2| 생애 발달적 개입(Fazio & Fazio, 2005)

성장의 과정과 잠재적 기제

성장을 촉진하기 위해 이야기를 활용하기

외상과 역경을 겪은 후, 성장에 이르는 데에는 여러 경로가 있다. 성장에 관한 OTHERS(S) 모델의 초석은 외상 경험을 다른 이들과 공유하는 것이다. 외상과 어려움을 공유하는 것은 인간의 기본적인 동기라 할 수 있으며, 외상을 공유하는 방식에는 여러 가지가 있을 수 있다(Affleck & Tennen, 1996; Janoff-Bulman & Frantz, 1997; Nolen-Hoekesma & Davis, 2004; Taylor, 1989). 중요한 타인과 연결감을 갖는 것 이외에도, 앞에서 저자들의 상실 경험을 언급했듯이, 우리는 이야기를 공유하는 방법을 성공적으로 적용해왔다. 이야기를 공유하는 것은 OTHERS(S) 모델의 모든 주제들을 개인의 이야기 안에 응집력 있게 통합하는 데 도움이 된다는 점에서 변화를 위한 가장 확실한 기제일 수 있으며, 오래도록 역동적으로 성장할 수 있게 도와주는 발전적인 도구가 될 수 있다.

심리학 문헌에서는, 외상에 대해 말하지 않는 것이 결과적으로는 건강하지 못하게 한다고 오래도록 믿어왔다(Greenberg & Stone, 1992). 외상에 대한 글쓰기의 효과를 집중적으로 연구해왔던 James Pennebaker(1989)는 최근 혈압, 근육긴장, 피부전도성과 같은 변인을 측정함으로써 생각과 감정을 숨기거나 억압하는 것이 스트레스를 악화시킨다는 사실을 증명했다(Paez, Valesco, & Gonzalez, 1999). Pennebaker(1989)는 중요한 심리적 사건에 대해 공유하거나 말하지 않는 것이 생각, 기분, 행동을 제한하며, 이는 억압의 한 형태라고 주장하였는데, 억압은 이후 정신신체 과정을 유발하여 장기간의 질병에 이르게 한다고 하였다. 사적인 자리에서 이야기를 털어놓거나 심리치료를 통해 전문가에게 이야기하면서 억압을 완화시키는 것은 질환과 스트레스를 경감시키는 것으로 나타났다(Mumford, Schlesigner, Glass, Patrick, & Cuerdon, 1998).

　게슈탈트 심리학에 따르면, 외상을 경험할 때 사람들은 본질적 자기 혹은 정체감과 일시적으로 단절된다고 한다(Melnick & Nevis, 1998). 자연스럽게 떠오르는 외상과 관련된 생각과 기분을 억압하게 되면 이러한 단절은 더욱 악화되기 마련이다. 우리는 본래 한 가지 사건의 다양한 차원과 측면들을 보다 일관된 전체로 통합하려는 경향을 지니고 있다(Perls, Hefferline, & Goodman, 1973). 우리를 둘러싼 복잡하고 예측할 수 없는 세상은 결말을 확정할 수도 없고, 외상적 사건을 인과적으로 설명할 수도 없기 때문에 우리를 불안하게 만든다. 우리는 삶에 대한 통제감과 예측 가능성을 확보하기 위해, 사건을 정서적이고 논리적으로 완결시키고 그 의미를 찾고자 하는 경향이 있다. 그러나 외상과 같이 그 사건 자체가 불완전할 때 우리는 외상에 대해 반추하거나 이야기하고, 나아가 꿈을 꾸기도 한다. 이러한 생각은 억제하려 하면 할수록, 역설적으로 더 자주 침투적으로 마음에 떠오르기 마련이다. 우리의 마음은 자연스럽게 완성을 지향하는 경향이 있기 때문에, 외상이 왜 발생하였는지를 이해하는 데 마음을 사로잡히게 된다. 이렇듯 침투적 반추의 고통스러운 특성은 불안을 일으키고, 이는 다시 자율신경계 각성을 유발하게 된다.

이야기 심리학(narrative psychology)의 연구에서는 우리의 삶을 이야기 형태로 만듦으로써 삶을 이해할 수 있다고 제안한다 (Neimeyer & Stewart, 2000). 우리는 자신의 삶의 결정적인 사건을 설명하기 위해 자기 이야기를 사용한다(Gergen & Gergen, 1988; McAdams, 1996). 즉, OTHERS(S) 모델의 핵심 주제를 사용하여 내담자들이 외상과 역경에 대해 이야기를 구성할 수 있도록 돕는 것이다. Niederhoffer와 Pennebaker(2002)의 연구에서와 마찬가지로, 대부분의 경우 이야기를 구성하는 경험은 내담자로 하여금 삶에 대한 예측 가능성과 통제감을 갖게 함으로써 사건이 해결되었다는 느낌을 촉진시키며, 정서적 혼란으로 인해 파괴된 핵심적인 자기개념을 통합시킴으로써 내담자를 회복으로 이끌어준다. 우리는 언어를 통해 경험을 구조화한다고 믿는다. 언어를 통해 우리는 일관된 이야기를 창조할 수 있고, 요약할 수 있으며, 효과적으로 저장할 수 있게 된다. Greenberg, Stone과 Wortman(1996)은 외상과 역경을 기술하기 위해 사용하는 단어와 표현이 그 경험에 구조를 제공함으로써 우리로 하여금 외상 사건을 둘러싼 생각과 기분을 조직화할 수 있게 한다고 말했다. 또한 외상에 대한 글쓰기는 자기조절을 증진시키기도 한다. 즉, 정서 반응에 대한 통제감이 증가하면서 자기조절이 일어나게 되는 것이다.

우리는 성장에 대한 이야기를 글로 쓰는 것의 중요한 의미가 다른 사람과 연결되도록 하는 힘에 있다고 보았다. 다른 사람과 외상을 공유할 수 없거나 공유하려 하지 않는 것은 우리를 사회적 네트워크로부터 단절시키기 때문이다. 자기공개를 방해하는 것이 당혹감이나 수치심일 수도 있고, 죄책감 혹은 취약성이 드러나

는 것에 대한 두려움일 수도 있는데, 이러한 감정들은 우리의 외
상을 어두운 곳에 숨겨두게 한다. Wegner, Lane과 Dimitri(1994)
는 외상을 공개하지 않는 것이 외상에 대한 강박적 몰두와 반추를
야기한다고 하였다. 충격적이고 힘든 생각과 느낌, 그리고 일상
의 여러 감정들을 억제하는 것은 정서적으로나 인지적으로 상당
한 부담이 되며, 이는 그 사건에 대한 생각을 조직화하거나 무슨
일이 일어났는지를 이해하는 것을 어렵게 만든다. 또한 이러한 억
제는 정말 필요한 다른 사람들의 연민이나 공감, 지지조차 받아들
일 수 없도록 만든다. 수십 년간 축적된 연구들은 대부분 가까운
사회적 관계가 행복과 안녕감의 가장 강력한 예측 변인이라고 제
안하고 있다. 외상에 대한 이야기를 공유하는 것은 다른 사람들로
하여금 우리 내면의 갈등과 고통을 이해할 수 있도록 돕는다. 우
리 자신의 이야기를 구성함으로써 삶의 이야기를 이해할 수 있고,
타인과 소통할 수 있는 언어로 변화시킬 수 있다. 일단 이야기가
구성되면, 그 이야기는 외상의 원인과 결과를 더 잘 이해하는 데
도움이 될 뿐 아니라, 외상을 공유하도록 격려해주었던 타인과 소
통하는 데도 도움이 된다.

이러한 점과 더불어, 'Hold the door for others(HTDFO)' 개입
의 핵심 요소는 개인적 이야기를 말하는 것이 포함되는 자기반성
(self-reflection)의 측면을 지닌다. 우리는 사람들이 자신이 느끼
기에 치유적인 것이라면 어떤 방식으로든 자신의 이야기를 공유
하도록 격려했다. 대개 글쓰기를 통해 자신의 이야기를 공유하
는 경우가 많았으나, 어떤 이들은 대화, 그림, 음악, 다른 매체를
통해 자신의 이야기를 풀어내기도 하였다. 'Hold the door for

others(HTDFO)' 팀은 다양한 역경에 직면한 사람들의 이야기를 수집하였다. 각 이야기의 저자는 성장에 도움이 된다고 느끼는 OTHERS(S) 모델의 자원들과 이러한 경험을 연결시켰다. 우리는 이러한 이야기들이 외상, 상실 혹은 역경을 경험한 사람들을 상당히 고무시키는 원천으로 작용한다는 사실을 발견했다. 이야기는 사람들로 하여금 희망을 품게 하고, 특정한 전략과 성장을 향한 안내 지도를 제공하는 것으로 보인다. 또한 이야기는 사람들이 서로 연결되도록 하는 데 상당히 긍정적인 영향을 미칠 뿐 아니라, 관계를 구축하고 심화하며 유지하는 데에도 도움이 된다.

경험적인 연구에서도 외상에 대한 글쓰기의 이점이 증명되었다. 외상적 경험과 삶의 적응에 관한 글쓰기는 건강에도 상당히 도움이 될 수 있다. 예를 들어, 외상적 사건에 대한 글쓰기는 면역기능을 높이고(Esterling, Antoni, Fletcher, Margulies, & Schneiderman, 1994; Patrie, Booth, Pennebaker, & Dvidson, 1995), 대뇌반구의 뇌파활동을 조화롭게 하며(Pennebaker & Susman, 1988), 건강상의 문제를 감소시킨다고 한다(Greenberg & Stone, 1992). 아울러 외상 사건에 대한 글쓰기는 해임된 이후 구직활동을 하는 것과도 연관을 보였다(Spera, Buhrfeind, & Pennebaker, 1994). Greenberg 등(1996)은 20분 동안 외상에 대해 떠오르는 대로 글을 쓰는 것만으로도 건강에 이로운 영향을 준다는 사실을 발견했다. McAdams, Diamond, de St. Aubin과 Mansfield (1997)는 자신의 이야기를 비극이 구원으로 변화되는 해피엔딩으로 만들 수 있는 사람은 그들의 삶에서 생산적인 경험을 더 많이 할 것이라고 보고했다. Salovey, Rothman과 Rodin(1998)의 결과는 자기공개의 효과를 설명하는 2단계의 다차원적 접근을 제안했다. 첫째, 외상을 이야기하는 것은 억압과 관련된 생리적인 각성을 완화시키고, 둘째, 그 경험을 이해하고 통합하는 능력을 향상시킨다는 것이다.

성장을 촉진하는 중요한 임상적 고려사항

외상과 역경에 직면했을 때 성장의 과정은 매우 어렵고 힘든 길이다. Zoellner와 Maercker(2005)는 외상과 역경에 관해 상담하는 치료자들이라면 외상의 영향을 훈습(working through)하는 과정에서 외상으로 인한 생각과 감정이 어떻게 변화되는지를 이해해야 한다고 했다. 때로는 외상 이전의 순진무구한 상태로 되돌아가는 것이 불가능할 수도 있다. 치료실 밖에서도 내담자는 친구들로부터 긍정적으로 생각하고 좋은 일에 집중하라는 충고를 숱하게 받아왔을 것이다. 그러한 조급한 충고는 때때로 고통을 부인하거나 회피하는 것으로 이어지기 때문에 대체로 도움이 되지 않는다. 치료자는 이처럼 긍정적으로 생각하기를 단순하게 적용하기보다는 전문적인 태도로 절제함으로써, 환자가 자신 고유의 특정한 의미, 해석, 대처방식, 회복을 발견할 수 있도록 개방적인 태도를 지녀야 한다. 성장에 대한 인식이 일어났을 때는 지지해주고 격려해주어야 하며, 환자의 일상에서 이러한 성장에 대한 전망을 적극적으로 사용하도록 도울 필요가 있다. 그러나 임상가와 상담자는 성장의 부재가 실패를 의미하는 것은 아니라는 사실을 기억해야 하며, 특히 내담자에게 그 경험으로부터 반드시 성장해야 한다는 것을 암시하지 않도록 주의해야 한다. 그러한 암시는 내담자의 경험을 축소시킬 수 있기 때문이다.

전문적인 지지를 제공하는 사람은 직업상 요구되는 능력들을 잘 알고 있어야 한다. Fazio와 Fazio(2005)는 궁극적인 목표를 성장에 두고 지역사회 개입을 하거나 내담자를 다루는 사람들을 기술하기 위해 성장자문가(Growth Consultant: GC)라는 용어를 사용했다. 유능한 성장자문가가 되기 위한 과정과 능력만을 확인하려고 애쓰다 보면, 자신의 고통을 존중하면서 어떻게 다른 이들을 성장하도록 할 수 있는지에 대한 관심은 부족해질 수 있다.

우리가 누군가와 작업을 할 때 그 사람을 어떻게 느끼는지에 따라 그 과정과 결과에 상당한 영향을 미칠 수 있다. 사람들은 자신을 상담가, 임상가, 치료자이기보다 성장자문가라고 여길 때 보다 많은 장애물을 극복할 수 있었다. 게다가 사람들도 심리학자나 치료자에 비해 성장자문가와 작업할 때 사회적 낙인이 더 적다고 느꼈다.

이러한 집단을 다루는 사람은 필수적으로 외상후 스트레스 장애, 급성 스트레스 장애, 우울 장애, 그리고 사별에 대한 진단 기준을 알아야 하고, 그 기준을 어떻게 살펴보아야 하는지도 알아야 한다. Bonnano와 Mancini(2006)는 개입을 위한 제안을 하면서, 처음에는 외상으로 인한 증상을 먼저 치료해야 한다고 주장했다. 외상과 사별과 관련된 고통을 느끼는 사람을 다루는 일은 어렵고 복잡한 일이다. 따라서 가장 유능한 성장자문가는 적극적인 학습자이며, 다양한 영역의 지도자와 전문가들로부터 자문을 구하는 사람일 것이다.

임상가는 내담자의 언어와 심리적인 반응에 주의를 기울여야 하고, 이러한 내담자와의 의사소통 과정에 지혜롭게 참여해야 한다. 임상가가 반드시 문제를 해결하기 위해 듣는 것만은 아니다. Tedeschi와 Calhoun(2004)은 내담자들이 상당히 의미 있는 변화를 경험하지만, 스스로는 거의 이러한 변화를 성장의 표현이라고 인식하지 못한다고 제안했다. 주의 깊게 듣는 것은 내담자가 그 변화를 성장이라는 이름으로 부를 수 있도록 돕는다는 점에서 훨씬 더 중요해진다. 한편, 임상가는 내담자에게 외상, 상실, 역경이 성장을 위해 얼마나 훌륭한 기회를 제공하는지와 같은 내용의 상투적이고 기계적인 제안은 하지 않도록 주의해야 한다.

외상을 겪은 후, 일반적으로 내담자는 자신의 외상을 이해하기 위해 문화적 · 종교적 · 사회적 환경이 제공하는 틀에 의존하게 된다. 임상가는 내담자의 문화적 배경을 편안하게 느낄 수 있어야 하고, 또한 그 문화적 배경 내에서 내담자가 인지적으로 평가할 수 있도록 도와주어야 한다.

치료 장면에서 내담자와 작업을 할 때, 임상가는 어떤 내담자의 경우 성장을 하면서 더 취약해졌지만 한편으로는 더 강해졌다는 역설을 보일 수 있다는 사실을 유념해야 한다(Tedeschi & Calhoun, 2004). 마찬가지로, 내담자는 다른 사람에게서 최선의 것과 최악의 것을 동시에 발견했다고 보고할 수 있다. 다시 말하면 외상, 상실, 역경이 진정한 친구 혹은 신뢰할 수 있는 사람이 누구인지를 알려주는 리트머스 시험지가 될 수 있다는 것이다. 임상가는 내담자가 외상, 상실, 역경의 모든 차원을 깊이 있게 살펴볼 수 있고, 그로부터 개인적인 의미를 찾아낼 수 있도록 안전한 공간과 편안한 속도를 제공할 필요가 있다.

임상적인 돌봄과 민감성은 성장에 초점을 두어야 하지만, 성장을 고통과 외상, 역경과 상대적으로 구분하여 바라볼 수 있어야 한다. 즉, 성장을 보고한 내담자도 똑같이 상당한 고통을 경험할 수 있다는 것이다. 성장은 결국 더 많은 의미와 충만감을 주고 안녕감을 높여주지만, 외상, 상실, 역경으로 인한 고통 자체가 완전히 완화될 수는 없다. 사실 어떤 경우 고통은 자신이 잃은 것에 대한 아픈 기억을 떠올리게 하기도 한다.

성장에 정서지능 및 인지지능의 요소가 있기는 하지만, 우리는 성장이 단순한 지적인 것이 아닌 매우 경험적인 것이라고 생각한다. 그러므로 임상가는 성장의 강력한 정서적 또는 경험적인 색채를 존중해야 하고, 내담자가 압도적인 정서 상태에 있을 때에는 내담자에 맞게 섬세하게 조율해야 한다. 그러한 상태에서 내담자에게 도식을 재구성하도록 서두르거나, 고통스러운 감정에 대해 지나치게 생각하도록 부추기는 것은 가능한 피해야 한다.

미래의 제안점

우리는 GTLA의 미래에 대해 몇 가지 의견들을 제안하고자 한다. 이는 분명 앞으로 더 탐색해야 할 가치가 있는 개념들로서, 우리는 GTLA가 임상적 실제에 더 많이 통합되기를 바란다. GTLA라는 개념은 임상적인 레퍼토리를 풍부하게 하고 전문가의 관점을 확장시켜줄 것이다. 그 결과, 임상가와 상담자는 내담

자가 외상과 역경을 이해하기 위해 홀로 분투하는 과정에서 결함
과 상실만이 아니라, 잠재적인 이점과 성장 또한 중요한 역할을
한다는 것을 쉽게 깨닫게 될 것이다. 성장에 관한 경험적인 탐색
에서 연구들은 대개 부정적인 반응을 평가하는 자기보고식 측정
치에 주로 의존하게 되는데, 우리는 부정적인 반응만을 측정하
기보다는 긍정적이고 부정적인 변화 모두를 평가하는 측정치를
더 선호하기를 바란다. 사건 발생 이전의 자료가 없는 상태에서
는 자기가 보고한 변화를 증명하기 어렵기 때문에, 제3자의 보고
나 건강 상태와 같은 객관적인 측정치, 그리고 수행과 관련된 실
질적인 작업 수준 등이 타당한 변화로서 신뢰롭게 쓰일 수 있을
것이다. 행동적이고 생리적인 지표와 조절변인과 관련하여 추가
적인 평가를 할 때는 성장의 이점을 전체적으로 살펴보아야 하
며, 이를 위해 다중속성-다중측정방법(Campell & Fiske, 1959)과
같은 평가 방식을 활용할 수 있을 것이다. 또한 우리의 평가 방식
은 성장의 결과로서 얻게 되는 지표와 실제적인 삶의 변화를 밝
히는 것을 목표로 해야 한다.

　우리는 성장을 위한 기회를 발견함과 동시에 자신의 경험을 존
중해가는 것이 그들의 삶에 긍정적인 힘이 되기를 바란다. 이 장
에서 우리는 GTLA와 관련된 최근 문헌, GTLA의 실제적인 함의,
그리고 우리의 경험을 다루었다. 성장에 관련된 가장 핵심적인
요인을 이 장에서 명시적으로 다루지는 않았다. 성장에 가장 핵
심적인 요인은 바로 사람들과의 상호작용의 힘이다. GTLA 영역
에 있는 사람들과 같이, 우리의 경험은 즉각적인 유대감을 형성
시켜주기 때문에, 우리는 그 즉시 연결감을 느끼는 사람들과 상

호작용할 수 있는 선물을 받게 된다. 우리는 사람들이 그들의 마음을 열고 성장에 초점을 맞추도록 격려한다. 이처럼 사람들 간의 상호작용은 치유적일 뿐 아니라 성장을 촉진시켜준다.

배움과 돌봄에 대해 열린 마음을 지니고 나누는 단순한 인사 한마디가 때로는 마음의 문을 열도록 하고 사람들을 성장으로 초대하기도 한다. 우리는 모두 삶에서 마주하게 될 역경을 떠올려볼 수 있다. 한편으로 우리가 우리 자신이 지닌 강점과 탄력성 또한 떠올릴 수 있다는 것은 다행스러운 일이다. 우리는 사람들이 사랑하는 사람을 상실한 이후 내딛는 용감한 그 걸음으로부터 많은 것을 배울 수 있다. 어떤 이들은 역경과 상실 직후에 바로 그들의 공부나 일로 되돌아가기도 하고, 어떤 이들은 다른 길을 가기도 한다. 모든 이가 그들 자신과 다른 이들의 삶에 영향을 미치는 수백만 가지의 선택을 하게 된다. 우리는 당신이 성장을 선택하고, 다른 사람들도 성장을 선택하도록 초대하기를 바란다. 우리를 믿어도 좋다. 그 선택은 충분히 가치 있는 선택이 될 것이다.

| 개인적인 작은 실험들 |

성장을 위한 연습

행동을 취하기 전에 통찰을 얻기　이 장에서 우리는 GTLA의 기반이 되는 자원인 자기연결의 중요성을 강조했다. 당신이 통찰을 얻기 위해서는 약간의 시간이 필요하다. 시간을 내어

www.holdthedoor.com에 방문하고, Resources를 클릭한 후 Self-Awareness Tool을 선택하라(문 모양의 아이콘을 클릭하면 된다.). 이 링크를 열어보면 당신의 강점과 성장에 필요한 영역을 더 잘 이해할 수 있도록 고안된 자기발달 도구를 다운로드할 수 있다. 이 도구는 자신의 비전을 창조하도록 돕는 데 유용하다. 이 도구의 신뢰도와 타당도를 검증하기 위한 과학적 연구는 아직 시행되지 않았으나 저자들은 이 도구의 심리측정적 속성을 증명하고자 계획하고 있다.

온라인 질문지 작성하기 위에서 언급한 Resources 웹 페이지의 맨 위에 있는 지시에 따라, 엑셀파일을 열고, Time 1이라고 쓰인 열에 직접 반응을 입력하여 온라인 질문지를 완성하라. 각 질문지 문항마다 당신과 일치하는 정도에 따라 점수를 매긴다. 이 질문지를 완성한 후, 그 페이지 아래에 있는 탭을 클릭하면 OTHERS(S) 모델과 관련된 당신의 강점과 약점을 간단히 살펴볼 수 있다.

강점과 성장의 영역을 발견하기 화면에 제시된 비율을 보고 당신의 세 가지 강점을 확인하라. 이들은 당신이 상실과 역경으로부터 성장할 수 있게 해온 강점이기 때문에, 시간을 갖고 이 강점들을 숙고해보라. 그러면 앞으로도 그 강점들은 계속해서 당신을 성장시켜줄 것이다.

• 각각의 항목과 관련된 개인적인 발달에 대한 제시를 보고자

한다면, Personal Guide Link, http//www.holdthedoor.com/images/Final_Growth_Guide.pdf를 클릭하라.

• 한 번에 한 가지씩 OTHERS(S) 자원에 집중하면서, 자신의 성장 단계에 따른 성장 활동 계획을 세우라(우리의 웹 사이트 http://www.holdthedoor.com/images/Final_finding_your_way.pdf에 있는 'Finding Your Way through Sudden Loss and Adversity' 워크북 48쪽에서 성장 단계에 관한 팁과 워크시트를 찾을 수 있다.).

• 당신이 새로운 자원을 지속적으로 작업하고 발전시키면서, 당신이 신뢰하는 누군가와 당신의 성장 계획을 공유하고 그들에게 피드백을 요청하라.

다른 사람과 관계를 맺기 이것이 가장 중요한 단계다. 당신의 계획을 신뢰로운 누군가와 공유하고, 성장 과정에 그 사람이 참여하도록 하라. 당신이 어떻게 진행하고 있는지에 대한 솔직한 피드백을 구하고 도움에 감사를 표하라. 당신이 신뢰하는 사람으로부터 솔직한 피드백을 얻기 위해서는 두 가지 질문을 하라.

• 내가 하고 있는 것 중에서 나의 성장을 증진시키는 것은 무엇인가?

• 내가 하고 있는 것 중에서 나의 성장을 방해하는 것은 무엇인가?

당신이 신뢰하는 이들이 성장의 과정을 경험할 수 있도록 초대하고, 그들 자신의 성장 계획에 따르도록 도와라. 이 모델은 역경 상황이 무엇이든 도움이 될 수 있다는 것을 기억하라. 당신은 다른 사람들이 스스로 성장하도록 도울 수 있을 것이다. 다시 말해, 당신이 다른 사람을 위해 문을 열어주게 되는 것이다.

자기반성　일단 당신이 준비가 되면 성장에 관한 당신의 이야기를 돌아보고 글로 쓸 시간을 가지는 것이 좋다. 상실과 역경의 경험으로 글을 시작하고, 그 이야기가 성장에 관한 이야기로 나아갈 수 있도록 만들어보라. 성장에 관한 이야기의 사례들과 이야기를 글로 쓰는 데 필요한 유용한 힌트는 *Finding Your Way through Sudden Loss and Adversity*의 pp. 91-142에서 찾을 수 있다(링크는 'Put Your Insights into Actions' 영역에 제시되어 있다.).

> 참고문헌

Administration on Aging, U.S. Department of Health and Human Services. (2001). *Older and younger people with disabilities: Improving chronic care throughout the life span.* Retrieved April 1, 2007, from http://www.mult-sclerosis.org/news/Dec2001/Improving-ChronicCareThroughoutLife.html.

Affleck, G., & Tennen, H. (1996). Construing benefits from adversity:

Adaptational significance and dispositional underpinnings. *Journal of Personality, 64,* 899-922.

Andrykowski, M. A., Brady, M. J., & Hunt, J. W. (1993). Positive psychosocial adjustment in potential bone marrow transplant recipients: Cancer as a psychosocial transition. *Psycho-Oncology, 2,* 261-276.

Basic Behavioral Science Task Force of the National Advisory Mental Health Council. (1996). Basic behavioral science research for mental health: Social influence and social cognition. *American Psychologist, 51*(5), 478-484.

Bonnano, G., & Mancini, A. (2006). Bereavement-related depression and PTSD: Evaluating interventions. In L. Barbanel & R. Sternberg (Eds.), *Psychological interventions in times of crisis.* New York: Springer Publishing Company.

Brickman, P., Coates, D., & Janoff-Bulman, R. (1978). Lottery winners and accident victims: Is happiness relative? *Journal of Personality and Social Psychology, 36,* 917-927.

Buoniconti Fund to Cure Paralysis, Inc. (1995). *The Miami project to cure paralysis* [Brochure]. Miami, FL: Author.

Calhoun, L., & Tedeschi, R. (2006). *The handbook of posttraumatic growth: Research and practice.* Mahwah, NJ: Lawrence Erlbaum Associates.

Campbell, M. L. (1996a). A life course perspective: Aging with long-term disability. *Maximizing Human Potential (Quarterly Newsletter of the Aging, Disability and rehabilitation Network of the American Society on Aging), 1*(3), 1-2.

Campbell, M. L. (1996b). A research perspective: Next steps in bridging the gap between aging and disability. *Maximizing Human Potential (Quarterly Newsletter of the Aging, Disability and rehabilitation Network of the American Society on Aging), 3*(4), 1-2.

Campbell, D. T., & Fiske, D. W. (1959). Convergent and discriminant validation by the multitrait-multimethod matrix. *Psychological Bulletin, 56,* 81-105.

Cassileth, B. R., Lusk, E. J., Strouse, T. B., Miller, D. S., Brown, L. L., Cross, P. A., et al. (1984). Psychosocial status in chronic illness: A comparative analysis of six diagnostic groups. *New England Journal of Medicine, 311,* 506-511.

Centers for Disease Control and Prevention, Office of Public Health Research. (2006). *Advancing the nation's health: A guide to public health research needs, 2006-2015.* Retrieved April 2, 2007, from http://www.rsvpbook.com/custom_pages/cdc_staging/chapter.php?cat_id=3.

Collins, R. L., Taylor, S. E., & Skokan, L. A. (1990). A better world or a shattered vision? Changes in life perspectives following victimization. *Social Cognition, 8,* 263-285.

Danish, S., Petitpas, A., & Hale, B. (1993). Life development intervention for athletes: Life skills through sports. *Counseling Psychologist, 21*(3), 352-385.

Department of Health and Human Services. (2001). *The New Freedom Initiative.* Retrieved April 2, 2007, from http://www.whitehouse.gov/news/freedominitiative/freedom-initiative.html.

Diener, E., & Diener, C. (1996). Most people are happy. *Psychological Science, 7,* 181-185.

Esterling, B. A., Antoni, M. H., Fletcher, M. A., Margulies, S., & Schneiderman, N. (1994). Emotional disclosure through writing or speaking modulates latent Epstein-Barr virus antibody titers. *Journal of Consulting and Clinical Psychology, 62,* 130-140.

Fazio, R. J., & Fazio, L. M. (2005). Growth through loss: Promoting healing and growth in the face of trauma, crisis and loss. *Journal of Loss and Trauma, 10,* 221-252.

Fazio, R. J., & Fazio, L. M. (2006). *Finding your way through sudden loss and adversity.* Closter, NJ: Hold the Door for Others.

Fillip, S. H. (1999). A three-stage model of coping with loss and trauma. In

A. Maercker, M. Schutzwohl, & Z. Solomon (Eds.), *Posttraumatic stress disorder: A lifespan developmental perspective* (pp. 43-78). Seattle, WA: Hogrefe and Huber.

Fredrickson, B. L., Tugade, M. M., Waugh, C. E., & Larkin, G. (2003). What good are positive emotions in crises? A prospective study of resilience and emotions following the terrorist attacks on the United States on September 11th, 2001. *Journal of Personality and Social Psychology, 84*, 365-376.

Gergen, K. J., & Gergen, M. M. (1988). Narrative and the self as relationship. In L. Berkowitz (Ed.), *Advances in experimental and social psychology* (Vol. 21, pp. 17-56). New York: Academic Press.

Greenberg, M. A., & Stone, A. A. (1992). Writing about disclosed versus undisclosed traumas: Immediate and long-term effects on mood and health. *Journal of Personality and Social Psychology, 63*, 75-84.

Greenberg, M. A., Stone, A. A., & Wortman, C. B. (1996). Health and psychological effects of emotional disclosure: A test of the inhibition-confrontation approach. *Journal of Personality and Social Psychology, 71*, 588-602.

Hayward, H. (2005). Positive psychology for tsunami survivors. *APS Observer, 18*, 9.

Helgeson, V. S., Reynolds, K. A., & Tomich, P. L. (2006). A meta-analytic review of benefit finding and growth. *Journal of Consulting and Clinical Psychology, 74*, 796-816.

Janoff-Bulman, R., & Frantz, C. M. (1997). The impact of trauma on meaning: From meaningless world to meaningful life. In M. Power & C. R. Brewin (Eds.), *The transformation of meaning in psychological therapies* (pp. 91-106). New York: Wiley.

Janoff-Bulman, R., & Berger, A. R. (2000). The other side of trauma: Toward a psychology of appreciation. In J. H. Harvey & E. D. Miller (Eds.), *Loss and trauma: General and close relationship perspectives.* Philadelphia: Brunner-Routledge.

Linley, P. A., & Joseph, S. (2004). Positive change following trauma and adversity: A review. *Journal of Traumatic Stress, 17*, 11-21.

Linville, P. W. (1982). The complexity-extremity effect and age-based stereotyping. *Journal of Personality and Social Psychology, 42*, 193-211.

Linville, P. W. (1987). Self-complexity as a cognitive buffer against stress-related illness and depression. *Journal of Personality and Social Psychology, 52,* 663-676.

Linville, P. W., & Jones, E. E. (1980). Polarized appraisals of outgroup members. *Journal of Personality and Social Psychology, 38,* 689-703.

McAdams, D. P. (1996). Personality, modernity, and the storied self: A contemporary framework for studying persons. *Psychological Inquiry, 7,* 295-321.

McAdams, D. P., Diamond, A., de St. Aubin, E., & Mansfield, E. (1997). Stories of commitment: The psychological construction of generative lives. *Journal of Personality and Social Psychology, 72,* 678-694.

McMillen, J. C. (1999). Better for it: How people benefit from adversity. *Social Work, 44,* 455-468.

Melnick, J., & Nevis, S. M. (1998). Diagnosing in the here and now: A gestalt therapy approach. In L. S. Greenberg & J. C. Watson (Eds.), *Handbook of experiential psychotherapy* (pp. 428-447). New York: Guilford Press.

Mumford, E., Schlesinger, H. J., Glass, G. V., Patrick, C., & Cuerdon, T. (1998). A new look at evidence about reduced cost of medical utilization following mental health treatment. *Journal of Psychotherapy Practice and Research, 7,* 68-86.

National Organization on Disability and Aging. (2004). N.O.D/Harris Survey: Landmark disability survey finds pervasive disadvantages. Retrieved April 2, 2007, from http://www.nod.org/index.cfm?fuse-

action=page.viewPage&pageID=1430&nodeID=1&FeatureID=1422
&redirected=1&CFID=12906429&CFTOKEN=70012394.

Neimeyer, R. A., & Stewart, A. E. (2000). Constructivist and narrative psychotherapies. In C. R. Snyder & R. E. Ingram (Eds.), *Handbook of psychological change: Psychotherapy process and practices for the 21st century* (pp. 337-357). New York: Wiley.

Niederhoffer, K. G., & Pennebaker, J. W. (2002). Sharing one's story: On the benefits of writing or talking about emotional experience. In C. R. Snyder & S. J. Lopez (Eds.), *Handbook of positive psychology* (pp. 573-583). New York: Oxford.

Nolen-Hoeksema, S., & Davis, C. G. (2004). Theoretical and methodological issues in the assessment and interpretation of posttraumatic growth. *Psychological Inquiry, 15,* 60-64.

Paez, D., Velasco, C., & Gonzalez, J. L. (1999). Expressive writing and the role of alexithymia as a dispositional deficit in self-disclosure and psychological health. *Journal of Personality and Social Psychology, 77,* 630-641.

Park, C. L. (1998). Stress-related growth and thriving through coping: The roles of personality and cognitive processes. *Journal of Social Issues, 54,* 267-277.

Park, C. L., & Folkman, S. (1997). Meaning in the context of stress and coping. *Review of General Psychology, 1,* 115-144.

Petrie, K. J., Booth, R. J., Pennebaker, J. W., & Davidson, K. P. (1995). Disclosure of trauma and immune response to a hepatitis B vaccination program. *Journal of Consulting and Clinical Psychology, 63,* 787-792.

Pennebaker, J. W. (1989). Confession, inhibition, and disease. In L. Berkowitz (Ed.), *Advances in experimental and social psychology* (Vol. 22, pp. 211-244). New York: Academic Press.

Pennebaker, J. W., & Susman, J. (1988). Disclosure of traumas and psychosomatic processes. *Social Science and Medicine, 26,* 327-332.

Perls, F. S., Hefferline, R., & Goodman, P. (1973). *Gestalt therapy: Excitement and growth in the human personality.* Har mondsworth: Penguin.

Salovey, P., Rothman, A. J., & Rodin, J. (1998). Health behavior. In D. Gilbert, S. Fiske, & G. Lindzey (Eds.), *Handbook of social psychology* (Vol. 2, 4th ed., pp. 633-683). Boston: McGraw-Hill.

Schaefer, J., & Moos, R. (1992). Life crises and personal growth. In B. N. Carpenter & N. Bruce (Eds.), *Personal coping: Theory, research, and application* (pp. 149-170). Westport, CT: Praeger.

Schulz, R., & Decker, S. (1985). Long-term adjustment to physical disability: The role of social support, perceived control, and self-blame. *Journal of Personality and Social Psychology, 48,* 1162-1172.

Silver, R. L. (1982). Coping with an undesirable life event: A study of early reactions to physical disability. Unpublished doctoral dissertation, Northwestern University, Evanston, Illinois.

Spera, S. P., Buhrfeind, E. D., & Pennebaker, J. W. (1994). Expressive writing and coping with job loss. *Academic of Management Journal, 37,* 722-733.

Sprangers, M. A. G., & Aaronson, N. K. (1992). The role of health care providers and significant others in evaluating the quality of life of patients with chronic disease: A review. *Journal of Clinical Epidemiology, 45,* 743-760.

Taylor, S. E. (1989). *Positive illusions: Creative self-deception and the healthy mind.* New York: Basic Books.

Taylor, S. E., Kemeny, M. E., Reed, G. M., Bower, J. E., & Gruenewald, T. L. (2000). Psychological resources, positive illusions, and health. *American Psychologist, 55,* 99-109.

Tedeschi, R. G., & Calhoun, L. G. (1995). *Trauma and transformation: Growing in the aftermath of suffering.* Thousand Oaks, CA: Sage Publications.

Tedeschi, R. G., & Calhoun, L. G. (2004). A clinical approach to posttraumatic growth. In A. Linley & S. Joseph (Eds.), *Positive psychology in practice* (pp. 405-419). Hoboken, NJ: John Wiley & Sons.

Wegner, D. M., Lane, J. D., & Dimitri, S. (1994). The allure of secret relationships. *Journal of Personality and Social Psychology, 66,* 287-300.

Wright, B. A. (1983). *Physical disability: A psychosocial approach* (2nd ed.). New York: HarperCollins.

Zoellner, T., & Maercker, A. (2005). Posttraumatic growth in clinical psychology: A critical review and introduction of a two component model. *Clinical Psychology Review, 26,* 626-653.

2

이별 후의 개인적 성장

• Margit I. Berman, Ty Tashiro와 Patricia A. Frazier

이별 후의 개인적 성장

Margit I. Berman, Ty Tashiro와 Patricia A. Frazier

사랑은 아픈 것이다. 당신이 아직 가슴이 무너지는 듯한 경험을 한 적이 없다면, 아마도 언젠가는 그런 아픔을 겪게 될 것이다. 고통스러운 이별 후, 당신은 실패자가 된 것처럼 느낄 수도 있다. 그러나 강렬한 부정적 정서가 지나가면 이별은 당신에 대해서 더 많이 배울 수 있는 기회와 미래에 당신이 맺게 될 관계를 향상시킬 수 있는 기회를 제공해준다. 우리는 이 장을 통해서 사람들이 이별에 따른 고통을 이해할 뿐 아니라 더 강인하게 성장하는 방법, 또한 그러한 경험으로부터 도움을 받을 수 있는 방법을 이해할 수 있기를 바란다.

이별은 외상적인 경험일 수 있다

물론, 이별은 아픈 것이다. 하지만 큰 도식에서 보면 이별은 그리 중요한 일이 아닐지도 모른다. 정말 그러한가? 아니다. 연인과의 이별은 청소년들에게 있어서 첫 번째 주요 우울 장애 삽화를 일으킬 수 있는 환경적 스트레스 요인 중 가장 강력한 예언변인이었다(Monroe, Rohde, Seeley, & Lewinsohn, 1999). 그리고 학생들에게 어떠한 외상적 사건들을 경험했는지에 대해 물었을 때, 사별과 이별이 가장 많이 보고되었다(예: Frazier et al., 2005). 당신은 사랑하는 사람이 죽어서 그를 잃는 것이 이별을 통해 관계를 잃는 것보다 더 외상적이라고 생각할 것이다. 그러나 이는 반드시 그렇지만은 않다. 우리가 사별이나 이별을 자신의 가장 외상적인 경험이라고 언급한 학생들을 비교했을 때, 외상 후 스트레스의 증상에서는 아무런 차이를 발견하지 못했다(Frazier, Berg, & Sherr, 2007). 실제로, 지금까지 자신에게 스트레스가 되는 생활 사건에 대한 연구에서 이별은 사별보다 현재의 스트레스를 더 많이 유발하고 있는 것으로 나타났다(Frazier, Keenan, Anders, Perera, & Shallcross, 2007). 이 결과들은 대학생들에게만 국한된 것은 아니다. 894명의 성인 여성들에 대한 연구에서도 가장 많은 사람이 관계의 파경을 가장 고통스러운 생활 사건으로 보고하였다(Frazier & Hurliman, 1998). 더욱이 관계의 파경은 갑작스러운 사별보다도 외상후 스트레스 장애의 증상을 더 많이 유발하는 것으로 나타났다.

우리의 연구에서는 이별 후 사람들의 삶에서 일어나는 부정적이고 긍정적인 변화를 구체적으로 탐색하고자 했다. '사람들은 삶의 긍정적이고 부정적인 변화를 얼마나 자주 겪을까?' '어떤 종류의 긍정적이고 부정적인 삶의 변화가 가장 흔할까?' 이 2개의 간단한 질문으로 우리는 첫 번째 연구를 시작했다. 최근 이별을 겪은 대학생들의 응답을 보면, 이별 후 대개 3가지 유형의 삶의 부정적인 변화가 있다는 것을 알 수 있다. (1) 우정의 상실, (2) 다른 사람을 신뢰하기가 어려워짐, (3) 자존감이 낮아짐(Tashiro & Frazier, 2003). 이혼 후의 부정적인 변화에 대한 다른 연구들에서도 이와 유사한 부정적인 변화들을 발견하였고, 특히 이혼의 전형적인 변화들로는 부정적인 재정적 변화와 자녀의 양육권과 관련된 복잡한 문제들이 함께 나타났다(Hetherington & Kelly, 2002). 위에서 다뤄지지 않은 다른 부정적 변화로는 이전 파트너와 함께했던 일상의 상실이 있다. 함께 신문을 읽거나 드라이브 하는 것 같이 함께했던 일상생활을 상실하는 것은 사뭇 평범해 보이지만, 친밀한 관계를 상실했을 때 가장 어려운 측면이 될 수 있다.

하지만 이별은 당신에게 도움이 될 수도 있다

애정관계가 끝난 후에는 흔히 부정적인 정서와 상당한 스트레스가 따라오기 마련이지만, 긍정적인 정서와 성장, 자기향상이라는 긍정적인 경험 또한 꽤 자주 일어난다. 몇몇 연구자들은 이별 후 경험하는 긍정 정서는 부정 정서에 비해 흔하지 않고 강렬하지도 않다는 것을 발견했다(Choo, Levine, & Hatfield, 1996; Sprecher, 1994). 그러나 긍정 정서 역시 종종 보고되기도 한다. 관계가 끝났다는 안도감이나 지속되는 사랑의 감정, 친밀감, 이전 파트너와의 우정과 같은 감정들은 자주 보고되지만, 다른 긍정 정서들은 거의 측정되지 않았다. 보다 광범위한 정서를 측정한 최근 연구에서는 이별 후 느끼는 정서에 대해 전체적으로 물었을 때 대부분의 참가자가 실제로 부정 정서보다 긍정 정서를 더 많이 느낀다고 보고했다(Lewandowski & Bizzoco, 2007).

　이별 후, 충만한 안녕감과 행복감을 느낄 수 있다면야 좋겠지만, 이것만이 이별의 유일한 긍정적인 결과는 아니며, 가장 긍정적인 것으로도 볼 수 없다. 심한 정서적 고통을 느끼는 사람일지라도 고통스러운 이별 경험을 통해 더 나은 사람이 될 수 있고, 어쩌면 훗날 더 나은 관계를 맺기 위한 기술을 개발할 수도 있다. 앞서 언급한 연구에서, 이별의 결과로 자신의 삶에 어떤 변화가 일어났는지를 물었을 때, 모든 참가자는 적어도 한 가지의 긍정적인 변화를 보고했다(Tashiro & Frazier, 2003). 학생들은 자신의 감정을 더 잘 조절할 수 있게 되었다는 것, 자신감이 높아진 것, 파트너를 더 잘 선택할 수 있게 되었다는 것, 관계에 대해서 전반적으로 더 지혜로워졌다는 것, 그리고 이별 경험을 통해 친구들과의 우정이 더 견고해졌다는 것들을 가장 흔하게 보고했다. 사실 학생들은 이별 후 삶에서 부정적인 변화보다는 긍정적인 변화를 훨씬 더 많이 보았다. 학생들은 평균적으로 그들이 보고하는 부정적인 변화 하나마다 다섯 가지의 긍정적인 변화를 보고했다(Tashiro & Frazier,

2003; Tashiro, Frazier, & Berman, 2005). 또 다른 최근 연구에서는 이별을 경험한 참가자들의 71%가 '전혀 아니다'에서 '매우 그렇다'까지 측정하게 되어 있는 이별로 인한 성장 척도에서 중간 값 이상의 성장 수준을 보고했다고 한다(Lewandowski & Bizzoco, 2007). 이별 후에 성장을 보고했다는 이 결과는 우리의 연구에서 왜 더 많은 참가자가 이별이 자신의 삶에 중립적이거나 부정적인 영향보다는 전반적으로 긍정적인 영향을 미쳤다고 판단했는지를 설명해준다. 마지막으로 이별이 자기인생에서 최악의 사건이었다고 말한 두 집단의 49%에서 77% 사이의 사람들은 그 경험에서 뭔가 긍정적인 것이 도출되었다고 보고했다. 이처럼 관계가 파경에 이른 후 성장하게 되었다는 보고는 꽤 일반적인 것으로 보인다.

이별 후에 어떻게 성장이 일어나는가

이별은 어떻게 우리를 긍정적인 결과와 성장의 경험으로 이끌어주는가? 이전 논문에서, 우리는 사람들이 애정관계가 끝난 후에 긍정적인 결과와 성장을 발견하는 여행을 하게 되는 적어도 2가지 경로가 있다는 이론을 발표했다(Tashiro, Frazier, & Berman, 2005). 첫 번째 경로를 우리는 '위기/성장' 경로라고 불렀다. 이 경로에 해당하는 사람들에게는 애정관계가 끝나는 것이 고통스러울 뿐만 아니라 오랜 기간 영향을 미치는 외상적 경험이 될 수도 있다. 아마도 관계는 배신이나 바람 때문에 끝났을 것이고, 그 상실은 갑작스러웠을 것이다. 그러나 매우 고통스러운 이별에서도, 어떤 사람들은 이 사건이 주는 성장 기회를 활용할 수 있고, 다양한 방식으로 더 강해지고, 더 나은 사람이 될 수도 있다. 그들은 이별을 통해 이전보다 더 나아지고 더 강해지는 것이다. 이 경로에는 더 흔히 경험되는 다른 형태가 있는데, 이를 '위기/탄력성' 경로라고 부른다. 이 경로에서도 이별은 힘들고 고통스럽지만, 사람들은 이별 전(또는 관계 시작 전) 만큼 건강한 상태로 되돌아간다. 아마도 그들은 그 경험으로부터 지속되는 이점이나 지혜를 얻지는 못하겠지만, 그것에 의해 지속적으로 해를 입지도 않는다. '위기/탄력성' 경로는 이별로부터 이득이나 긍정적인 결과를 만들어내지 않기 때문에 여기서는 더 이상 다루지 않을 것이다. 당신이 지금 원하지 않는 관계의 파경을 경험하고 있다면, '위기/탄력성' 경로가 있다는 것을 아는 것은 그 고통이 언젠가는 정말로 끝날 것이고 '다시 옛날의 당신으로 돌아갈 것'이라는 위안을 줄 것이다.

두 번째 주된 경로는 '스트레스 경감'이라 부른다. 위기/성장 경로와는 반대로, 이 경로를 밟는 사람들은 전혀 스트레스를 받지 않을지도 모른다. 반대로 이별을 통해 끔찍한, 심지어 학대적인 이전 파트너가 사라졌기 때문에 분명히 더 나은 삶이 시작될 수 있다. 관계의 파경은 적어도 그것을 겪는 사람 중의 절반은 관계를 끝내기로 의도적으로 선택했다는 점에서 다른 많은 스트레스 사건과 다르다. 관계를 끝내기로 선택하거나 동의한 사람들은 이별보다는 관계가 오히려 스트레스를 더 주는 것으로 여기고, 불만족스러운 관계를 끝냄으로써 이득을 얻기를 기대한다. 최근의 한 연구는 연인과의 관계 속에서 긍정적인 변화나 개인적

성장을 거의 경험하지 못했다고 보고하는 사람들은 나쁜 관계를
끝내는 것이 자신을 재발견하게 해주었기 때문에 오히려 이별
후에 더 많은 성장을 경험하고, 중요한 자신의 일부를 잃은 것같
이 느끼지도 않으며, 일반적으로 기분이 더 좋아졌다고 보고한다
는 것을 발견했다(Lewandowski & Bizzoco, 2007).

어떤 사람이 이별로부터 이득을 얻는가

이별 뒤에 삶의 긍정적인 변화가 찾아올 수 있다고 하면, 과연
어떤 사람이 가장 긍정적인 변화를 보고할지 궁금할 것이다. 우
리의 첫 번째 연구(Tashiro & Frazier, 2003)에서 모든 참가자가 이
별 후 적어도 어느 정도의 성장을 보고했지만, 보고된 성장의 양
에는 현격한 차이가 있어서 어떤 사람들은 다른 이들보다 더 많
은 성장을 보고한 것으로 나타났다. 이 성장 경험의 차이를 일으
키는 원인들로는 누가 이별을 시작했는지, 성별, 성격 요인, 이
별의 원인에 대한 설명 등이 조사되었다. 이 요인들은 차례로 논
의될 것이다.

우리는 앞서 나쁜 관계를 끝냄으로써 스트레스를 경감한 사람
들은 더 많은 성장을 보고했다는 결과를 살펴보았다(Lewandowski
& Bizzoco, 2007). 한편, 관계뿐 아니라 더 심각한 사건을 경험한
사람들이 실제로 덜 힘든 사건을 경험한 사람들보다 더 많은 성장
을 보고한다는 것 또한 자주 보인다(예: Armeli, Gunthert, & Cohen,
2001). 이러한 결과는 다음과 같은 질문을 낳는다. 관계의 이별에

있어서, 이별을 제안한 사람은 관계로 인한 스트레스가 경감되기 때문에 더 많은 성장을 기대할 수 있다고 보아야 하는가? 아니면 이별을 통보받은 사람이 위기/성장 경로의 시작에서 더 고통스러운 경험을 하게 되므로 더 많은 성장을 할 것이라고 기대해야 하는가? 이 질문에 대한 답은 여전히 분명하지 않다. 어떤 연구자들은 이별을 시작한 사람들이 이별에서 더 많은 성장을 보고한다는 것을 발견한 반면(Helgeson, 1994), 우리를 포함한 다른 이들은 누가 이별을 시작했는가는 성장에서 별다른 차이를 내지 않는다고 보았다(Tashiro & Frazier, 2003). 아마도 이별을 제안한 사람들은 이별하게 될 것임을 알고 있는 것이나 스트레스가 경감되는 것이 그 경험으로부터 더 많이 성장하도록 하는 반면, 이별을 통보받은 사람들은 원치 않는 이별로 인해 자기자신을 탐색하거나 향상시키는 계기가 되는 것으로 보인다.

이별 후의 성장에 대한 보고에서 성차에 관한 결과는 꽤 일관적이다. 몇몇 연구자들은 여성들이 성장과 긍정적인 정서를 더 많이 보고한다는 것을 발견했다(Helgeson, 1994; Sprecher, 1994; Tashiro & Frazier, 2003). 이론가들은 이러한 현상은 여성들이 남성들에 비해 애정관계 이외의 사회적으로 지지적인 네트워크를 더 많이 발달시켰기 때문일 수도 있고, 여성들이 이별을 시작하는 경우가 더 많기 때문일 수도 있다고 추측했다. 그러나 왜 여성들이 이별 후에 더 많은 긍정적인 결과를 보고하는지에 대해서 설명하려는 연구결과들은 일관적이지 않다.

한편, 보다 순응적인(agreeable) 사람들은 이별 후에 더 많은 성장을 경험한다고 보고하였다. 이들은 관계가 깨진 이유를 관계 그 자체나 상대방 혹은 자신의 잘못으로 돌리기보다는, 장시간의 업무 때문이라거나 부모님이 관계를 반대했기 때문이라는 등 환경적 영향이 원인이었다고 생각하는 경향이 있었다. 그러나 우리는 아직 순응적인 성격이나 이별의 원인을 환경으로 돌리는 성향이 어떻게 성장을 일으키는지는 충분히 파악하지 못하고 있다.

다른 관계 사건과 이별의 비교

앞에서 언급했던 것처럼 이별은 나쁜 관계에서 오는 스트레스를 경감시켜줌으로써, 혹은 반대로 고통스럽고 힘든 자기검증과 긍정적인 변화의 기간을 갖게 함으로써 우리를 성장으로 이끌어준다고 가정했을 때, 그렇다면 이별 후에 사람들이 보고하는 삶의 변화는 다른 관계 사건들이 주는 변화와는 어떻게 다른지에 대해 우리는 관심을 가졌다. 이를테면, 이별 후에 다른 한 사람과 충실하고 행복하며 친밀한 이성관계를 맺는 것과 같은 긍정적인 사건뿐 아니라 자신의 연인을 두고 다른 사람과 바람을 피웠거나 아니면 자신의 연인이 다른 사람과 바람을 피웠을 때와 같은 부정적 관계 사건에서 이러한 사건들로 인한 변화와 이별 후의 변화는 어떻게 다를까?

이 차이를 탐색하기 위해 우리는 현재 애정관계에 있거나 지난 일 년 내에 헤어진 심리학과 학생들을 조사했다(Berman, Heim, Hornsm, & Valverde, 2007). 16%는 현재 또는 지난 관계에서 연인이 부정(infidelity)을 저지른 희생자였고, 18%는 자신이 바람을 핀 경험이 있었으며, 19%는 한 사람과의 배타적인(monogamous) 관계가 끝났고, 47%는 현재 한 사람과 연애하고 있었다. 관계로 인해 일어난 삶의 변화를 측정하기 위해, 우리는 사람들에게 자신이 관계에서 경험한 사건으로 인해 일어난 긍정적·부정적 변화 모두에 대해 물었다. 특히 연인의 부정을 알게 되는 것, 연인과의 이별, 부정, 혹은 현재 연애를 하고 있는 것으로 인해 22가지 인생 영역에서 더 나쁘거나 더 좋게 변한 것이 있는지 물었다. 22가지 인생 영역은 관계(예: 연인과의 관계나 다른 연인과의 관계, 성생활의 변화, 소통 능력의 변화), 자기(예: 신체적 건강, 일하는 능력, 사람들에 대한 판단), 인생 철학이나 영성(예: 신과의 친밀감이나 영적인 안녕감에서의 변화), 고통스러운 관계 사건 후에는 부정적으로 변할 수도 있는 관계 관련 신념(예: 사람들의 정직에 대해 신뢰하거나 믿는 능력)들을 포함하고 있다.

앞서 논의한 다른 연구들에서처럼, 우리는 한 사람과의 배타적인 애정관계가 깨진 사람들은 보통 이 경험으로부터 긍정적인 변화를 보고한다는 것을 발견했다. 헤어진 사람들이 겪은 긍정적인 변화의 평균 개수는 6개였고, 20개의 긍정적인 변화를 보고한 사람도 있었다. 가장 많이 언급된 이별 후의 긍정적인 변화는 삶에 대한 개인적 통제감이 더 커졌다는 것이었다(48%의 참가자에 의해 보고됨). 다른 연구에서처럼 헤어진 사람들은 그 경험으로부터 부정적인 변화보다는 긍정적인 변화를 더 많이 보고했다. 부정적인 변화는 평균 4개였고, 지금은 헤어진 연인과의 관계에서의 부정적인 변화가 가장 많이 보고되었다(63%가 이 영역에서 부정적인 변화를 보고함).

　헤어진 사람들의 43%가 적어도 1~2개 정도의 부정적인 변화를 보고함에도 불구하고, 16%는 이별로부터 긍정적인 변화를 전혀 보고하지 않았고, 7%는 어떠한 부정적인 변화도 보고하지 않았다. 많은 수의 참가자가 이별이 자신의 삶에 거의 영향을 미치지 않았다고 생각하는 듯했다. 참가자는 '변화 없음' 이라고 답한 평균수는 11개였고, 대다수 참가자는 우리가 측정한 22개 영역 중 15개에 아무 변화도 없다고 응답했다. 이상적으로는 실패한 애정관계의 잔재로부터 지혜와 더 나은 삶을 얻기를 바라지만, 변화가 없다고 응답한 참가자들의 메시지는 "음, 이별은 그리 중요하고 큰일은 아니었어. 인생은 계속되는 거야." 인 것 같다. 이 참가자들에게 이별은 위기/탄력성 경로가 그러하듯 많은 성장을 주는 것 같지는 않았다. 참가자들이 택한 경로가 무엇이든 간에, 이별은 그 여정에서 비교적 작은 방해물일 뿐인 것이다.

　한 사람과의 관계가 끝나는 것은 애정관계에서 상대가 바람을 피우는 부정의 경험보다는 비교적 작은 영향을 미친다. 우리는, 부정의 희생자가 되는 것은 그냥 헤어지는 것보다 더 힘들다는 증거를 발견했다. 67%의 희생자와 43%의 부정을 저지른 사람은 그들의 연인과 헤어졌고, 부정으로 인한 이별을 경험하게 되었다. 나머지 사람들은 배신을 당한 시점에서도 자신의 파트너와 계속해서 관계를 유지하였다. 가령 부정의 희생자는 그냥 연인과 헤어진 사람보다 이별의 결과로 인한 외상 후 스트레스 증상을 훨씬 더 많이 보고했다. 또한 더 심각한 스트레스 사건 이후에도 부정의 희생자들은 그냥 연인과 헤어진 사람들보다 이별의 경험을 통한 긍정적인 변화를 더 많이 보고했다. 실제로, 관계에서 그냥 헤어진 사람들은 6개의 긍정적인 변화를 보고한 데 반해, 부정의 희생자들은 연인의 부정으로 인해 자신의 삶에서 평균 9개의 긍정적인 변화를 보고했다. 다수의 희생자들이 보고한 삶의 긍정적인 변화들로는 다음과 같은 것들이 있다. 자신의 강점을 인식하는 능력(59%), 자기주장 능력(59%), 부정을 저지른 상대가 아닌 다른 연인과의 관계(54%), 자기자신을 돌보는 능력(53%), 친구와의 관계(53%), 삶에 대한 개인적 통제감(51%). 이러한 결과는 연인의 부정을 겪으면서 자기자신을 향상시키고, 다른 관계 또한 향상시킬 수 있음을 시사한다. 한 사람과의 관계에서 이별을 겪은 사람들처럼, 부정의 희생자들도 부정적인 변화보다 더 많은 긍정적인 변화를 보고했다. 부정의 희생자들은 한 사람과의 관계에서 이별을 겪은 사람들과 같이 평균 4개의 부정적인 변화를 보고했다. 그러나 이들은 한 사람과의 관계에서 이별을 겪은 사람들이 11가지인 것에 비해 평균 8가지 삶의 영역이 변하지 않은 채로 남아 있었다. 또한 부정을 저지른 상대방과 헤어진 희생자들은 부정을 저지른 상대방과의 관계를 유지한 희생자들에 비해 더 긍정적인 변화를 보고했다. 부정의 희생자가 되고, 부정을 저지른 상대방과 헤어지는 것은 위기/성장 경로의 전형적인 예가 될 수 있다. 즉, 연인을 잃는다는 매우 힘들고 고통스러우며 갑작스러운 충격은 더 강한 자기감을 갖게 하고, 다른 사람과 보다 더 친밀한 관계를 맺도록 이끌 수도 있다는 것이다.

또한 우리는 애정관계의 파경 후에 보고한 변화들을 연애를 하고 있을 때의 변화와 비교하였다. 당연히, 현재 사귀고 있는 사람들은 상대방과 사귄 결과로 자신의 삶에서 일어난 긍정적인 변화를 평균 11개 보고하였고, 1개의 부정적인 변화만을 보고했다(실제로 한 사람과 사귀고 있는 사람들 중 47%가 어떤 부정적인 변화도 보고하지 않았다.). 연인과 사귀면서 생긴 긍정적인 변화 중 가장 흔하게 보고된 것은 다음 영역에서의 향상이다. 성생활(80%), 자기가치감(69%), 다른 연인과의 관계(이는 현재 한 사람과 사귀는 67%의 사람들이 보고한 결과로서, 흥미로운 이점이 아닐 수 없다), 자신의 강점을 인식하는 능력(63%), 정신건강(62%), 소통 능력(57%), 신뢰할 수 있는 능력(56%), 삶에서의 목표의식(56%), 자기주장 능력(54%).

이별: 자기재발견을 위한 기회?

사랑에 빠져 있는 사람과 연인의 배신을 경험한 사람들이 보고하는 긍정적인 변화들이 많은 부분 유사하다는 것은 매우 흥미로운 측면이다. 두 집단 모두 대다수가 자신의 강점을 인식하는 능력과 자기주장 능력이 향상되었다고 말했다. 이는 매우 상이한 경험이 같은 결과를 낳은 것이라 할 수 있다. 두 집단의 대부분의 사람이 또한 상당히 다른 이유들에도 불구하고 긍정적인 변화로써 '다른 연인'과의 관계의 향상을 언급했다. 사랑에 빠져 있는 것과 사랑으로 인해 깊게 상처받은 것, 이처럼 전혀 다른 경험이 어떻게 유사한 방식으로 삶을 향상시킬 수 있을까?

이 질문에 답하기 위해 왜 우리가 사랑에 빠지는가를 연구한 연구자들의 도움을 받았다. 사랑을 연구하는 부부인 Elaine과 Arthure Arson(1996)은 사람들이 자신을 확장하기를 원하기 때문에 사랑에 빠진다고 제안했다. 그들은 자기확장 욕구는 사랑뿐 아니라 타인에게 영향을 주거나 힘을 갖고자 하는 욕구, 무엇인가를 소유하는 욕구, 정보를 받아들이고 학습을 통해 인지적으로 더 발달하고자 하는 욕구, 외부 대상과 사람들을 자신의 일부로 만들고자 하는 모든 욕구가 포함된 기본적인 동기라고 주장했다. 그들의 관점에서 사랑은 연인을 우리 자신에게 포함시킴으로써 자신을 확장할 수 있게 해주는 수단이자, 자기확장의 욕구를 만족시키기기 위한 기본적인 도구가 된다. 이 관점에서 보면, 사랑은 다양한 방식으로 우리 자신을 성장하고 확장할 수 있게 해주기 때문에 사람들이 사랑하면서 이익을 얻는다고 보고하는 것은 당연한 일이다.

사랑에 빠지는 것은 멋진 이익을 가지고 있지만 사랑이 사람들로 하여금 자신을 확장하게 하는 유일한 방법인 것만은 아니다. 어떤 연구자들은 나쁜 애정관계는 실제로 자기를 제약하고 제한할 수 있다는 것과 이런 상황을 종식시키는 이별은 자기를 재발견하게 하고, 자기를 확장시킴으로써 성장의 새로운 기회로 이끈다는 것을 관찰했다. 한 연구에서는 관계 속에서 자기확장을 하지 못하는 사람들이 헤어졌을 때 더 많은 성장을 보고했는데, 이는 부분적으로는 이별이 자기를 재발견하게 해주었기 때문이라고 볼 수 있다(Lewandowski & Bizzoco, 2007). 이러한 관점은 관계의 이별을 통한 성장을 개념화할 수 있는 가치로운 방법을 제공한다. 이는 고통스러운 관계 스트레스를 경험하고 있는 사람들에게 성장과 삶의 향상으로 가는 길을 알려줄 수 있기 때문이다. 이 주제는 이별의 결과로서 어떻게 성장이 자라나고, 촉진될 수 있는지를 논의할 때 다시 검토해보기로 하겠다.

긍정적 변화는 부정적 변화에 대처하도록 돕는다

애정관계의 상실에 대처하는 방법을 배우기 위해서는 이별로 인한 삶의 긍정적이고 부정적인 변화를 모두 고려하는 균형이 필요하다. 앞서 살펴본 것처럼 대부분의 사람, 괄목할 만한 개인적 성장을 경험한 사람들조차도, 이별 후 신뢰감이 줄거나 우정을 잃는 것과 같은 부정적인 변화를 보고한다. 이별 후, 당신은 이별로 인해 당신의 삶이 어떻게 변할지 궁금할 것이다. 이 경험으로부터 당신은 어떤 이득을 얻을 수 있을 것인가? 내가 겪고 있는 긍정적이고 부정적인 변화들은 나에게 어떤 영향을 줄 것인가? 이 절에서 우리는 이별 후 성장과 부정적인 변화가 어떻게 함께 작용하는지, 긍정적이고 부정적인 변화 모두가 결국에는 어떻게 도움이 되는지, 그리고 삶의 긍정적인 변화를 극대화하기 위해 이별에 가장 적응적으로 대처하는 방법은 무엇인지에 대해 다룰 것이다.

당신은 어떻게 우울이나 불안에 압도되지 않고 삶의 부정적인 변화를 수용하는가? 당신은 그것을 단지 무시할 수도 있고 혹은 가능한 한 최소화할 수도 있다. 이는 단기적으로 정서적 위안을 줄 수 있다. 그러나 많은 경우 이 삶의 부정적인 변화는 이별 과정에서 나타난 오랜 관계 문제나 실제 어려움에 대한 정확한 평가를 반영하는 것일 수도 있다(Lewandowski & Bizzoco, 2007). 가령, 사람을 믿는 것은 많은 서구 문화에서 좋은 것으로 간주되고, 다른 사람에게 '불신하는' 사람으로 낙인찍히는 것은 바람직하지 않은 것으로 여겨진다. 그러므로 당신은 '신뢰감이 떨어지는 것'을 이별 후의 부정적인 변화로 받아들일 것이다. 그러나 당신의 관계가 당신의 이전 연인이 부정을 저지르고, 거짓말을 해서 끝난 것이라면 연인에 대한 신뢰감이 떨어지는 것은 당연한 것이다. 지나치게 믿는 사람이 이별 후에 그 순진함을 잃게 되는 것은 부정적인 변화로 보이지만 이는 오히려 적응적인 측면도 있다. 요약하자면, 삶의 부정적인 변화를 부인하거나 최소화하는 것은 관계에 대한 중요한 정보를 정확하게 평가하지 못하게 할 수도 있다는 것이다. 이별 후에 따르는 삶에서의 긍정적인 변화뿐 아니라 '부정적인' 변화를 온전히 이해하는 것은 당신으로 하여금 그 경험으로부터 배울 수 있게 해주고 미래에 유사한 부정적인 경험을 피할 수 있게 도와준다.

그렇지만 이별의 부정적인 효과에만 너무 많이 주의를 기울여서 도움이 되는 결과를 무시하지 않도록 주의해야 한다. 삶의 긍정적인 변화를 알아차리는 것만으로도 삶의 부정적인 변화에서 오는 스트레스를 경감시키는 데 도움이 된다. 즉, "이별은 힘든 일이었지만 적어도 몇 가지 좋은 점도 있었어."라고 생각하는 것은 당신의 기분을 더 좋게 만들 수 있다는 것이다. 삶의 긍정적인 변화와 부정적인 변화 간의 상호작용에 대한 연구는 아직 초기 단계이지만, 적어도 한 연구에서 우리는 삶의 긍정적인 변화가 최근에 이별을 경험한 사람들이 겪는 삶의 부정적인 변화에서 오는 부작용을 감소시켰다는 것을 발견했다(Tashiro, Frazier, & Steger, 2007). 특히 이별 후에 많은 삶의 부정적인 변화뿐 아니라 긍정적인 변화를 함께 보고한 사람들은 삶의 부정적인 변화만을 보고한 사람들처럼 자존감 저하와 우울을 경험하지 않는다는 것을 발견했다. 즉, 이별 후에 많은 부정적인 변화를 보고하더라도, 많은 긍정적인 변화도 함께 보고하는 한, 잘 지낼 수 있다는 것이다.

이 영역에서의 우리의 또 다른 최근 연구는 삶의 부정적인 변화가 스트레스를 일으키는 이유와 삶의 긍정적인 변화가 삶의 부정적인 변화에서 오는 부작용을 중화해주는 이유에 초점을 두었다(Tashiro et al., 2007). 자존감에 대한 연구에서 이 패턴에 대한 한 가지 설명을 찾을 수 있었다. 많은 연구에서 우리의 자기가치감이 애정관계와 밀접하게 연결되어 있다는 것을 발견했다. 우리는 높은 자존감을 유지하고자 하지만 애정관계가 깨졌을 때 우리의 자존감은 위협받을 수 있다. 다음으로 우리는 이별이 당신의 자존감을 저하시키는 2가지 이별방식을 논의하고, 자기가치감을 회복시키는 데 도움이 되지 않는 2가지 전략, 그리고 긍정적인 변화를 찾는 것이 왜 자존감을 회복하는 건강한 방식이 되는지를 다루고자 한다.

먼저 이별을 제안하지 않고, '차인' 사람을 생각해보자. 당신이 이 입장에 놓였다면 이전 연인이 당신과의 관계를 끝내고 싶을 만큼 당신에 대해 그렇게 '싫어할 만한' 것이 무엇인지 알아내려고 매우 많은 시간을 소모할 것이다. 당신을 그렇게 잘 아는 누군가가 당신과 더 이상 함께하고 싶지 않다고 결심한 상황에서 당신은 자존감을 어떻게 다시 회복할 것인가?

다음으로 설명할 방식의 자존감 위협은 이별을 제안한 사람이나 그렇지 않은 사람 모두에게 영향을 끼치지만 첫 번째의 위협보다는 덜 명확한 것이다. 대부분의 사람은 그 관계가 끝나서 행복하더라도 이전 연인이나 지난 관계에 대해 반복적으로 생각하곤 한다. 이 생각들은 "헤어진 그 사람 때문에 너무 화가 나."와 같이 과거 관계에 대한 나쁜 측면일 수도 있지만, "그 사람과 좋은 일도 참 많았는데."와 같은 긍정적인 생각들도 포함된다. 사실 사람들은 이전 관계가 건강하지 못한 것이었을 때도 이전 관계에 대해 부정적인 정보보다 긍정적인 정보를 더 자주 회상한다고 한다(Tashiro & Boles, 2006). 불행히도 이런 상황에서 당신의 지난 관계에 대한 긍정적인 생각은 그 관계가 끝났다는 사실과 일치하지 않는다. 사람들은 그런 불일치를 감지할 때 '인지 부조화'라고 불리는 불쾌한 상태를 경험하게 된다. 그러한 불일치는 자존감을 위협할 수 있는데, 이는 똑똑하고 이성적인 사람이라면 왜 그렇게 좋았던 관계를 끝냈을지에 대해 의문을 갖게 하기 때문이다.

이 부조화에 대응하기 위해 사람들은 자신의 현재 행동과 맞추기 위해 자신의 생각을 바꾸거나, 자신의 생각과 일치시키기 위해 행동을 바꿀 수도 있다. 더 이상 이전 연인과 함께하고 있지 않다는 현실과 생각을 맞추기 위해 사람들은 '하향 사회 비교'라고 불리는 과정에 들어가게 된다. 이 과정에서 사람들은 자신이 최근 헤어진 사람들보다 훨씬 더 낫다고 생각하거나, 이전 연인

보다 자신이 훨씬 낫다고 생각한다. 자신의 행동을 지난 관계에
서의 좋았던 기억과 일치시키기 위해 사람들은 일시적으로, 때
로는 단지 하룻밤의 관계로 이전 연인에게 돌아갈 수도 있다. 우
리는 압도적으로 많은 참가자가 '지독히 나쁜 선택'이었다고 보
고함에도 그중 40%의 사람들이 이전 연인과 성관계를 가졌다는
것을 발견했다(Tashiro & Boles, 2006).

　하향 사회 비교나 이전 연인에게 돌아가는 것이 단기적으로 기
분을 좋게 만들어줄 수는 있겠지만, 이런 식의 자존감 회복 전략
은 건강한 형태의 개인적 성장을 촉진하지는 못한다. 반면에 삶
의 긍정적인 변화를 찾고 그러한 변화를 강화하는 것은 당신의
전반적인 자존감 수준을 회복시켜주고 미래의 관계에 적용할 수
있는 적응적인 이점을 가져다준다. 또한 부정적인 변화(예: '사람
을 신뢰하는 것이 더 힘들어졌어.')와 긍정적인 변화(예: '다음 번에
는 좀 더 신뢰할 수 있는 사람을 선택해야지.')의 균형을 맞추는 것
은 자존감을 회복시켜주고 미래의 관계에 대해서 더 현실적인 관
점을 갖도록 해준다. 긍정심리학에서의 목표는 삶에서 어려운
일들을 명확히 직면하기를 피하면서 항상 긍정적인 느낌을 갖자
는 것이 아니다(Seligman & Peterson, 2000). 오히려 긍정심리학은
삶의 스트레스에 대처함에 있어서 중요하고도 가까운 관계를 잃
는 부정적인 면을 숙고함과 동시에 그 경험으로부터 배우고 성장
하기 위해 긍정적으로 생각할 수 있는 균형 잡힌 관점을 갖게 하
는 접근이다.

　요약하자면, 관계의 이별 후에 오는 삶의 부정적인 변화는 매
우 힘든 일이고 또 자주 일어나며, 이러한 관계 변화에 건강한 방

식으로 대처하는 것 또한 어려운 일이다. 당신은 이별 후의 삶에서 실제로 부정적 변화를 직면해야 하고, 이별의 원인이 된 개인적 결점을 인정하는 것이 자기회의를 유발하더라도 그러한 자신의 결점을 받아들이고 다룰 필요가 있다. 삶의 긍정적인 변화(예: 다른 친구들과의 관계를 증진시킨다거나 나쁜 관계 패턴을 깨는 것)를 찾는 것이 어려울 수도 있지만, 긍정적인 변화는 당신의 자존감을 회복시킴으로써 삶의 부정적인 변화가 가져오는 비참한 효과를 중화할 수 있다. 부정적인 것과 긍정적인 것의 균형을 이루는 것이 이별 후 자존감을 회복하는 유일한 방법은 아니다. 그러나 양쪽 측면을 고려하는 균형 잡힌 관점을 개발하는 것은 좋은 노력이고, 이는 미래에 보다 만족스러운 관계와 개인적 강점을 창출할 것이다.

이별 후 성장을 발견하고 촉진하기

당신이나 당신이 아는 누군가가 고통스럽고 원하지 않는 이별을 경험하고 있다면 앞의 절들을 냉소적인 시각으로 읽었을지 모른다. 당신은 긍정과 부정이 어떻게 균형을 이룰 수 있는지, 심지어 긍정적인 것을 지각할 수나 있는지 의아해할 수도 있다. '도대체 긍정적인 게 뭐가 있지?' 혹은 '이 이별은 너무 나쁜 일이야. 나는 상처만 받았지, 아무것도 얻은 게 없어.' 라고 생각할지도 모른다. 이별 후 성장과 긍정적인 변화를 촉진하는 방법에 대한 연구는 거의 이루어지지 않았다. 그러나 사랑을 할 때 인간의 동기에 대한 연구에서처럼, 괄목할 만한 성장을 보고하는 사람들의 경험은 관계의 끝에서 출발하여 더 나은 삶과 미래의 관계 파트너를 찾아가는 여정에 있어서 이정표와 같은 역할을 해줄 것이다.

성장 촉진자로서의 사회적 지지

앞서 논의한 것처럼 여성들은 남성들에 비해 이별과 이혼을 포함하는 스트레스 사건 후에 더 많은 성장을 보고하는 경향이 있다. 이론가들은 이것이 여성들이 사회적으로 지지적인 네트워크를 더 많이 발달시켜왔고, 이별 후에 기댈 수 있는 친밀한 친구들을 더 많이 가지고 있는 반면, 남성들은 이전 연인 외에는 친밀감을 느끼는 사람이 없기 때문이라고 생각했다(Cotton, 1999). 이것이 여성들이 이별 후에 더 많은 성장을 보고하는 이유인지는 확실치 않지만(Tashiro & Frazier, 2003), 우리는 남성과 여성 모두에서 사회적 지지가 더 많을수록 일반적으로 스트레스 사건 후에 더 많은 성장을 보고한다는 것을 알고 있다(예: Frazier, Tashiro, Berman, Steger, & Long, 2004; Park et al., 1996). 이혼에 관한 연구에서는 동료와 가족들로 이루어진 큰 사회적 네트워크가 이혼 후 성장을 촉진하는 중요한 자원이라고 제안한다(Cottonm 1999; DeGarmo & Forgatch, 1999). 그러나 조건적이거나 이혼을 인정하지 않는 사람들로부터의 지지는 도움이 되지 않을 수도 있다.

일반적으로 지지를 더 많이 받는 사람들일수록 더 많은 성장을 보고하지만, 사회적 지지 효과는 지지를 받는 사람의 성별에 따라 달라진다. 이혼에 관한 연구를 보면, 이혼 후 여성들은 가족과 친구와의 관계를 더 강화하고 이 네트워크 속에서 이혼으로 인한 구체적이고 실질적인 문제에 대한 도움을 구한다는 것을 알 수 있다. 또한 구체적이고 실제적인 도움을 받은 여성들은 안녕감이 증가되었다고 보고하였다. 이혼한 남성들도 지지를 보내준 가족에게 더 많이 의지하게 되었다고 보고하지만, 남성들이 찾는 지지는 구체적이고 실제적이기보다는 사회적이고 정서적인 경향이 있었다. 그리고 남성들에게 있어 증가된 사회적/정서적 지지는 안녕감을 향상시키기보다는 우울증과 연관이 있었다 (Gestel, 1988). 남성들에게 있어, 이혼이나 이별 후 자신이 실제적인 도움이나 정서적인 지지를 필요로 한다는 것은 당황스러움과 낙인찍히는 것 같은 느낌, '진짜 남자'가 아니라는 느낌이 들게 한다. 이는 남성들에게 있어서 사회적 지지가 왜 성장 및 안녕감과 부적인 관계를 보이는지를 설명해줄 수 있다(Steward et al., 1997). 하지만 남성과 여성 모두 지지적인 네트워크에 더 많이 의지함으로써 이익을 얻을 수 있다. 이혼한 사람들과의 심층 면접으로 이루어진 한 연구는 특히 남성들에게 있어서 사회적 지지의 이점에 대한 흥미로운 질적 자료를 제공하고 있다. Reissman (1990)의 표본에서 이혼한 남성들은 좋은 의사소통 기술을 배웠다고 보고했는데, 그들은 성관계와 무관한 여자친구나, 마음을 터놓을 수 있는 여자친구, 또는 심리치료에서 의사소통에 관한 조언을 청함으로써 이혼이 의사소통 기술을 향상시키는 원동력이 되었다고 보고했다. 표본에서 어떤 남성들은 심리치료를 이혼으로부터 얻은 '유일하게 좋은 것'으로 설명했다. 그러한 '성장 멘토십'은 특히 스트레스로부터 오는 긍정적인 변화를 경험하게 하는 강력한 방법이 될 수 있다. 유방암 생존자에 대한 한 연구는(Weiss, 2004) 유방암 생존자들 중에서 유방암을 이겨내고 성장을 경험한 '성장 멘토'와 접촉했던 생존자들의 성장률이 높다는 것을 발견했다.

이별 후 사회적 지지를 제공하는 뜻밖의 자원 중 하나는 헤어진 연인이다. 언급한 것처럼 우리 연구의 많은 참가자가 옛 연인과 성관계를 가졌다고 보고했고 대부분은 이를 후회한다고 보고하였다. 하지만 그 관계는 여전히 중요하다. 앞서 설명한 다양한 관계 경험에 대한 학생 표본에서 한 사람과의 관계를 끝낸 55%의 참가자들은 지난 달에 옛 연인과 접촉한 적이 있다고 보고했다 (Berman, Heim, Horns, & Valverde, 2007). 많은 경우 이런 만남은 우연 이상이었다. 사실 옛 연인과의 관계를 유지하는 사람들은 하루 평균 88분을 그들과 보냈다고 보고했다. 당신은 옛 연인과 가까운 관계를 유지하는 것이 부적응적이라고 생각할지 모르지만, 적어도 이혼한 사람들에게는 전 배우자와 우정을 지속하는 것이 적응적이라는 점을 시사하고 있다. 이혼한 한 집단의 33%는 우정을 유지하기 위해 전 배우자와 정기적인 만남을 갖기로 선택했다고 한다(MAsheter, 1997). 그렇게 함으로써 전 배우자에 덜 집착하게 되고, 이를 통해 자신의 안녕감 또한 증가될 수 있었다.

요약하면, 이별 후 긍정적인 결과를 극대화하기 위해서는 당신의 사회적 네트워크에 있는 사람들에게는 더 많이 의지하는 것이 좋고, 조건적인 도움을 주는 사람이나 도움을 구하다가 오히려 당신을 기분 나쁘게 할 수 있는 사람들에게 도움을 요청하는 것은 피하는 것이 좋다. 연구에 따르면, 사회적이고 정서적인 요구뿐 아니라 구체적인 도움을 부탁하는 사람들이 가장 많은 이득을 얻는 것으로 나타났다. 또한 당신의 관계 경험으로부터 배울 수 있도록 해주는 친구로부터 '성장 멘토십'을 받는 것도 좋다. 특히 남성들에게 있어서는, 이별 후 사람들에게 다가감으로써 고정관념을 깨고, 자신을 돌보는 것이 중요하다. 남성과 여성 모두 옛 연인과 성관계 없는 지속적인 우정을 신중하게 고려해보는 것도 권할 만하다. 또한 대다수의 사람에게 전문적 심리치료가 성장의 수단으로 매우 유용하고 도움이 될 수 있다. 심리치료자들은 당신의 친구가 해줄 수 없는 방식으로 어려운 경험으로부터 성장할 수 있도록 도와줄 수 있기 때문이다. 특히 당신의 스트레스가 심각하고 지속되며, 이별을 통해 의사소통이나 관계, 그 외에 당신이 가지지 못한 심리적 기술들을 개발할 필요가 있다는 것을 깨닫게 되었다면, 또는 당신이 친구들에게 해줄 수 있는 것보다 친구로부터 더 많은 지지를 요구한다면 당신은 심리치료를 찾는 편이 나을 것이다. 친구들은 어려운 시기에 소중한 지지를 제공해주지만 그들을 나를 위한 풀타임 치료자로 대하는 것은 좋지 않다.

상황을 성장 촉진자로 여기는 관점

몇몇 연구자들은 이별을 둘러싼 상황에 대해 어떻게 생각하느냐가 성장하는 능력에 영향을 미친다고 제안한다. 이별이 주는 이점을 인식하는 것과 부정적인 결과를 인식하는 것 사이에서 균형을 찾는 것이 중요하다는 것은 이미 언급한 바 있다. 전반적으로 낙관적이 되는 것과 함께, 이별의 밝은 면을 보고, 처음에는 알지 못했던 이점을 찾는 것은 실제로 이점을 발견할 수 있게 해준다. 이것이 당연해 보일지라도 우리는 이별과 같은 고통스러운 인생 사건을 겪는 사람들이 삶의 긍정적인 면에 주의를 기울이지 못한다는 것을 알게 되었다.

또한 현재 순간에서 이별에 대한 반응을 통제할 수 있는 방법에 주의를 돌리는 것이 좋다. 당신이 관계를 끝낸 것이 아니라면 당신은 어떤 식으로든 관계를 회복하거나, 당신의 옛 연인이 당신과 함께하고 싶어 하도록 만드는 등 과거를 통제하고 싶을 것이다. 이별을 누가 시작했건 당신은 관계를 끝나게 만든 요인을 통제하기를 바랄 수 있다. 그러나 특히 당신의 옛 연인의 애정과 같이 실제로 통제할 수 없는 것을 통제하려고 하는 경우, 과거를 통제하려는 노력은 대부분 적응적이지 않다는 연구결과가 제시된 바 있다. 대신 이별과 같은 스트레스에 가장 잘 대처한 사람들은(Frazier, Keenan, Angers, Perera, & Shallcorss, 2007) 이별로부터 성공적으로 회복하는 능력처럼 현재에 일어나는 상황에 대해 강한 통제감을 가진 사람들이라고 연구는 제안한다(Frazier, Berman, & Steward, 2002). 이러한 통제감을 얻으려면 부분적으로는 자신을 돌보는 행동을 하고, 현 상황에 가장 잘 대처해야 한다는 것이다. 그러나 부분적으로는 삶을 더 향상시키고, 이별을 넘어서기 위해 당신이 이미 해왔던 노력들을 인식하는 것도 이러한 통제감을 얻는 데 도움이 된다.

마지막으로, 왜 이별이 일어났다고 믿는지에 관한 당신의 관점

(연구자들이 이별에 대한 '귀인'이라고 부르는 것)은 경험으로부터 성장할 수 있는 능력에 영향을 미친다. 앞서 우리의 연구에서 이별하게 된 이유를 장시간의 업무나 부모의 반대와 같은 관계 밖의 환경적 요인에 귀인하는 사람들이 이별로부터 더 성장했다고 보고한 결과를 보았다(Tashiro & Frazier, 2003). 반면, 이혼 연구에서는 자신을 탓하거나 환경적인 요인을 탓하는 사람들은 이혼 후 적응을 더 잘 못했고, 전 배우자에 더 집착하는 경향을 보였다고 한다. 한편, 배우자 탓이 아니라 서로의 관계 자체로 이혼의 원인을 돌리는 것은 이혼이 자신의 삶을 향상시켰고 좋은 것이었다고 생각하는 것과 관련이 있었다(Amato & Previti, 2003). 이 결과들은 서로 모순되는 듯 보이고, 실제로 환경에 원인을 돌리는 것에 대해 혼란스러운 정보를 제시하지만, 자신을 탓하거나 전 상대방을 탓하지 않는 것이 안녕감을 촉진하기 위해 중요하다는 것을 시사하고 있다. 또한 환경적 귀인에 대한 다양한 결과들은 다음과 같은 중요한 현실을 반영해준다. 외부의 통제 가능한 요인들이 관계를 손상시켰고, 그러한 환경적 요인이 없었다면 좋은 관계가 될 수도 있었다는 것인데, 이러한 사실을 깨닫는 것은 정말 고통스럽고 괴로운 일이 아닐 수 없다. 하지만 이들은 성장으로 가는 중요한 경로를 일깨워주기도 한다. 오랜 근무로 인해 연인 혹은 배우자와 보낼 시간이 충분치 않아서 관계가 파경에 이르렀다면 당신은 일과 사회적 요구의 균형을 잡는 것이 중요하다는 것을 깨닫기 시작할 것이다. 이별에 영향을 미쳤던 환경적 요인을 이처럼 정직하게 검토하는 이점을 최대화하기 위해서는 과거에 머물지 않고, 이러한 환경적 요인을 바꾸어 현재 당신의 개인적 성

장으로 삼는 것이 가장 적응적일 수 있다. 가령 오랜 시간 일하는 것이 이별을 초래한 경우, 당신은 가족이나 친구와 더 많은 시간을 보냄으로써 일과 삶의 균형을 맞추는 것을 우선시해보는 것이다.

자기확장과 자기의 재발견

우리는 앞에서 애정관계가 자기확장으로 가는 경로가 될 수 있다는 것에 대해 언급했다. 자기확장은 개인적 성장과 동의어로 생각할 수 있다. 이는 지식을 얻는 것, 다른 이와 가까워지는 것, 우리의 개인적 영향력을 증대시키는 것, 세상에 더 많이 참여하는 것과 같이 우리로 하여금 성장하는 느낌을 주는 대부분의 경험을 포함한다. 또한 '성장'이라는 단어의 문자적 의미를 생각해보면, 이는 자기가 더 커지고 확장된다는 것을 암시한다. 최근의 한 연구에서는 연인이 상대방을 제한하는 자기확장적이지 못한 관계에 있었던 사람들은 이별을 통해 자기발견이 증가되었기 때문에 헤어지고 나서 더 많은 성장을 보고한다는 것을 발견했다 (Lewandowski & Bizzoco, 2007). 또 다른 연구에서는 매우 자기확장적이었던 애정관계가 끝났을 경우에 사람들의 자기개념이 손상된다는 결과를 제시하였다(Lewandowski, Aron, Bassis, & Kunak, 2006).

사랑은 자기확장으로 가는 중요하고 주된 길이지만 유일한 길인 것은 아니다. 사실 연인을 알게 되고 그와 가까워지는 것은 자기확장의 활동으로서는 분명한 한계를 지니고 있다. 가까운 관

계를 오래 지속한 연인들은 상대방의 고통을 자신의 것처럼 고통
스러워하고, 또한 상대방의 성취가 마치 자신의 것인 양 자랑스
럽게 느끼면서, 결국 당신의 자기개념에 연인을 완전히 성공적
으로 포함시킬 것이라는 것을 알고 있다. 일단 당신의 자기개념
에 완전히 상대방을 포함시키면, 더 가까워지는 것만으로는 자
신을 확장할 수 없다는 것을 이론가들은 지적한다. 그러면 오래
된 연인들은 어떻게 지속적으로 관계를 자기확장의 도구로서 사
용할 수 있을까? 이론가들은 자기확장 활동에 함께 참여함으로
써 가능하다고 말한다. 따라서 오랜 연인들은 새롭고 흥미로운
활동에 참여함으로써 자기확장의 느낌을 가지고 관계를 만들어
갈 수 있다(Aron & Aron, 1996). 실제로 연인들이 매우 짧은 흥미
로운 활동에 함께 참여하는 것으로도 서로 사랑과 친밀감을 강하
게 느끼게 된다는 연구결과도 보고된 바 있다(Aron, Norman,
Aron, McKenna, & Heyman, 2000; Reissman, Aron, & Berge, 1993).

　불만족스럽고 자기제한적인 관계를 끝낸 연인들은 관계에서
축소되고 제한되었던 자기를 재발견함으로써 일부 성장하는 것
으로 보인다. 그들은 "관계에 있을 때는 할 수 없었던 내가 좋아
하던 일들을 하게 되었다." "내 정체성을 다시 찾았다." "연인과
있는 동안 표현할 수 없었던 내 자신의 잃어버린 부분을 되찾았
다."와 같은 문항들에 수긍했다(Lewandowski & Bizzoco, 2007).
아마 그러한 불만족스러운 관계를 떠나는 사람들은 그들 스스로
자기를 확장하는 것이 더 쉽다는 것을 알게 되었을 것이다. 그러
나 우리는 그러한 자기재발견의 과정과 독립적인 자기의 확장은
애정관계의 이별을 경험하는 누구에게나 중요하고, 매우 자기확

장적이었던 관계를 잃는 경험을 하는 사람들에게는 (더 어렵기도 하겠지만) 더 중요할 것이라고 주장한다. 사랑을 시작하게 된 동기가 애초에 성장하고 자기를 확장하는 것이었다면 암벽등반이나 급류 래프팅, 유화 그리기, 일본어 배우기 등 스스로 하는 새롭고 흥미로운 자기확장적 성장 활동들에 참여하는 것은 상실의 고통을 완화하는 것 이상일 것이다. 게다가 이러한 활동들은 숙달감과 자기가치감을 높여주고, 자기를 재발견할 수 있게 해주며, 관계가 이상적이지 않았다는 위안이 되는 깨달음을 얻게 해줄 것이다(예: "시 쓰기 워크숍에서 알게 된 새로운 사람들은 나에게 내 소네트를 문학 잡지에 실어야 한다고 말한다. 그러나 내 연인은 우리의 사랑을 노래한 나의 시들을 한번도 인정해준 적이 없었다.").

요 약

이 장에서 우리는 애정관계의 파경 이후의 개인적 성장과 긍정적인 결과에 대한 이론 및 연구, 실질적인 고려사항들에 대해 논의했다. 우리는 애정관계가 끝난다는 것은 관계가 몇 년 지속되지 않았거나 결혼이나 다른 진지한 약속으로 인한 구속력이 없었을 때조차도 매우 고통스러운 일이라는 것을 지적하면서 시작했다. 우리는 이별 후에 올 수 있는 부정적인 결과와 심각한 정서적 고통에 대해 논의하고 이 경험들이 얼마나 일반적이고 중요한지에 대해 지적했다. 한편, 이별이 긍정적인 성과와 개인적 성장으로 이끌 수 있다는 이별 경험의 다른 측면에 대해서도 논의했다.

우리는 스트레스-경감과 위기-성장 경로를 포함해서, 불행한 관계와 그에 따른 이별의 고통으로부터 성장하고자 하는 사람들이 따르게 되는 경로에 대해 논의했다. 우리는 애정관계가 끝난 이후, 성장과 긍정적인 성과를 보이는 경우가 종종 부정적인 결과의 수를 넘어서기도 한다는 것을 언급하였고, 그리고 성장이라는 결과를 낳는다는 관점에서 이별이 다른 긍정적인 관계 사건이나 스트레스를 주는 관계 사건과 어떻게 비교될 수 있는지 논의했다. 또한 우리는 가장 쉽게 성장을 발견하는 사람은 누구인가와 그 이유에 대해 고찰했다. 마지막으로, 긍정과 부정에 대한 자각의 균형, 사회적 지지 구하기, 이별에 대한 새로운 관점을 개발하기, 독립된 인간으로서 자신을 확장하고 재발견하기를 포함하여, 이별에 따르는 부정적인 결과를 최소화하고 개인적 성장을 극대화하는 방법을 논의했다.

이 장을 몇 가지 작은 실험으로 마치려고 한다. 다음의 세 가지 연습들은 당신이 이별에서 치유되는 중이든, 현재 누군가와 사귀고 있든, 아니면 자발적으로 행복하게 혼자 지내든 간에 당신의 사회적 네트워크와 자기개념을 확장하도록 도와줄 것이다.

| 개인적인 작은 실험들 |

당신의 독립적인 자기를 확장하기

이 장에서, 우리는 연인과 헤어진 사람들이 이 경험으로부터 어떻게 성장하고, 이득을 얻을 수 있는지를 논의했다. 우리는 이별을 포함한 스트레스 경험 동안 당신의 친구와 가족이 성장하고 변화할 수 있도록 지지해줄 것과, 당신 자신의 성장을 지지해줄 독립적인 자기확장과 사회적 지지 구하기라는 유용한 두 가지 도구를 사용할 것을 권한다.

친구가 스트레스로부터 성장하고 있을 때 지지하기 애정관계가 끝났거나 다른 이유로 스트레스 시기를 겪고 있는 친구에 대해 생각해보라. 친구에게 그 스트레스 사건 이래로 자신의 삶에서 어떤 변화를 자각했는지 물어보라. 친구가 말하는 모든 긍정적인 변화에 특별히 주의를 기울이고, 친구가 언급하는 모든 부정적인 변화 또한 공감하고 인정하라. 앞에서 논의한 바와 같이, 이별이나 많은 다른 유형의 스트레스 사건 이후에 강렬한 고통과 슬픔을 느끼는 것은 매우 일반적인 일이다! 당신의 친구가 어떠한 긍정적인 변화도 보고하지 않는다면, 그 고통스러운 경험을 겪은 후에 삶에서 긍정적인 변화를 자각한 것은 없는지 부드럽게 물어보라. 마지막으로 친구에게, 다른 종류의 스트레스뿐 아니라 관계의 이별 후에 도움이 된다고 제시된 몇 가지 구체적인 사회적 지지를 제공하라. 당신의 친구가 이별이나 다른 스트레스 이후로, 전 연인이 직장까지 차로 태워주던 것이나, 함께 점심을 먹던 것을 그리워하는 것과 같이 삶에서 더 어려워진 측면을 언급했는가? 이런 부정적인 변화에는 구체적인 도움을 제공하는 것이 좋다. 당신은 친구와 만나 점심을 먹거나 직장에 태워다줄 수 있다. 연구에서는 그러한 사회적 지지를 제공하는 것이 친구에게 도움이 될 뿐만 아니라, 도움을 주는 사람에게도 건강과 심리적 이득을 가져다준다고 제안한다(Schwartz & Sendor, 1999; Schwartz et al., 2003).

당신의 지지적인 네트워크를 발견하고 확장하기 당신의 현재 사회적 네트워크를 더 잘 이해할 수 있도록 http://msass.case. edu/downloads/etracy/networkmap.pdf에서 확인할 수 있는 Social Network Map(Tracy & Whittaker, 1990)을 사용해보라. 당신의 욕구들을 채워줄 만큼의 충분한 사회적 지지를 갖고 있는가? 당신이 지지받는 수준이 충분치 못해서 당신의 네트워크 지도에 구멍이 있지는 않은가? 기존의 사회적 연결을 적어도 하나 이상 강화하고, 새로운 사회적 연결을 만들 수 있도록 이번 주에 실천 가능한 두 가지 작은 과제에 대해 생각해보라. 당신은 최근 보지 못한 친구에게 전화할 수도 있고, 새로운 친구와 이전에 했던 대화보다는 더 사적이고 자기개방적인 대화를 할 수 있다. 연구에 따르면 사람들은 너무 성급하지 않는 한, 자신의 사적인 주제에 대해 자기개방을 하는 사람들을 더 가깝게 여기고 더 좋아한다고 한다. 또한 당신은 지역사회 조직의 새로운 모임에 참가해 볼 수도 있을 것이다. 선택한 과제를 플래너에 적고, 그것들을 완수했을 때 그 효과를 평가하라. 당신은 사람들에게 다가가는 것을 즐겼는가? 그리고 그것이 이번 주에 스트레스를 다룰 때 도움이 되었는가?

독립적인 자기확장 연구는 사람들이 흥미롭고 새로운 활동에 참여할 때 자기확장을 경험한다고 제안한다. 당신이 흥미롭고 새롭다고 생각한 열 가지 활동 목록을 만들어라. 당신이 자주 하는 활동, 한 번도 시도해보지 못했던 활동, 너무 큰 돈이 들지 않는 활동, 그리고 '특별한 경험'이 될 수 있는 활동, 혼자 할 수 있는 활동, 혹은 당신이 아는 누군가와 함께할 수 있는 활동들을 각각 최소한 하나씩 넣어라. 이번 주에 최소한 하나를 골라서 해보고, 이 활동이 당신을 어떻게 느끼게 만드는지 알아보라. 다른 사람과 하는 활동에 참여한다면, 그 후에 그들과 더 연결되고 가까워진 느낌이 드는가? 당신이 연인이 있건 없건 간에 당신을 성장하고 발전시켜주는 자기확장 활동을 당신의 삶 속에서 정기적으로 늘려가기를 권한다.

> **참고문헌**

Amato, P. R., & Previti, D. (2003). People's reasons for divorcing: Gender, social class, the life course, and adjustment. *Journal of Family Issues, 24*, 602-626.

Armeli, S., Gunthert, K., & Cohen, L. (2001). Stressor appraisals, coping, and post-event outcomes: The dimensionality and antecedents of stress-related growth. *Journal of Social and Clinical Psychology,* *20,* 366-395.

Aron, E. N., & Aron, A. (1996). Love and expansion of the self: The state of the model. *Personal Relationships, 3,* 45-58.

Aron, A., Norman, C. C., Aron, E. N., McKenna, C., & Heyman, R. E. (2000). Couples' shared participation in novel and arousing activities and experienced relationship quality. *Journal of Personality and Social Psychology, 78,* 273-284.

Berman, M. I., Heim, L., Horns, H., & Valverde, D. (2007). [Life changes following dating relationship events]. Unpublished raw data.

Brennen, K. A., & Bosson, J. K. (1998). Attachment-style differences in attitudes toward and reactions to feedback from romantic partners: An exploration of the relational bases of self-esteem. *Personality and Social Psychology Bulletin, 24,* 699-714.

Choo, P., Levine, T., & Hatfield, E. (1996). Gender, love schemas, and reactions to romantic break-ups. *Journal of Social Behavior and Personality, 11,* 143-160.

Cotton, S. R. (1999). Marital status and mental health revisited: Examining the importance of risk factors and resources. *Family Relations, 48,* 225-233.

DeGarmo, D. S., & Forgatch, M. S. (1999). Contexts as predictors of changing maternal parenting practices in diverse family structures: A social interactional perspective of risk and resilience. In E. M. Hetherington (Ed.), *Coping with divorce, single parenting, and remarriage: A risk and resiliency perspective* (pp. 227-252). Mahwah, NJ: Erlbaum.

Drigotas, S. M., & Rusbult, C. E. (1992). Should I stay or should I go? A dependence model of breakups. *Journal of Personality and Social Psychology, 62,* 62-87.

Frazier, P., Berg, K., & Sherr, L. (2007). [Stressful life events and eating disordered behavior]. Unpublished raw data.

Frazier, P., Berman, M., & Steward, J. (2002). Perceived control and posttraumatic stress: A temporal model. *Applied and Preventive Psychology, 10*, 207-223.

Frazier, P., & Hurliman, E. (1998, November). *Prevalence of PTSD following Non-Criterion A Events.* Paper presented at the meeting of the International Society for Traumatic Stress Studies, Washington, DC.

Frazier, P., Keenan, N., Anders, S., Perera, S., & Shallcross, S. (2007). [Development of a measure of perceived control over stressful life events]. Unpublished raw data.

Frazier, P., Tashiro, T., Berman, M., Steger, M., & Long, J. (2004). Correlates of levels and patterns of posttraumatic growth among sexual assault survivors. *Journal of Consulting and Clinical Psychology, 72*, 19-30.

Frazier, P., Wendland, A., Gillis, H., Drucker, J., Belmore, S., Castellanos, P., et al. (2005, April). *Prevalence and effects of trauma: Best practices in undergraduate research.* Poster session presented at the meeting of the Minnesota Psychological Association, Minneapolis, MN.

Gerstel, N. (1988). Divorce and kin ties: The importance of gender. *Journal of Marriage and the Family, 50*, 209-221.

Helgeson, V. S. (1994). Long-distance romantic relationships: Sex differences in adjustment and breakup. *Personality and Social Psychology Bulletin, 20*, 254-265.

Helgeson, V. S., Reynolds, K. A., & Tomich, P. L. (2006). A meta-analytic review of benefit finding and growth. *Journal of Consulting and Clinical Psychology, 74*, 797-816.

Hetherington, E. M., & Kelly, J. (2002). *For better or for worse: Divorce reconsidered.* New York: Norton.

Lewandowski, G. W., Aron, A. P., Bassis, S., & Kunak, J. (2006). Losing a self-expanding relationship: Implications for the self-concept. *Personal Relationship, 13*, 317-331.

Lewandowski, G. W., & Bizzoco, N. M. (2007). Addition through subtraction: Growth following the dissolution of a low quality relationship. *Journal of Positive Psychology, 2*, 40-54.

Masheter, C. (1997). Healthy and unhealthy friendship and hostility between ex-spouses. *Journal of Marriage and the Family, 59*, 463-475.

Monroe, S. M., Rohde, P., Seeley, J. R., & Lewinsohn, P. M. (1999). Life events and depression in adolescence: Relationship loss as a prospective risk factor for first onset of Major Depressive Disorder. *Journal of abnormal Psychology, 108*, 606-614.

Neff, L. A., & Karney, B. R. (2005). To know you is to love you: The implications of global adoration and specific accuracy for marital relationships. *Journal of Personality and Social Psychology, 88*, 480-497.

Peterson, C., & Seligman, M. E. P. (2001). *Values in Action (VIA) cla ssification of strengths.* Washington, DC: American Psychological Association.

Park, C. L., Cohen, L. H., & Murch, R. (1996). Assessment and prediction of stress related growth. *Journal of Personality, 64*, 71-105.

Reissman, C. K. (1990). *Divorce talk: Women and men make sense of personal relationships.* New Brunswick, NJ: Rutgers University Press.

Reissman, C., Aron, A., & Bergen, M. R. (1993). Shared activities and marital satisfaction: Causal direction and self-expansion versus boredom. *Journal of Social and Personal Relationships, 10*, 243-254.

Schwartz, C., Meisenhelder, J. B., Ma, Y., & Reed, G. (2003). Altruistic social interest behaviors are associated with better mental health. *Psychosomatic Medicine, 65*, 778-785.

Schwartz, C. E., & Sendor, M. (1999). Helping others helps oneself: Response shift effects in peer support. *Social Science and Medicine, 48*, 1563-1575.

Sprecher, S. (1994). Two sides to the breakup of dating relationships.

Personal Relationships, 1, 199-222.

Stewart, A. J., Copeland, A. P., Chester, N. L., Malley, J. E., & Barenbaum, N. B. (1997). *Separating together: How divorce transforms families.* New York: Guilford.

Tashiro, T., & Boles, M. (2006, July). *Applying self-concept theories to relationship dissolution.* In C. R. Agnew (Chair), *Relationship dissolution: Theoretical and methodological advances and challenges.* Symposium conducted at the conference for the International Association for Relationship Research, Crete, Greece.

Tashiro, T., & Frazier, P. (2001, August). *Personal growth following relationship dissolution.* Pater presented at the Positive Psychology Summer Institute, Sea Ranch, CA.

Tashiro, T., & Frazier, P. (2003). "I'll never be in a relationship like that again": Personal growth following romantic relationship breakups. *Personal Relationship, 10,* 113-128.

Tashiro, T., Frazier, P., & Berman, M. (2005). Positive life change following relationship dissolution and divorce. In M. Fine & J. Harvey (Eds.), *Handbook of divorce and relationship dissolution.* Mahwah, NJ: Erlbaum.

Tashiro, T., Frazier, P., & Steger, M. (2007). *Positive and negative life changes following relationship dissolution.* Manuscript under review.

Tracy, E. M., & Whittaker, J. K. (1990). The Social Network Map: Assessing social support in clinical social work practice. *Families in Society, 71,* 461-470.

Weiss, T. (2004). Correlates of posttraumatic growth in married breast cancer survivors. *Journal of Social and Clinical Psychology, 23,* 733-746.

3

애정관계의 갈등과 해결책

• Tammy Lowery Zacchilli,
  Susan S. Hendrick과 Clyde Hendrick

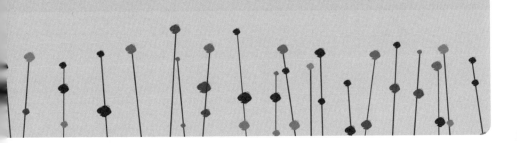

애정관계의 갈등과 해결책

Tammy Lowery Zacchilli, Susan S. Hendrick과 Clyde Hendrick

결혼 5년차인 브라이언(Brian)과 제니퍼(Jennifer)는 일주일에 적어도 네 번은 갈등을 겪는데 주로 경제적인 문제로 다툰다고 한다. 1년간 동거 중인 라시드(Rashid)와 라토야(Latoya)는 일주일에 한 번씩은 갈등을 겪고, 주로 사소한 집안일들이나 결혼을 할지 말지에 대해 말다툼을 벌인다. 에밀리오(Emilio)와 마리아(Maria)는 6개월간 사귀었는데, 한 달에 한두 번은 갈등을 겪고 있으며, 주로 시간을 어떻게 보낼까, 주말에 어디를 갈까 하는 문제로 싸운다고 한다. 이 커플들은 사뭇 달라 보이지만, 모두 관계가 유지되는 동안 어느 정도의 갈등을 경험하고 있다는 점에서는 비슷하다.

갈등에 관해서는 다양한 의문이 제기될 수 있다. 예를 들어, 갈등이란 정확히 무엇이며, 어떻게 측정할 수 있는가? 갈등을 다루는 건설적인 방법이 있는가? 이번 장에서는 이러한 질문들을 포함하여 갈등에 대한 여러 가지 의문들에 대해 다룰 것이다. 대부분의 연구의 초점이 그렇기 때문에 이번 장에서도 이성애 관계에 초점을 두고 있지만, 많은 쟁점이 게이나 레즈비언에게도 똑같이 적용될 수 있다.

갈등은 "한 사람의 행동이 다른 사람의 행동을 방해할 때 일어나는 대인관계의 과정"으로 정의되어왔다(Peterson, 1983). 이것이 진정으로 의미하는 것은 무엇일까? 맷(Matt)과 애슐리(Ashley)는 1년간 사귀어왔는데, 맷이 1,000마일이나 떨어진 대학원에 입학하게 되어 2개월 안에 이사할 계획을 세웠다고 가정해보자. 맷은 애슐리가 자신과 함께 떠나길 바라지만, 그녀는 자신이 좋아하는 직장에 다니고, 가족과 가까운 곳에 살고 싶어 한다. 이러한 시나리오에서 맷이 대학원에 다니기 위해 애슐리와 함께 이사하고 싶은 바람은, 가족과 가까이에 살고 직장에 계속 다니고자 하는 애슐리의 목표를 방해한다. 마찬가지로 맷이 가까이에 살기를 바라는 애슐리의 바람은 대학원에 가기 위해 멀리 이사하고자 하는 그의 목표에 방해가 된다.

갈등에 대해 논의할 때 갈등의 구조와 갈등의 과정을 구분하는 것은 중요하다. 갈등의 구조는 실질적인 이해관계의 갈등이나 갈등을 경험하게 되는 **쟁점**을 말한다(Christensen & Walczynski, 1997). 예를 들어, 애슐리와 맷의 경우, 갈등의 구조는 맷이 애슐리와 함께 멀리 이사하기를 원하지만, 애슐리가 고향에 남아 있고 싶어 한다는 것이다. 갈등의 과정은 연인 사이에서 일어나는 상호작용을 말한다. 즉, 애슐리는 맷과 이 문제에 대해 이야기하는 것을 피하고 싶어 하는데, 맷은 애슐리의 마음을 돌리기 위해 설득하려 한다는 것이다. 이러한 전략은 커플이 경험하는 갈등 과정의 일부다.

갈등 이론

갈등이 일어나는 이유에 관해서는 다양한 이론들이 있다. 마이클(Michael)과 크리스티(Christy)는 같은 문제로 반복해서 싸우지만, 확실한 해결책에 도달하지 못한다. 그들은 명백하게 비생산적인데도 불구하고 왜 그런 싸움을 계속하는 것일까? 한 가지 대답은 그로부터 뭔가 긍정적인 것을 얻는다는 가정이다. 학습 이론에 따르면(Bandura, 1977), 마이클과 크리스티는 보상을 받거나 강화되기 때문에 같은 말다툼을 반복한다는 것이다. 보상의 정확한 원천을 알기 위해서는 커플에 대한 깊은 이해가 필요하다. 예를 들어, 말다툼은 그것이 너무 파괴적이지만 않다면, 실제로 연인 사이에서 서로 연결되어 있고 가깝다고 느끼게 만들기도 한다. 이것은 서로에게 중요한 사람이라는 것을 보여주는 하나의 방법이 된다. 혹은 단지 재미있기 때문에 언쟁을 벌일 수도 있는데, 한 지혜로운 심리학자 부부는 이를 "유희적인 말다툼(recreational bickering)"이라고 부르기도 하였다.

크리스티는 마이클과의 관계에 많은 시간을 투자했다. 그녀는 마이클이 함께 있기를 원하면 언제든지 자신의 스케줄을 맞췄다. 그러나 마이클은 크리스티처럼 기꺼이 자신의 시간을 내지는 않았고, 크리스티와 함께 시간을 보내기 위해 계획을 수정하지도 않았다. 시간이 갈수록 크리스티는 관계를 지속하기 위해 들이는 비용이 자신이 받는 보상보다 크다고 느끼기 시작했다. 관계의 불균형은 종종 갈등의 원인이 된다. 이러한 갈등의 패턴은 학습이론에 근거를 두고 있는 Kelly와 Thibaut(1978)의 사회교환 이론으로 잘 설명된다. 이 이론에 따르면 가까운 관계에서는 보상과 비용을 경험하는데, 이러한 비용과 보상의 비교는 관계 만족도에 영향을 준다고 한다. 보상이 너무 적고 상대방이 그런 보상을 증가시키려는 노력을 하지 않는다고 느낄 때, 갈등이 일어난다. 따라서 크리스티와 마이클이 갈등을 경험하는 이유는 크리스티가 관계에 들이는 노력만큼을 관계에서 얻지 못한다고 느끼기 때문이다. 마이클 역시 크리스티가 관계에서 더 많은 보상을 받을 수 있도록 스스로 변화시키려 하지 않는다.

마이클과 크리스티의 갈등 행동에 대한 또 다른 설명은 그들이 상황이나 상대방을 어떻게 해석하는지에 달려 있다. 아마도 마이클은 계속 자신의 입장을 고집한다면 결국에는 크리스티가 그의 관점을 따르게 될 것이라고 단정하고 있을지도 모른다. 크리스티는 마이클이 그녀의 침묵에 짜증을 낸다는 것을 알기 때문에 언쟁을 피하려 할 것이다. 귀인 이론에서는 사람들이 상대방과 상황에 대해 단정 짓기 때문에 갈등 상황에서 자신이 하던 방식대로 행동한다고 제안하였다(Lulofs & Cahn, 2000). 즉, 마이클과 크리스티는 각각 상대방이 취할 행동 방식과 그런 식으로 행동하는 이유를 가늠하여 갈등 상황에서 자신의 방식대로 행동하게 되는 것이다.

사람들이 갈등 상황에서 하는 귀인은 그들이 갈등을 정의하고,

서로의 행동을 해석하며, 갈등에 대한 대처 전략을 선택하는 방식에 영향을 미친다(Sillars, 1980). Sillars는 상대를 탓하는 것은 '함께 작업하기' 와 같은 협력적 갈등 해결 전략의 사용과 부적인 상관을 보인다고 설명하였다. 예를 들어, 한 룸메이트가 자신의 룸메이트에게 갈등의 탓을 돌리거나 비난할 때, 서로 대립하는 전략을 사용하는 경향이 많았다. 이러한 결과는 애정관계에서도 일반화되는데, 연인과 갈등관계에 있을 때 하는 해석은 갈등을 다루는 방식에 영향을 미친다. 좀 더 구체적으로 말하면, 배우자를 탓하는 것과 같은 귀인은 갈등을 다루거나 해결하는 건설적인 방식과 관련성이 낮은 것으로 보인다.

갈등 해결 전략의 행동 이론

마이클과 크리스티는 갈등을 해결하려 할 때, 여러 가지 다른 방식으로 행동한다. 예를 들어, 마이클은 문제에 대해 이야기하는 것을 피하려는 반면, 크리스티는 그가 그녀의 관점을 듣기를 요구할 수 있다. 아마도 크리스티는 마이클이 항복할 때까지 그녀의 입장을 받아들이도록 강요할지도 모른다. 이러한 다른 방식이나 전략들은 관계의 다른 측면에도 영향을 준다. 갈등 해결 전략의 행동 이론(Christensen & Shenk, 1991; Lulofs & Cahn, 2000; Peterson, 1983)에서는 개인이 관계에서 갈등을 다루는 방식이 관계 만족도에 영향을 미칠 수 있다고 제안하고 있다.

행동 이론에 따르면, 개인이 사용하는 갈등 해결 전략은 갈등

의 빈도보다도 전반적인 관계 만족도에 더 중요하다(Holmes &
Murray, 1996). 사실 행동 전략은 애정관계 만족도의 가장 강력한
예언 요인 중 하나다(Cramer, 2004). 갈등이 얼마나 자주 일어나
는가 하는 것도 중요하고, 이러한 갈등의 빈도와 만족도 사이에
도 연관이 있지만(Christensen & Walczynski, 1997), 사용되는 전
략의 유형과 만족도 간의 관계가 더욱 강한 것으로 보인다. 따라
서 마이클과 크리스티가 일주일에 7일을 싸우더라도, 그들이 좋
은 갈등 해결 전략을 사용하는 한 관계에 상당히 만족할 수 있다.
행동 이론은 또한 의사소통이 갈등과 밀접하게 관련되어 있고,
실제로 많은 갈등 해결 전략이 의사소통에 기반을 둔 전략이기도
하다고 제안한다.

　애정관계에서의 갈등은 말다툼으로부터, 무시, 신체적 폭력까
지 다양한 범위의 행동들을 포함한다. 갈등에 직면했을 때 사용
하는 대처 전략은 커플들마다 다를 수도 있고, 동일한 커플이라
도 금전적인 갈등 문제를 다룰 때와 결혼을 결정하는 문제에 있
어서는 각기 다른 전략을 사용할 수도 있다.

　Peterson(1983)에 따르면, 5가지 주요 갈등 해결 전략이 있다.
이 5가지 전략에는 분리(separation), 지배(domination), 타협
(compromise), 통합적 합의(integrative agreement), 구조적 개선
(structural improvement)이 있다. 커플들이 분리 전략을 사용할
때는 상황에서 물러나서 그 문제를 즉시 다루지 않는다. 이들은
'가라앉히기 위한' 시간으로 상대방과 분리를 사용하는 것이다.
이러한 전략은 문제를 해결할 방법에 대해 생각함으로써 생산적
인 거리두기를 취한다면 유용할 수 있다. 그러나 철수하는 것 자

체가 갈등을 해결하는 것은 아니기 때문에, 문제를 해결하려는 노력으로 다시 돌아가지 않는다면 관계에 악영향을 끼칠 수 있다. 지배는 한 사람이 상대방으로 하여금 자신의 편이 되도록 설득하기 위해 힘을 사용하는 전략이다. 따라서 타협점을 찾기보다는 자신의 이익을 위해 상대방 한쪽의 욕구를 포기하도록 설득할 수도 있다.

Peterson(1983)은 타협을 '커플 모두가 받아들일 수 있는 해결책을 찾고자 노력하는 전략'으로 정의하였다. 각각의 상대방은 이러한 해결책에 도달하기 위해 서로 조금씩 양보해야 한다. 반대로 통합적 합의는 상대방 모두의 기대를 만족시키는 것이다. Peterson은 양쪽을 모두 만족시키는 방식으로 복잡한 갈등을 해결한다는 것은 매우 어렵기 때문에 통합적 합의 전략은 실제로 매우 드물게 쓰인다고 여겼다. 예를 들어, 아내는 아이를 정말 원하는데, 남편은 그렇지 않다면 그들의 바람을 모두 만족시킬 수 있는 해결책을 찾기는 상당히 어려운 일일 것이다. 마지막으로, 구조적 개선은 커플이 심각한 갈등에 직면한 이후에 사용하게 되는 전략이다. 이 전략은 상호 동의에 이르는 것을 넘어서, 상대방을 대하는 전반적인 방식에 영향을 주게 된다. 이러한 전략은 커플이 개방적으로 의사소통하고, 새로운 단계의 친근감을 갖도록 영향을 미칠 수 있다. 그러나 커플이 이전에 미처 깨닫지 못했던 서로의 좋지 못한 특성을 발견한다면, 그들은 실제로 헤어질 수도 있다.

또한 Lulofs와 Cahn(2000)은 회피(avoidance), 화해(accommo-dation), 경쟁(competition), 타협(compromise), 협력(collaboration)이라는 5가지 전략들에 대해 논의하였다. 회피는 갈등을 전혀 다루지 않는 것으로 정의되며, 회피 전략의 예로는 무시, 논쟁의 회피, 상대방으로부터 물리적으로 아예 거리를 두는 것이 포함된다. 화해는 의견 차이를 누그러뜨리고 항복하는 것으로 정의된다. 경쟁 전략은 한 상대방이 이기적인 동기를 가지고 상대를 지배하고, 자신에게 동의하도록 강요하는 것이다. 타협은 누구도 이기거나 지지 않는 중간 지점을 찾는 것이다. 마지막으로, 협력은 상대방 모두의 기대를 만족시키는 선택을 함으로써 문제를 해결하는 것이다.

갈등에 대한 또 다른 관점은 Rusbult와 동료들(Rusbult, Johnson, & Morrow, 1986; Rusbult, Zembrodt, & Gunn, 1982)이 제안한 것으로서, 이들은 개인이 관계에서 갈등과 불만족에 반응하는 4가지 방식을 제안하였다. 이 중 두 가지 방식은 관계에 있어서 건설적인 방식이고, 다른 두 가지는 파괴적인 방식으로 나뉜다. 이 4가지 전략들은 능동성/수동성(activity/passivity) 차원에서 연구되었다. 표현(voice)은 갈등을 다루는 적극적이고 건설적인 전략이다. 이 전략은 갈등을 해결하기 위해 문제에 대해 논의하는 것이다. 충성(loyalty)은 또 다른 건설적 전략으로서, 이는 소극적인 방식이다. 이 전략을 사용하는 사람들은 갈등 문제에 대해 이야기하는 데는 무관심하지만 어쨌든 상대방을 지지한다.

퇴장(exit)은 적극적이고 파괴적인 전략이다. 이러한 전략을 사용하는 사람들은 갈등을 해결하려는 시도는 하지 않고 관계를 떠난다. 마지막으로 방임(neglect)은 소극적이고 파괴적인 전략이다. 이 전략을 사용하는 사람들은 문제에 대해 이야기하는 것을 피하지만 관계는 유지한다. 이 전략이 파괴적인 이유는 물리적으로는 상대방과 관계에 머물러 있지만, 정서적으로는 연결되어 있지 않기 때문이다. Rusbult 등(1986)은 퇴장과 방임이 관계 불만족과 관련이 있으며, 퇴장은 더 극심한 불만족을 나타낸다고 하였다.

갈등을 다루는 데 사용되는 주요한 전략들의 개수에는 차이가 있지만, 여기에는 몇 가지 일관된 점들이 있다. 예를 들면, 관계에 있어 건설적인 전략과 파괴적인 전략들을 개념화하고 있다는 것이다. 또한 이러한 개념화에서 중요한 점은 각각 개인이 상대방과 의사소통하는 방식에 대해 강조한다는 것이다. 마지막으로, 대부분의 경우 커플들이 사용하는 갈등 해결 전략에 따라 그들이 관계에 만족하는지, 만족하지 않는지가 나뉠 수 있다는 것이다.

앞서 얘기했던 마이클과 크리스티의 경우, 이들은 관계에서 많은 갈등을 경험하지만, 대부분 문제에 대해 소통함으로써 갈등을 해결할 수 있었다. 갈등은 그들 관계에 있어 해가 되기보다는 관계를 강하게 만들어주는 정상적인 부분이다. 행동 이론과 마찬가지로, Ruben(1978)의 체계 이론에서도 의사소통의 붕괴로 인해 갈등이 일어난다고 주장한다. Ruben은 갈등을 관계에서 필연적이며, 지속적인 부분이라고 설명하였는데, 갈등은 이처럼 관계가 정상적으로 진전되는 데 있어 방해물이 아니라, 관계의 정상적인 일부분인 것이다. 갈등은 관계의 성장에 있어서도 꼭 필요하다. 한 상대방이 다른 상대방의 요구나 환경의 요구에 맞출 필요가 있을 때 주로 갈등이 일어나기 마련이다. 갈등은 의사소통 문제의 결과이기 때문에, 갈등을 해결하는 가장 좋은 방법

역시 의사소통에 있다. 의사소통은 갈등 해결의 맥락에서 더 깊이 논의될 것이다.

부모와의 관계와 애정관계의 갈등

가브리엘라(Gabriela)는 그녀의 부모와 좋은 관계를 맺고 있다. 그녀와 그녀의 부모님은 서로 의견차가 있을 때 그 쟁점에 대해 개방적으로 논의하고 합의점을 찾는다. 가브리엘라가 부모와의 갈등을 다루는 방식이 연인과의 갈등을 다루는 방식에 영향을 미칠까? 그렇다. 부모와의 갈등과 연인과의 갈등 사이에는 상관관계가 있다는 증거들이 있다. 관계 갈등의 빈도는 어린 시절부터 청소년기, 대학생 시기에 이르기까지 변하기 마련이다. 예를 들어, Furman과 Buhrmester(1992)는 아동기와 초기 청소년기, 청소년기 연구에서, 참가자들이 형제간 갈등을 가장 많이 보이다가 부모와의 갈등으로 옮겨가고, 대학생 때에는 형제나 부모, 연인과의 갈등을 비슷하게 보고한다고 하였다. 애정관계의 갈등이 후기 청소년기와 대학생 시기에 나타나기 때문에, 초기 가족관계가 애정관계의 갈등에 영향을 미치는 것은 타당한 것으로 보인다.

Reese-Weber와 Bartle-Haring(1998)은 가족관계에서의 갈등이 어떻게 애정관계의 갈등과 관련되는지 연구하였다. 특히 그들은 어느 가족과의 관계가 애정관계의 갈등에 가장 영향을 많이 미치는지를 확인하기 위해서, 부모(어머니와 아버지), 어머니-청소년

자녀, 아버지—청소년자녀, 형제자매 관계를 조사하였다. 타협
(compromise), 공격(attack), 회피(avoid)라는 3가지 갈등 방식이
조사되었다. 타협은 '사과'와 '문제해결을 위해 함께 노력하는
것'을 포함한다(p. 736). 공격은 적대적으로 대하는 것을 말하며,
회피는 문제가 있음을 부인하는 것에 해당한다. Reese-Weber와
Bartle-Haring은 한 가족관계에서 타협의 방식을 사용하는 것이
다른 가족관계뿐만이 아니라 애정관계에서도 타협을 사용하는
것과 관련이 있다고 밝혔다. 같은 패턴이 공격과 회피에서도 나
타났다. 또한 타협의 방식을 쓴다고 보고한 사람들의 경우, 공격
과 회피 점수가 낮았는데, 이는 그들이 공격과 회피 전략을 그다
지 자주 사용하지 않는다는 것을 의미한다. 연구자들은 또한 부
모와 청소년기의 자식 간에 갈등을 다루는 방식이 부모 사이에서
갈등을 다루는 방식보다 애정관계 갈등에 더 중요한 영향을 미친
다는 점을 발견하였다.

　이는, 즉 부모가 서로의 갈등 상황에서 각자에게 무엇을 얘기
하는지 혹은 어떤 행동을 하는지가 중요하다기보다는 부모가 청
소년기의 자식과 갈등을 어떻게 다루는지가 더 중요하다는 것으
로 보인다(Reese-Weber & Bartle-Haring, 1998). 예를 들어, 제프
(Jeff)와 그의 아버지가 갈등이 있을 때 서로를 공격한다면, 제프
는 연인과의 갈등 상황에서도 자신의 연인을 공격할지 모른다.
사라(Sarah)와 그녀의 어머니가 갈등이 되는 문제에 대해 이야기
하는 것을 피한다면, 사라는 연인과 갈등에 대해 이야기하기를
피할 것이다. 또한 청소년과 그의 형제가 갈등을 다루는 방식도
애정관계에서 사용하는 갈등 해결 전략에 영향을 준다.

예를 들어, 한 연구에서는 10~12학년 청소년들에게 부모 및 동료와의 관계에 대해 보고하도록 하였다(Crockett & Randall, 2006). 7년 후, 연구자들이 참가자들에게 그들의 애정관계의 특성과 연인과의 갈등에 대해 질문한 결과, 동료관계보다는 가족관계가 이후의 애정관계에 더 많은 영향을 미치는 것으로 나타났다. 특히 가족관계는 성인의 애정관계에서의 갈등 행동뿐 아니라 관계 만족도를 예언하는 것으로도 드러났다. 가족관계가 좋다고 보고한 사람들은 애정관계 역시 좋다고 보고하였다. 게다가 가족관계가 좋은 사람들은 그렇지 않은 사람들보다 연인과의 갈등에 대한 보고가 적으며, 갈등에 직면했을 때 더 많이 이야기하는 것으로 나타났다. 이에 반해, 가족관계가 좋지 못했던 사람들은 연인에게 신체적 폭력이나 위협을 더 많이 사용하는 것으로 나타났다.

일반적으로 가족관계가 좋았던 사람들은 애정관계에서도 갈등에 대해 이야기하는 것과 같은 효과적인 갈등 해결 전략을 사용하는 특징을 보인다. 하지만 가족관계가 좋지 못했던 사람들은 이후의 애정관계에서도 역시 위협이나 공격, 회피와 같이 효과적이지 못한 갈등 해결 전략을 사용한다. 과연 이것이 우리가 부모와의 갈등을 다뤘던 것과 똑같은 방식으로 연인과 갈등을 다루게 될 수밖에 없다는 것을 의미할까? 그렇지 않다. 성차나 관계의 유형을 포함한 다른 요인들을 함께 고려해야 하기 때문이다.

갈등에서의 성차

에릭(Eric), 제이슨(Jason), 제롬(Jerome)은 각자 자신의 연인과 갈등이 되는 문제에 대해 이야기하는 것을 회피하고, 제시카(Jessica), 다케샤(Dakesha), 로라(Laura)는 연인과 갈등이 있을 때 자신의 입장을 강요한다. 갈등에 대한 많은 연구에서는 갈등 해결 전략에 있어서 성차의 영향을 언급한다. 연구에 따르면, 여성은 비판과 분노와 같은 부정적 전략뿐만 아니라 정서적 전략을 더 많이 사용하는 반면, 남성은 회피하거나 변명을 하는 경우가 더 많은 것으로 나타났다(Canary, Cunningham, & Cody, 1988).

성차에 대한 연구는 혼전관계에서의 갈등 과정을 이해하는 데 필수적이다(Lloyd, 1987). 남성과 여성은 관계에서 갈등 문제에 다르게 반응한다. 진지하게 사귀고 있는 25명의 커플을 대상으로 갈등과 관계의 특성에 대한 성차를 연구하였는데, 연구결과 남성은 관계의 특성에 있어서 갈등 문제가 지속되는 것을 가장 중요한 것으로 꼽았고, 갈등 자체가 지속되면 관계에 덜 헌신하게 되고, 애정의 수준도 낮아지는 것으로 나타났다. 이에 반해 여성은 만족과 헌신의 수준이 낮을수록 더 많은 갈등이 생기는 것으로 나타났다. 게다가 여성에게 있어서 의사소통의 질은 갈등 해결뿐만 아니라 갈등의 빈도와도 관련이 있었다. 예를 들어, 더 많이 협상(negotiation)하고 상대방을 자기 뜻에 따라 조종(manipulation)하지 않을수록, 갈등이 줄어들고 더 효과적으로 해결하게 되는 경향을 보였던 것이다.

Hojjat(2000)은 갈등 해결 전략 사용에 있어서의 성차뿐 아니라, 상대방의 갈등 해결 전략에 대해 각자가 어떻게 느끼는지에 대해 연구하였다. 갈등 관리방식은 '능동적/수동적' 그리고 '긍정적/부정적' 차원으로 측정되었다. 능동적/긍정적 차원에는 협상이 포함되며, 능동적/부정적 차원에는 학대와 조종이 포함되었다. 또한 능동적/긍정적 차원에는 희생과 공감이, 수동적/부정적 차원에는 회피 혹은 '갈등 상황으로부터 거리두기'가 포함되었다. 이 두 연구에서 커플들은 자신의 갈등 해결 전략뿐만 아니라 상대방의 전략에 대한 지각을 평정하였다. Hojjat은 갈등을 해결하고자 할 때 여성이 남성보다 더 자기주장이 강하다는 것을 발견했다. 따라서 여성은 남성에 비해 더 부정적이고 적극적인 전략을 사용하는 경향이 있다. 반대로 남성은 직접적인 갈등 자체를 피하려고 하고, 갈등에 직면했을 때에도 회피적인 해결 전략을 사용하려는 경향성이 높은 것으로 나타났다. 남성과 여성 모두, 부정적 전략은 낮은 관계 만족도와 관련되어 있었다. 그러나 긍정적 전략은 만족도와 상관이 없었다.

한 상대방이 갈등에 접근할 때 다른 상대방은 물러나는 것과 같이, 갈등의 요구/철회 패턴(demand/withdraw pattern)에 대한 성차 또한 연구되고 있다. 몇몇 연구에서, 아내들은 갈등 상황에서 요구하는 방식으로 반응하는 반면, 남편들은 물러나는 경향이 강한 것으로 나타났다(Christensen & Heavey, 1990; Heavey, Christensen, & Malamuth, 1995). 한편, 다른 연구에서는 성차보다 "누가 변화를 요구하는가?"가 더 중요한 쟁점이라는 것을 발견했다(Klinetob & Smith, 1996). 다시 말해, 여성이 남성에게 변화를 강요하면, 남성이 물러날 것이고, 그리고 남성이 여성에게 변화를 강요하면, 여성도 마찬가지로 물러난다는 것이다.

흥미롭게도, 최근 연구자들(Zacchilli, 2007; Zacchilli, C. Hendrick & S. Hendrick, 2005; Zacchilli, S. Hendrick & C. Hendrick, 2008)은 여성이 부정적이고 적극적인 전략을 더 많이 사용하는 반면, 남성은 상대방과 갈등에 대해 이야기하는 것을 피하는 경향이 더하다고 주장했던 선행 연구와 불일치하는 결과를 제시하였다. 예를 들어, 남성은 여성보다 상호적 반발(예: 분노, 언어적 공격)과 지배, 복종을 함께 사용한다고 보고하였다. 즉, 남성은 여성보다 언어적 학대를 많이 하고, 상대방에게 더 많이 강요하지만, 갈등에 직면했을 때에는 상대방에게 복종하는 경향이 높았다. 이처럼 남성들이 지배와 복종을 둘 다 사용한다고 보고한 것은 흥미롭다. 남성들이 말다툼에서 이기기 위해서가 아니라 상대방의 입을 막기 위해 복종했다고 보고한 것일 수도 있다. 이러한 결과는 표집의 차이 때문이라는 설명도 가능하다. 타협, 분리, 회피에 대한 성차는 발견되지 않았다. 지금까지 살펴본 모든 결과는 애정관계의 갈등을 연구하는 데 있어 성차를 고려하는 것이 중요한 요인임을 제안한다.

갈등과 관계 유형

청(Chung)과 리(Li)는 일 년간 진지하게 사귀었다. 라이언(Ryan)과 에이미(Amy)는 6개월간 가볍게 데이트를 했다. Braiker

와 Kelley(1979)에 따르면, 관계 수준의 차이는 상호의존성, 즉 서로에 대한 의존성의 수준 차이로 설명할 수 있다. 한 커플이 경험하는 상호의존성의 정도는 갈등, 성적 친밀감, 사랑과 같은 다양한 다른 변인들과도 관련되어 있다. 연구자들은, 사람들은 자신이 원하는 역할이나 바라는 바에 대해 서로 다른 생각을 가지고 관계를 시작한다고 설명하였다. 관계 초기에 커플들은 이러한 차이에 대해 이야기하지 않는 경향이 있다. 그러나 관계가 점점 깊어질수록 충돌하는 이해관계들은 점점 명백해진다.

　이와 관련된 연구에서는 최근 연인과 헤어진 사람들에게 관계의 역사에 대해 질문하였다(Lloyd & Cate, 1985). 연구자들은 가벼운 관계, 커플이긴 하지만 서로에게 100% 전념하지는 않는 단계, 100% 전념하는 단계, 관계의 미래에 대해 불확실한 단계, 이별을 확신하는 단계로 구성된 관계의 5단계를 확인하였다. 참가자들에게 인터뷰를 실시하여 갈등, 사랑, 유지(예: 의사소통, 자기공개), 그리고 양가성(예: 혼란, 불안)에 대해 보고하도록 한 결과, 갈등은 관계의 5단계에 따라 차이가 있었다. 특히 '가벼운' 단계에서 '커플' 단계로, '커플' 단계에서 '전념하는' 단계로, '전념하는' 단계에서 '미래에 대해 불확실한' 단계로 갈 때 갈등이 증가하는 것으로 나타났다. '미래에 대해 불확실한' 단계에서 '이별을 확신하는' 단계로 가는 사이에는 유의미한 변화가 없었다. 연구자들은 갈등의 차이가 관계에서의 상호의존도의 증감 여부(예를 들어, 가벼운 단계, 커플 단계, 전념 단계에서는 상호의존도가 증가하고, 관계의 미래에 대해 불확실한 단계, 이별이 확실한 단계에서는 상호의존도가 감소한다)를 결정하는 기능을 한다고 설명하였다.

연구(Zacchilli, 2007; Zacchilli et al., 2005; Zacchilli et al., 2008)에
따르면, 회피, 지배, 복종과 같은 갈등 해결 전략의 경우 관계 상
태에 따른 차이가 없었다. 기대와는 달리, 진지하게 사귀는 사람
들은 가볍게 데이트하는 사람들보다 타협을 더 많이 사용한다고
보고하였다. 또한 가볍게 데이트하는 사람들은 진지한 사람들보
다 상호적 반발과 분리 전략을 더 많이 사용하였다. 비록 예상 밖
의 결과이기는 하지만, 이런 차이점에는 분명 일리가 있다. 진지
하게 사귀는 사람들은 관계의 깊이로 인해 잃을 것이 많기 때문
에 관계를 보호하고자 타협과 같은 건설적인 전략을 선택한다.
반면, 가볍게 사귀는 사람들은 관계를 지키려는 욕구를 강하게
느끼지는 않기 때문에, 언어적 학대와 분리를 갈등을 다루는 납
득할 만한 방식이라고 여길지도 모른다.

우리는 갈등의 이론과 전략뿐만이 아니라, 성별과 관계 유형이
갈등에 미치는 영향에 대해 논의하였다. 아직 관계의 갈등을 어
떻게 측정하는지에 대해서는 살펴보지 않았는데, 다음 단락에서
는 측정에 초점을 두겠다.

갈등의 측정

갈등에 대한 몇 가지 측정 도구가 있는데, 각각은 그 목적이 조
금씩 다르다. Straus, Hamby, Boney-McCoy와 Sugarman(1996)
의 갈등 책략 척도 개정판(Revised Conflict Tactics Scale)은 애정관
계의 갈등을 측정할 때 가장 보편적으로 사용된다. 이 척도는 일

상의 갈등보다는 학대적인 결혼관계에 초점을 두고 있다. 예를 들어, 강제적 성관계(sexual coercion), 상해, 신체적 폭행, 심리적 공격, 협상을 측정한다. 결혼에 따르는 의무 합의안(Marital Agendas Protocol; Notarius & Vansetti, 1983)은 부부관계에서 자녀, 금전, 집안일과 같은 문제들이 갈등의 원인이 되는 정도를 측정한다. 이 척도는 부부가 갈등에 접근하는 방식보다는 갈등의 문제를 측정하는 것이다.

또 다른 측정도구인 특정 삽화 갈등 책략 척도(Episode-Specific Conflict Tactics Scale; Canary, Cunningham, & Cody, 1988)는 갈등에 대한 세 가지 주요 접근법을 포함하고 있는데, 이 접근법은 앞에서 다뤘던 전략들과 부합되지는 않는다. 이들 3가지 접근에는 통합적 · 투쟁적 · 회피적 접근이 포함된다. 통합적 접근에는 타협과 협상이, 투쟁적 접근에는 빈정거림과 비판이, 마지막으로 회피적 접근에는 회피만 포함된다. 이 측정도구에서는 갈등에 접근하는 전반적인 방식보다는 갈등의 특정한 사례에 대해 생각해 보도록 질문한다. Heavy, Larson, Zumtobel과 Christensen (1996)의 의사소통 패턴 질문지(Communication Patterns Questionnaire)는 애정관계에서의 불일치와 관련된 의사소통을 측정한다. 이 척도는 결혼한 커플의 갈등 요구/철회 패턴을 측정할 때 가장 많이 사용된다. 즉, 한 사람이 요구하면서 갈등에 접근할 때, 상대는 갈등을 회피하거나 철회한다는 것이다.

이번 장의 저자들은 커플이 경험하는 일상의 갈등을 측정하기 위한 목적으로 연구를 수행하였다. 대학생 참가자들을 대상으로 실시한 일련의 세 연구를 통해 연인 갈등 척도(Romantic Partner

Conflict Scale)를 개발하였다(Zacchilli, 2007; Zacchilli et al., 2005; Zacchilli et al., 2008). 우리는 커플들이 연인과의 갈등을 해결하기 위해서 사용하는 6가지 전략(타협, 회피, 상호적 반발, 지배, 복종, 분리)을 발견하였다. 타협 전략은 갈등을 해결하기 위해 함께 작업하는 것을 말한다. 회피는 갈등 문제를 다루지 않거나 갈등이 있다는 것을 부인하는 것이며, 상호적 반발은 분노와 언어적 공격과 관련된다. 지배는 한쪽이 싸움에서 이기려고 하는 것이고, 복종은 한 사람이 상대의 요구에 따라 항복하는 것이며, 분리는 나중에 논의하기 위해 마음을 가라앉히는 시간을 갖는 것이다. 이러한 여러 가지 전략들은 앞서 논의한 연구들에서 발견된 것들과 유사하다.

　이러한 갈등 해결 전략들은 만족, 존중, 의사소통, 사랑, 성적 태도와 같은 다른 관계적 특성과도 연관되어 있다(Zacchilli et al., 2008). 건설적인 전략은 만족과 같은 관계적 특성과 정적으로 관련되는 데 반해, 파괴적인 전략은 관계적 특성들과 부적인 관련을 보인다는 점이다. 예를 들어, 타협을 사용한다고 보고한 개인들은 상대방에 대한 존중과 관계 만족도를 높게 보고하였고, 연인과의 성관계를 포함한 친밀한 주제에 대해 기꺼이 이야기하는 것으로 나타났다. 타협을 사용하는 사람들과 마찬가지로, 회피를 사용하는 사람 역시 상대방에 대한 존중을 보였다. 반면, 복종, 지배, 상호적 반발을 사용하는 사람들은 관계에 불만족하고, 전념하지도 않으며, 상대방을 존중하지도 않는 것으로 보고되었다.

갈등 해결 전략 적용하기

갈등을 다루기 위한 전략들(타협, 회피, 상호적 반발, 지배, 복종,
분리)이 연인들에게서 어떻게 일어나는지를 보여주는 다음의 예
시들을 살펴보자. 라켈(Raquel)과 호르헤(Jorge)는 1년 넘게 사귀
었으며 관계에 "전념하고 있다."고 생각한다. 둘 다 대학에 다니
면서 파트타임으로 일하고 있으며, 호르헤는 아마추어 자전거
경주 팀에도 소속되어 있어서 매주 많은 시간을 자전거를 타는
데 보낸다. 라켈은 학교나 직장에서 친구들을 만나지만, 호르헤
보다는 시간이 훨씬 많이 남고, 그 시간을 호르헤와 함께 보내기
를 원한다. 그러나 호르헤는 자전거 타는 시간을 줄이고 싶지 않
다. 그들의 대화는 전형적으로 이렇게 진행된다.

> 라　켈: 나 토요일에 일하러 안 가도 되는데, 너도 일 없으니
> 　　　까 아침에 같이 농산물 시장 가서 좋은 재료 사다가
> 　　　저녁 만들어 먹자…….
> 호르헤: (호르헤가 그녀의 말을 가로막으며) 나 토요일 아침
> 　　　마다 동호회에서 자전거 타는 거 알잖아. 너랑 시장
> 　　　에 못 가……. (라켈은 아무 말 하지 않는다.)

▶ 타협 연습
> 라　켈: 나 토요일에 일하러 안 가도 돼. 아침에 자전거 타러
> 　　　가지? 그럼 내가 농산물 시장에 가서 토요일 저녁에

먹을 신선한 재료들을 사올게.

호르헤: 좋아. 그럼 나는 조금 일찍 자전거 타러 가서 좀 더
일찍 끝낼게. 그럼 둘이 함께 오후 시간을 보내면서
저녁식사를 만들 수 있겠다.

▶ 회피 연습

라　켈: 나 토요일에 일하지 않아도 돼. 그래서 토요일에 엄
마 집에 가 있을 생각이야.

호르헤: 그래.

▶ 상호반발적 반응

라　켈: 나 토요일에 일 없어. 근데 넌 어쩌면 단 한 번이라
도 그 멍청한 자전거 동호회 애들보다 나를 먼저 생
각해주고, 나와 함께 시간을 보내려고 하지 않을 수
가 있니!

호르헤: 너야 말로 왜 그렇게 강요해? 내가 매주 토요일마다
항상 자전거 타는 거 너도 잘 알잖아. 예외는 없어!
너란 애는 정말…….

▶ 지배 연습

라　켈: 나 토요일에 일하지 않아도 돼. 우리가 주말 내내 함
께 보낸 적이 없으니까 네가 나와 같이 있어야 한다
고 생각해. 이번 주 토요일에 자전거 동호회에 못 간
다고 말해.

호르헤: 명령하지 마. 토요일에는 자전거가 우선이야. 나랑
　　　　함께하고 싶다면, 내 우선순위를 바꾸려고 하지 마.

▶ 복종 연습

라　켈: 나 토요일에 일하지 않아도 되는데, 너 자전거 타러
　　　　간다는 거 알아.

호르헤: 응.

혹은

라　켈: 나 토요일에 일 없는데, 너랑 함께 보내고 싶어.

호르헤: 좋아, 내가 자전거 동호회 가는 거 취소할게.

▶ 분리 연습

라　켈: 나 토요일에 일하러 안 가니까 같이 있었으면 좋겠다.

호르헤: 나 일하러 가야 돼. 안녕.

　물론 갈등 해결 전략은 혼합되거나 중복되어 있으며(예를 들어,
한 사람이 상호반발적 반응을 보이고, 다른 사람이 복종을 보임), 일반
적으로는 주고받는 대화가 훨씬 더 오래 지속된다. 그러나 이 짧
은 장면은 관계에서의 문제를 해결하려는 커플들에 의해 하루에
도 수백 번씩 일어나기 마련이다. 당신은 관계에서 어떤 갈등 해
결 전략을 사용하고 있는가?

갈등과 건강한 관계

건설적이고 건강한 관계적 특성들과 관련된 갈등 해결 전략이 있는가 하면, 어떤 전략들은 파괴적이고 관계에 해가 되기도 한다(Canary & Cupach, 1988; Rusbult, Zembrodt, & Gunn, 1982). 예를 들어, 타협은 관계 만족도, 헌신, 자기공개, 성적 소통, 자존감 등과 정적인 관련성을 보인다(예: Zacchilli, 2007).

최근 연구(Zacchilli, 2007; Zacchilli et al., 2008)에서는 타협이 자기공개와 관계 만족도 간의 관계뿐만 아니라 성적 소통과 만족감 간의 관계를 부분적으로 설명한다고 하였다. 선행 연구(Christensen & Shenk, 1991; Schap, Buunk, & Kerkstra, 1988)에서는 의사소통이 잘 될수록 관계 만족도가 높아진다고 밝혀졌지만, 타협과 관련된 최근 연구에서는 의사소통 그 자체보다는 갈등 상황에서 어떻게 의사소통하느냐가 관계 만족도에 더 중요하다고 밝혀졌다. 따라서 마이클과 크리스티가 어떤 주제에 대해서든 이야기를 나눌 수 있다고 해도 막상 갈등이 생겼을 때 건설적으로 이야기할 수 없다면 관계에 만족하지 못할 수 있다는 것이다. 이러한 결과는 갈등 해결 전략으로서 타협이 중요하다는 것을 보여주며, 타협이 관계 만족도와 높은 상관관계에 있고, 관계 만족도를 예언할 수 있다고 했던 선행 연구결과를 명확하게 해준다. 타협은 다른 긍정적인 관계의 특성들과도 관련이 있다. 예를 들어, 상대방을 존중하고, 상대로부터 존중을 받는다고 느끼는 것은 모두 타협과 정적인 상관을 보였다. 즉, 갈등 해결 전략으로 타협을 사용한다고 보고한 사람들은 상대방에 대한 존중을 더 많이 보고하는 경향이 있으며 상대방이 자신을 존중한다고 느낀다고 보고하였다. 한편, 흥미롭게도 상대방에 대한 존중은 회피와도 관련이 있다. 상대방을 존중하는 사람들은 상대방에게 실례를 범하지 않기 위해 갈등을 회피해왔을지도 모른다. 상대방에 대한 존중과 상대부터 존중받는다고 느끼는 것은 상호적 반발, 지배, 복종과는 부적 상관을 보인다. 따라서 상대방에 대한 존중을 별로 보이지 않거나 상대로부터 존중받는다고 느끼지 않는 사람들은 갈등 상황에서 언어적으로 학대하거나 강요하거나 상대방에게 복종하는 경향이 높았다. 타협과 같은 건설적인 전략은 관계에서의 존중과 관련성을 보이는 반면, 파괴적인 전략은 존중과 관련성이 낮았다.

게다가 타협은 사랑의 유형과도 관련되어 있다. Lee(1973, 1977)는 과학적 증거뿐만이 아니라 역사와 문학에 기초하여 다음과 같은 6가지 사랑 유형학을 제안하였다. 에로스(Eros: 열정적 사랑), 루더스(Ludus: 유희적 사랑), 스토르게(Storge: 우정과 같은 사랑), 마니아(Mania: 집착적/의존적 사랑), 프래그마(Pragma: 실용적 사랑), 아가페(Agape: 이타적 사랑)가 그것이다. 사랑 태도 척도(Love Attitude Scale)를 사용해서 측정했을 때, 타협 전략을 사용하는 사람들은 열정적이고(Eros) 희생적인(Agape) 사랑을 하는 것으로 보고하였다(C. Hendrick & Hendrick, 1986). 따라서 열정적이고 희생적인 사랑 유형을 보이는 사람들은 연인과 갈등이 있을 때 타협점을 찾으려고 하는 경향이 높다고 할 수 있다.

타협이 이처럼 많은 긍정적인 관계 특성들과 관련이 있음에도 불구하고, 사람들은 갈등에 직면했을 때 왜 타협을 하지 못하는 것일까? 동기가 부족하다는 것도 하나의 설명이 될 수 있다. 아마도 어떤 사람들은 갈등 시에 상대방과 타협을 하려는 의지 자체가 없을 것이다. 이들은 이기적인 동기로 인해 타협과 같은 건설적인 전략보다는 지배와 상호적 반발과 같은 파괴적인 전략을 사용하게 된다. 또한 사회 기술의 부족으로도 설명될 수 있다. 타협을 하지 않는 사람들은 갈등 시 상대방과 건설적으로 의사소통하는 데 필요한 사회 기술을 갖추지 못한 것일 수도 있다. 이들은 타협하고자 하는 동기는 있지만 방법을 모르는 것이다.

갈등 예방

관계를 지키기 위한 방법은 하지 말아야 할 것을 아는 것이다. John Gottman(1993)은 관계에 해를 끼칠 뿐만 아니라 갈등 전략이 변해야 한다고 '경고'하는 4가지 관계 갈등 행동이 있다고 제안하였다. 첫 번째 문제 행동은 비판으로, 이는 단순히 불평하는 것을 넘어서 행동을 문제 삼기보다 상대방을 공격하는 것이다. 두 번째 문제 행동은 모욕을 주는 것으로, 이는 상대방의 행동을 경멸하고 평가절하하는 것이다. 세 번째 문제 행동은 방어로서, 이는 어떤 문제에 대해서도 전반적으로 책임을 지지 않으려는 태도를 말한다. 네 번째로 가장 파괴적인 행동은 장벽쌓기(stonewalling)인데, 이는 갈등 사건으로부터 완전히 물러나고 상대방으로부터도 물러나는 것이다. Gottman은 비판, 모욕, 방어,

장벽쌓기와 같은 4가지 행동을 하지 않는 것에서 그칠 것이 아니라, 마음을 가라앉히기, 상대방의 입장을 이해해주기, 방어적이지 않으려고 노력하기, 갈등을 더 긍정적으로 관리하기와 같은 전략을 사용할 것을 제안하였다.

갈등 예방에 대한 또 다른 접근은 교육적 접근이다. 예를 들어, 로버트(Robert)와 안젤라(Angela)는 결혼한 지 5년이 되었는데 이혼을 고려하고 있다. 제이(Jay)와 라케샤(LaKesha)는 약혼을 했고, 몇 달 후에 결혼할 계획이다. 이들의 관계에서 갈등의 빈도는 증가하였고, 이들은 이러한 갈등을 해결하는 것이 어렵다고 생각하였다. 연구에서는 이러한 커플들이 교육 프로그램을 통해 도움을 받을 수 있다고 제안하고 있다. 이 중 가장 크게 주목 받은 분야는 갈등 예방 분야다(Kline, Pleasant, Whitton, & Markman, 2006). 갈등 예방의 목적은 관계 갈등 자체를 감소시키는 것이 아니라, 커플들에게 파괴적인 갈등 해결 전략 대신 효과적인 갈등 전략을 가르치는 것이다. 가장 성공적인 예방 프로그램은 갈등 예방 및 관계 증진 프로그램(Prevention and Relationship Enhancement Program: PREP; Halford, Markman, Kline, & Stanley, 2003; Stanley, Blumberg, & Markman, 1999)이다. 이 프로그램은 처음에는 결혼한 부부를 돕기 위해 고안되었으나, 지금은 약혼한 커플들까지 확대되어 사용되고 있다. 이 프로그램은 12시간의 관계 기법 훈련으로 이루어져 있으며, 고통 받고 있는 커플들뿐만 아니라 행복한 커플들도 훈련을 통해 도움을 받을 수 있다.

Stanley 등(1999)에 따르면, PREP은 인지-행동 이론과 치료에 근거한 기법 위주의 접근이다. 이 접근의 첫 번째 가정은 커플들이 갈등 상황에서 새롭게 대처하는 방법을 배우면, 미래의 문제나 관계의 실패를 예방할 수 있다는 것이다. PREP은 커플들에게 부정적인 갈등 행동을 인식하게 하고, 그러한 행동들을 감소시키는 데 초점을 두고 있다. 또한 이 프로그램은 커플들에게 "갈등이 그들을 통제하도록 놔두는 것이 아니라 스스로 갈등을 통제하는 법을 배우게 하는 데 초점을 두고" 있으며, 관계 갈등을 다루는 더욱 건설적인 방법들을 가르친다. 예를 들어, 한 가지 기술은 '화자-청자 기법'인데, 이는 자신을 더욱 개방하고 부정적인 감정을 감소시킴으로써 올바른 의사소통 기술을 사용할 수 있도록 돕는 것이다. PREP에 참가하는 커플들은 관계에 얼마나 전념하는가에 관한 문제를 다루는 것뿐만 아니라 관계나 상대방에 대해 가지고 있는 비합리적인 기대를 수정하는 법을 배운다. 또한 PREP은 커플들에게 그들의 관계에 재미와 우정, 성적 즐거움을 더할 수 있는 방법을 가르치기도 한다.

PREP은 커플들에게 건설적인 갈등 해결 전략을 가르치는 데 있어 성공을 거두고 있다(Halford et al., 2003). PREP은 행복한 커플, 불행한 커플, 약혼한 커플, 부부, 결혼한 지 오래된 커플들 모두에게 성공적으로 적용되어 왔다(Stanley et al., 1999). PREP의 성공은 이혼하는 커플의 수를 줄이고, 더 많은 커플이 관계에서 행복과 만족감을 느끼게 하는 데 희망을 주고 있다.

갈등 해결

최종적으로 대부분의 사람이 알고 싶어 하는 것은 애정관계에서 일어나는 불가피한 갈등을 다루는 방법일 것이다. 관계에서의 싸움에도 '좋은 싸움(good fights)'과 '나쁜 싸움(bad fights)'이 있는데, 우리는 대부분의 갈등이 생산적이길 바란다. 다음은, 이 장에서 살펴본 연구결과들을 정리하여 갈등 해결의 바탕이 되는 사고방식(mind-set), 상황(setting), 행동(behaviors) 등을 증진시키기기 위한 방법을 요약한 목록이다.

▶ 사고방식(mind-set)

• 자기자신과 상대방을 존중하라. 욕을 하거나 적대적인 언어를 사용하지 말라.
• 상대방이 한 일에 대해 비판하기보다는 당신이 원하는 바를 요청하라.
• 상대방의 관점을 평가절하하거나 경멸하지 말라.
• 방어적이지 않도록 노력하라—이것은 평생 염두에 두어야 할 교훈이다!
• 상대방에게 가져왔던 모든 불만을 열거하지 말고, 현재 문제에 집중하라.
• 당신이나 혹은 당신의 파트너가 너무 감정적이라면, 이야기하기에 앞서 스스로 냉정을 찾을 수 있는 시간을 가져라.
• 둘 중 한 명이 과도한 스트레스를 받고 있다면, 서로에게 충분

한 여유를 주도록 하라.

- 당신과 상대방의 반응이 현재 문제 때문이 아니라 스트레스 때문이라는 것을 기억하라.
- 만약 당신이 스트레스를 받고 있다면, 상대방에게 이야기하라. 비밀을 간직하지 말라.

▶ 상황(setting)
- 커플 중 한 명이 너무 피곤하거나 배고프다면, 이야기를 나중으로 미루라.
- 당신이 술에 취한 상태라면, 갈등의 주제에 대한 논의를 금하라.
- 거실이나 산책길, 커피숍과 같은 중립적인 장소에서 이야기하라.
- 휴일이나 특별한 날은 갈등에 대해 이야기하지 말라.

▶ 행동(behaviors)
- 상대방을 바라보라. 눈 맞춤은 서로를 연결하는 방식이다.
- 주의 깊게 들어라. 다음에 무슨 이야기를 할까에 집중하지 말라.
- 상대방의 의견에 동의하지 않더라도 중간에 말을 가로막지 말라.
- 타협과 창의적인 문제 해결 방식은 갈등 상황에서 항상 유용하다는 것을 명심하라. 그리고 당신의 목적은 관계를 '성장'시키는 것이지, 말싸움에서 '이기는 것'이 아니라는 점을 항상 기억하라.

요약 및 결론

이번 장의 초점이 애정관계의 갈등과 해결에 있지만, 갈등은 모든 인간관계에서 중요한 부분이기도 하다. 애정관계뿐만이 아니라 부모-자녀 관계, 직업적 관계, 형제 및 동료 관계에서도 어느 정도의 갈등은 있기 마련이다. 한 관계 유형에서 갈등을 다루는 방식은 다른 관계 유형에서 갈등을 다루는 방식에 영향을 준다. 갈등은 또한 문화와 종교, 국가 간의 전쟁을 야기하는 중요한 요인이 된다. 따라서 갈등에 대한 연구는 인간관계를 이해하는 데 필수적이라 할 수 있다. 앞서 언급했듯이 우리가 이성애관계에서 일어나는 갈등에 초점을 두긴 했지만, 대부분의 같은 역동과 문제들이 동성애관계에도 똑같이 적용될 수 있음을 명심해야한다(예: Pelau & Spaulding, 2000).

갈등의 원인은 다양하다. 커플들에게 강화를 주는 요인들이나 서로의 행동에 대한 원인이나 귀인방식이 갈등의 원인이 될 수도 있다. 갈등 해결 전략과 갈등의 빈도 모두 관계의 성공에 중요하다. 갈등 이론에서는 갈등 해결을 위한 많은 전략을 제안하였는데, 대부분의 갈등 해결 전략 이론은 타협, 지배, 회피와 같은 주제들로 설명될 수 있다. 의사소통 역시 전체적인 갈등 과정과 갈등 해결에서 중요한 측면이 된다. 게다가 성장 과정에서 가족들끼리 어떻게 갈등을 다루어왔는지, 그리고 성별 및 관계 유형도 갈등을 다루는 우리의 관점에 영향을 줄 수 있다.

저자들의 연구(예: Zacchilli et al., 2008)에서는 갈등 해결 방식을 강조하였고, 관계 속의 상호작용 방식에 미치는 갈등의 역할과 갈등의 측정에도 관심을 두었다. 특히 우리는 건설적인 갈등 해결 전략이 긍정적인 관계의 특성들과 관련되어 있는 반면, 파괴적인 전략은 부정적인 관계의 특성들과 관련되어 있음을 발견하였다. 건설적인 갈등 해결 전략을 사용함으로써 얻는 다양한 이점 가운데 한 가지 큰 이점은 관계 만족도가 높아진다는 것이다. 부모-자녀 관계나 형제 관계와 같은 다른 관계 유형에서도 이와 유사한 이점이 나타난다. 즉, 갈등에 건설적으로 접근하는 부모와 자녀는 서로에게 열린 마음으로 의사소통한다고 보고하였으며 관계의 질 또한 높다고 보고하였다.

불행히도 부정적인 관계의 특성들과 연관된 파괴적인 갈등 해결 전략들도 다양하다. 앞서 언급한 바와 같이, 지배, 복종, 회피, 상호적 반발과 같은 파괴적인 전략들은 빈약한 의사소통 및 관계 만족도, 그리고 낮은 헌신과 상대방에 대한 낮은 존중과 관련되었다. 왜 사람들은 관계에 파괴적인 전략을 계속 사용하는 것일까? 아마도 그들은 이러한 전략을 사용함으로써 단기적인 목표를 달성할 수 있다고 생각하는 것 같다. 예를 들어, 마리오(Mario)가 이사벨라(Isabella)로 하여금 그의 입장을 선택하도록 설득시키기 위해 지배 전략을 사용한다면, 관계의 질이나 성공적인 관계와는 상관없이 그가 원하는 바를 얻었다고 믿을 것이다. 마찬가지로, 린(Linn)이 갈등 상황에서 맷(Matt)을 행복하게 해주기 위해 항상 그에게 복종한다면, 갈등을 가라앉히는 데는 성공했을지 몰라도, 그러한 복종적인 태도가 관계에 미치는 영향을 안다면 그다지 만족스럽다고 여기지 않을 것이다. 이러한 파괴적인 전략은 단기적으로 효과가 있어 보일지도 모르지만, 실제로는 장기적으로 관계에 부정적인 영향을 미치게 된다.

타협과 같은 건설적인 갈등 해결 전략은 향후 연구와 응용 장면에서도 많은 관심을 받을 것이다. 몇몇 예방 프로그램에서는 커플들의 좋지 못한 갈등 행동을 확인하고 이러한 행동들을 건설적인 방식으로 바꾸는 법을 가르치는 데 성공을 거둔 바 있다 (Halford et al., 2003; Stanley et al., 1999). 이 장에서 우리는 갈등 해결의 바탕이 되는 사고방식, 행동, 상황의 중요한 측면에 대해서도 언급하였다. 이 장에서 제시한 목록은 애정관계에서 갈등에 직면했을 때 따를 수 있는 훌륭한 방침이 될 것이며, 다른 관계들에도 적용할 수 있는 조언이 될 것이다.

갈등을 어떻게 다루는가는 좋은 관계를 맺는 데 있어 중요한 측면이 된다. 건설적인 전략을 사용하는 것은 다양한 긍정적인 관계 특성을 갖는 데 도움이 된다. 반면에 파괴적인 전략의 사용은 관계에 해가 되고 결국에는 관계를 끝나게 만들 수도 있다. 만약 사람들이 건설적인 갈등 해결 전략의 전문가가 되는 법을 배운다면, 관계에 있어 여러 부정적인 결과를 예방할 수 있을 뿐 아니라, 더 좋은 세상을 만드는 데에도 도움이 될 것이라 믿는다.

| 개인적인 작은 실험들 |

•

애정관계의 갈등을 다루는 법

이 장에서, 우리는 갈등에 직면했을 때 사용할 수 있는 전략들에 대해 논의하였다. 최근 경험한 연인이나 가까운 친구와의 갈등에 대해 생각해보라. 상대가 누구였든 간에 매우 비슷한 방식으로 갈등을 다뤘을 것이다. 어쩌면, 당신의 갈등 해결 전략이 상대나 상황에 따라 다를 수도 있다. 아래에 나와 있는 작은 실험들은 당신이 갈등 상황에서 행동하는 방식에 대해 생각해볼 수 있도록 만들어졌다.

당신의 부모가 갈등을 다루는 방식   연구자들은 원가족이 갈등을 다룬 방식이 연인과의 갈등을 다루는 방식에 영향을 미친다고 말한다. 부모님이 갈등을 가지고 있다면, 그들이 갈등을 다루는 방식에 대해 생각해보라. 그들은 타협, 회피, 지배 중 어떤 전략을 사용하는가? 문제 해결을 위한 상황인가 아니면 이기고 지는 상황인가? 혹은 그 밖의 다른 상황인가? 당신과 당신의 형제들이 부모와의 갈등이나 형제간의 갈등에서 타협, 회피, 지배의 전략 중 무엇을 사용하는지 잘 생각해보라. 이 주제에 대해 형제들과 이야기해보는 것이 필요할 수도 있다.

친구와 갈등 다루기   당신이 믿는 친구 혹은 당신에게 정직한 한 사람을 선택하고, 그들이 관계에서 갈등을 어떻게 다루는지 물어보라. 또한 당신이 그들과 혹은 다른 사람과 갈등에 처한 상황에서, 그들 입장에서는 당신이 어떻게 행동하는 것처럼 보이는지 물어보라. 가족과의 갈등을 다루는 방식과 가까운 친구와의 갈등을 다루는 방식을 비교해서 분석해보라.

갈등에 대비하라   애정관계에서 갈등은 자주 일어난다. 당신과 당신의 연인이 언젠가는 갈등을 겪을 것임을 가정하고 이에 대비하여 계획을 세워보자. 상대방에게 줄 선물을 생각해보는 것도 좋다. 상대방이 좋아하는 음식이나 특별한 CD와 같은 작은 선물을 구입하라. 상대방을 기쁘게 하는 행동들, 예를 들면 심부름하기, 집안일하기, 발마사지 해주기 등을 종이에 적어보자. 갈등이 생길 때까지 선물을 숨겨두었다가, 갈등의 초반에 상대방에게 선물을 주고 어떻게 되는지 보라.

> 참고문헌

Bandura, A. (1977). *Social learning theory.* Englewood Cliffs, NJ: Prentice Hall.

Braiker, H. B., & Kelley, H. H. (1979). Conflict in the development of close relationships. In R. L. Burgess & T. L. Huston (Eds.), *Social exchange in developing relationships* (pp. 135-168). New York: Academic Press.

Canary, D. J., & Cupach, W. R. (1988). Relational and episodic characteristics associated with conflict tactics. *Journal of Social and Personal Relationships, 5,* 305-325.

Canary, D. J., Cunningham, E. M., & Cody, M. J. (1988). Goal types, gender, and locus of control in managing interpersonal conflict. *Communication Research, 15,* 426-446.

Christensen, A., & Heavey, C. L. (1990). Gender and social structure in the demand/withdraw pattern of marital conflict. *Journal of Personality and Social Psychology, 59,* 73-81.

Christensen, A., & Shenk, J. L. (1991). Communication, conflict, and psychological distance in nondistressed, clinic, and divorcing couples. *Journal of Consulting and Clinical Psychology, 59,* 458-463.

Christensen, A., & Walczynski, P. T. (1997). Conflict and satisfaction in couples. In R. J. Sternberg & M. Hojjat (Eds.), *Satisfaction in close relationships* (pp. 249-274). New York: Guilford.

Cramer, D. (2004). Emotional support, conflict, depression and relationship satisfaction in a romantic partner. *The Journal of Psychology, 138,* 532-542.

Crockett, L. J., & Randall, B. A. (2006). Linking adolescent family and peer relationships to the quality of young adult romantic relationships: The mediating role of conflict tactics. *Journal of Social and Personal Relationships, 23,* 761-780.

Furman, W., & Buhrmester, D. (1992). Age and sex differences in perceptions of networks of personal relationships. *Child Development, 63,* 103-115.

Gottman, J. M. (1993). The roles of conflict engagement, escalation, and avoidance in marital interaction: A longitudinal view of five types of couples. *Journal of Consulting and Clinical Psychology, 61,* 6-15.

Halford, W. K., Markman, H. J., Kline, G. H., & Stanley, S. M. (2003). Best practice in couple relationship education. *Journal of Marital and Family Therapy, 29,* 385-406.

Heavey, C. L., Christensen, A., & Malamuth, N. M. (1995). The longitudinal impact of demand and withdrawal during marital conflict. *Journal of Consulting and Clinical Psychology, 63,* 797-

801.

Heavey, C. L., Larson, B. M., Zumtobel, D. C., & Christensen, A. (1996). The Communication Patterns Questionnaire: The reliability and validity of a constructive communication subscale. *Journal of Marriage and the Family, 58,* 796-800.

Hendrick, C., & Hendrick, S. S. (1986). A theory and method of love. *Journal of Personality and Social Psychology, 50,* 392-402.

Hojjat, M. (2000). Sex differences and perceptions of conflict in romantic relationships. *Journal of Personal and Social Relationships, 17,* 598-617.

Holmes, J. G., & Murray, S. L. (1996). Conflict in close relationships. In E. T. Higgins & A. W. Kruglanski (Eds.), *Social psychology: Handbook of basic principles* (pp. 622-654). New York: Guilford.

Kelley, H. H., & Thibaut, J. W. (1978). *Interpersonal relations: A theory of interdependence.* New York: John Wiley.

Kline, G. H., Pleasant, N. D., Whitton, S. W., & Markman, H. J. (2006). Understanding couple conflict. In A. L. Vangelisti & D. Perlman (Eds.), *The Cambridge handbook of personal relationships* (pp. 445-462). New York: Cambridge University Press.

Klinetob, N. A., & Smith, D. A. (1996). Demand-withdraw communication in marital interaction: Tests of interspousal contingency and gender role hypotheses. *Journal of Marriage and the Family, 58,* 945-957.

Lee, J. A. (1973). *The colors of love: An exploration of the ways of loving.* Don Mills, Ontario: New Press.

Lee, J. A. (1977). A typology of styles of loving. *Personality and Social Psychology Bulletin, 3,* 173-182.

Lloyd, S. A. (1987). Conflict in premarital relationships: Differential perceptions of males and females. *Family Relations, 36,* 290-294.

Lloyd, S. A., & Cate, R. M. (1985). The developmental course of conflict in dissolution of premarital relationships. *Journal of Social and Personal Relationships, 2,* 179-194.

Lulofs, R. S., & Cahn, D. D. (2000). *Conflict: From theory to action* (2nd ed.). Needham Heights, MA: Allyn & Bacon.

Notarius, C., & Vanzetti, N. (1983). Marital agendas protocol. In E. Filsinger (Ed.), *Marriage and family assessment: A sourcebook for family therapy* (pp. 209-227). Beverly Hills, CA: Sage.

Peplau, L. A., & Spaulding, L. R. (2000). The close relationships of lesbians, gay men, and bisexuals. In C. Hendrick & S. S. Hendrick (Eds.), *Close relationships: A sourcebook* (pp. 111-123). Thousand Oaks, CA: Sage.

Peterson, D. R. (1983). Conflict. In H. H. Kelley, E. Berscheid, A. Christensen, J. H. Harvey, T. L. Huston, G. Levinger, et al. (Eds.), *Close relationships* (pp. 360-396). New York: Freeman.

Reese-Weber, M., & Bartle-Haring, S. (1998). Conflict resolution styles in family subsystems and adolescent romantic relationships. *Journal of Youth and Adolescence, 27*, 735-752.

Ruben, B. (1978). Communication and conflict: A system-theoretic perspective. *Quarterly Journal of Speech, 64*, 202-210.

Rusbult, C. E., Johnson, D. J., & Morrow, G. D. (1986). Determinants and consequences of exit, voice, loyalty, and neglect-responses to dissatisfaction in adult romantic involvements. *Human Relations, 39*, 45-63.

Rusbult, C. E., Zembrodt, I. M., & Gunn, L. K. (1982). Exit, voice, loyalty, and neglect: Responses to dissatisfaction in romantic involvement. *Journal of Personality and Social Psychology, 43*, 1230-1242.

Schaap, C., Buunk, B., & Kerkstra, A. (1988). Marital conflict resolution. In P. Noller & M. A. Fitzpatrick (Eds.), *Perspectives on marital interaction* (pp. 203-244). Philadelphia: Multilingual Matters.

Sillars, A. L. (1980). Attributions and communication in roommate conflicts. *Communication Monographs, 47*, 180-200.

Stanley, S. M., Blumberg, S. L., & Markman, H. J. (1999). Helping couples fight for their marriages: The PREP approach. In R. Berger & M. T. Hannah (Eds.), *Preventive approaches in couples therapy* (pp. 279-303). Philadelphia: Brunner/Mazel.

Straus, M. A., Hamby, S. L., Boney-McCoy, S., & Sugarman, D. B. (1996). The Revised Conflict Tactics Scale (CTS2): Development and preliminary psychometric data. *Journal of Family Issues, 17,* 283-316.

Zacchilli, T. L. (2007). *The relationship between conflict and communication, sex, relationship satisfaction, and other relational variables in dating relationships.* Unpublished doctoral dissertation, Texas Tech University, Lubbock, TX.

Zacchilli, T. D. L., Hendrick, C., & Hendrick, S. S. (2005, April). *The development of the Romantic Partner Conflict Scale.* Poster session presented at the meeting of the Southeastern Psychological Association, Nashville, TN.

Zacchilli, T. L., Hendrick, S. S., & Hendrick, C. (2008). *The romantic Partner Conflict Scale: A new scale to measure relationship conflict.* Manuscript submitted for publication.

4

용서는 선택이다

어린이를 위한 용서 교육

• Anthony C. Holter, Chad M. Magnuson과 Robert D. Enright

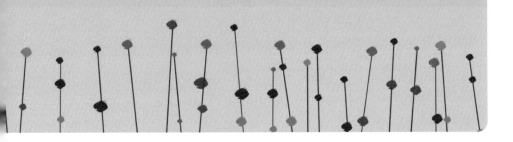

용서는 선택이다
어린이를 위한 용서 교육

Anthony C. Holter, Chad M. Magnuson과 Robert D. Enright

우리 함께 잠시 북아일랜드의 벨파스트로 여행을 떠나보자. 아일랜드해(海)를 향해 아래쪽으로 완만하게 경사져 있는 고원 형상의 아름다운 벨파스트 산이 보이는가? 구름이나 이슬비가 없는 날 벨파스트 산에 오르면 스코틀랜드를 볼 수도 있다. 산 정상에 있는 시골마을은 순박한 모습을 간직하고 있다. 벨파스트에 사는 대부분의 사람 마음 또한 아름답다. 그러나 수세기 동안 그 도시와 나라를 사로잡은 부정과 잔혹함은 너무나 많은 사람의 가슴에 상처를 입혔다. 몇몇 사람들은 분노에 차 있으며, 그 분노는 격렬한 방식으로 분출되기도 한다. 여기 지난 5년간 그토록 아름다운 풍경 속에서 일어났던 일들 중 3가지를 소개하고자 한다. 유명한 불법무장단체의 한 지도자는 자신의 10대 아들의 무릎을 쏘라고 명령했다. 어떤 어른들은 자신들과 다른 신앙을 표방하는 학교에 등교하는 것을 막기 위해 초등학교 여학생들에게

몇 달간 돌을 던지는 테러를 감행하기도 했다. 한 십대 소년은 다른 십대들에 의해 나무토막에 매달려 십자가 처형을 당했다. 이는 그 지역 사람들이 '분쟁(The Troubles)'이라 부르는 것으로부터 비롯되어 지금까지 반복되고 있는 폭력으로서, 400년간 지속되어온 아일랜드 가톨릭 교도(Irish Catholics)와 영국 개신교도(British Protestant) 간의 투쟁이다. 벨파스트 산지의 손상되지 않은 목장과 그 이면에 존재하는 폭력 간의 대조는 심각하고도 고통스러운 일이 아닐 수 없다.

이러한 분쟁은 과연 끝나지 않을 것인가? 벨파스트는 수백 년을 더 분노로 끓어오를 것인가? 많은 이가 그렇지 않다고 말한다. 1998년 4월 성(聖) 금요일 평화합의(Good Friday peace accord)이 체결된 이후로 벨파스트 내 폭력은 감소되었다. 하지만 위 사례들에서 보다시피, 폭력은 경악스럽게도 계속되고 있다. 벨파스트를 도우려는 온갖 기금과 사회 프로그램들이 빗발쳤고, 좋은 효과를 보이기도 했지만, 여전히 사람들의 마음은 고통 받고 있다. 그렇다면 어린이를 위한 용서 교육이 어떻게 뿌리 깊은 상처와 분노로 가득 찬 마음들을 변화시킬 수 있는 긍정적인 선택이 될 것인가? 이것이 바로 저자들이 이번 장에서 다루고자 하는 주된 내용이다.

용서는 사람들의 마음을 치유하고, 또 치유된 마음은 다른 사람들, 특히 상처를 준 바로 그 사람들을 위한 마음을 낼 수 있게 한다. 이를 현실에서 가능하게 하는 희유한 마음, 그것이 바로 용서다. 나중에 용서의 정의에 대해 살펴보겠지만, 지금은 용서를 악한 짓을 저지른 사람을 향한 아낌없는 자비의 행위라고 해두

자. 악한 사람은 자비를 받을 권리가 없다. 그렇지 않은가? 이는 꽤 까다로운 질문인데, 자비의 핵심적인 속성 자체가 배워서 아는 것이 아니기 때문이다. 모든 이는 단지 인간이라는 이유만으로도 자비로운 이가 아낌없는 선물을 주고자 할 때 언제든 자비를 받을 자격이 있다. 그러나 엄밀히 말해, 그 누구도 자비를 받을 자격은 없다.

모든 이가 자비를 받을 자격이 있다고 말하는 것은 쉬워도 실제로 그 말을 깊이 이해하고 실행에 옮기는 것은 꽤 어려운 일이다. 하지만, 타인을 용서하는 사람들은 실제로 그렇게 한다. 그들은 악행을 저지른 사람들의 마음에서 본래의 가치를 발견하고자 하며, 자신 또한 그와 똑같은 가치를 지닌 사람이라 여기려고 힘써 노력하는 사람들이다. 어떤 면에서는 북아일랜드의 끊임없는 분쟁이 우리의 삶에 대한 은유일 수 있다. 우리는 얼마나 자주 우리에게 상처준 이들에게 분노를 품고 복수하려고 하는가? 용서를 통해서 우리는 우리에게 상처를 준 사람들도 그들의 행위와 상관없이 그들 자체만으로 충분히 본래의 가치를 지닌다는 사실을 진심으로 알고, 마음깊이 이해할 수 있을까? 우리는 과연 종교와 인종, 재산, 사회적 지위 혹은 어떠한 것도 초월하는 본래적인 가치를 타인에게서도 똑같이 발견할 수 있게 될 것인가?

이 장에서는 본래의 가치를 중요시하는 벨파스트 학교의 용서 교육 과정에 대해 소개하고자 한다. 이 교육 과정에서 전제하고 있는 것은 아이들이 최소한 6세 정도만 되면 용서에 대해 배울 수 있다는 것이다. 이 장에서 우리는 중세까지 그 연원을 거슬러 올라가는 벨파스트 내의 현재 진행 중인 폭력적인 '분쟁'에 대해

논의하겠다. 다음으로, 용서 교육 프로그램을 통해 우리가 돕고
자 하는 그 아이들이 받았던 폭력과 외상의 심리적 영향에 대해
서 다룰 것이다. 또한 앞서 언급한 용서 교육 과정 중 1학년 과정
에 특히 초점을 맞춰 설명한 후, 용서 교육 프로그램의 기저에 있
는 고유한 가치와, 긍정심리학 분야와의 핵심 연결 부분에 대해
상세하게 설명하겠다.

용서 교육의 가치: Harriet의 변화

용서 교육의 가치, 특히 그 속에 내재해 있는 진가를 살펴보도
록 하자. 간디(Ghandi)는 만일 세상의 진정한 평화를 이루고자
한다면 어린이들과 함께 시작해야 한다는 지혜로운 가르침을 주
었다. 우리는 아이들이 용서에 대해 배울수록, 인간의 고유한 가
치를 이해하기 시작하고, 그럴수록 아이들의 마음은 온화해지고
변화되기 시작하며, 결국 자신들에게 상처를 입힌 사람들을 용
서하는 데 매우 숙련될 수 있다고 생각한다. 우리는 아이들이 용
서에 대해 배우고 용서하는 방법을 배울수록 이들의 정서적 건강
수준이 증진될 것이라 기대한다. 성인을 대상으로 한 연구들에
서는 이미 이러한 사실이 입증된 바 있다. 아이들의 정서적 건강
이 향상될수록, 그들은 보다 쉽게 타인과 건강한 관계를 맺을 수
있을 것이다. 북아일랜드의 어린 소녀 헤리엇(Harriet)의 이야기
를 들어보자.

헤리엇은 벨파스트 중에서도 특히 가난하고 폭력적인 지역에

사는 1학년 학생이다. 그 지역은 지난 17세기 보인 전투(Battle of the Boyne)에서 패한 제임스 2세를 애도하는 아일랜드의 구교도들과, 오렌지공 윌리엄의 승리를 기념하는 영국 신교도들이 무력으로 충돌하여 자주 폭동에 휩싸이는 곳이다. 헤리엇은 특히나 가난한 편모 가정에서 자랐기 때문에, 또래들과 다르게 보였다. 헤리엇은 매우 낮은 자존감을 가지고 있었으며, 이것은 차후 그녀에게 부정적인 결과들을 가져다줄 수 있었다.

최근, 그녀의 선생님은 용서 교과 과정 안에 있는 고유한 가치라는 개념을 학생들에게 가르쳤다. 그 수업의 상세한 내용은 용서 교육에 관한 부문에 소개되어 있다. 헤리엇이 모든 사람은 존경과 애정을 받을 만한 가치가 있다는 사실을 이해했을 때, 그녀의 마음에도 불빛이 환하게 켜지는 듯했다. 헤리엇은 눈을 크게 뜨고는 선생님께 다가가 질문했다. "그 말씀은 제가 길모퉁이 큰 집에 사는 케빈(Kevin)만큼 좋은 사람이라는 뜻인가요?" 그녀의 삶에서 이 순간이 오기까지, 그녀는 선생님 모르게 케빈과 자신을 비교하며, 케빈은 레이스 커튼이 달린 빅토리아 양식의 멋진 집에 살기 때문에 자신은 케빈보다 못하다고 생각해왔던 것이다. "그럼 그 말씀은 제가 부모님 모두와 함께 살고 있는 케이티(Katie)만큼 좋은 사람이라는 의미인가요?"라고 그녀는 다시 선생님께 물었다. 선생님이 정답게 미소지으며 "물론이지. 넌 케빈과 케이티만큼 소중한 사람이란다."라고 말하는 순간, 마치 그녀의 작고 연약한 어깨에서 무거운 짐이 떨어져 나가는 듯했다. 헤리엇에게는 이런 말이 필요했다. 그녀 자신의 가치를 확인받는 이 말을 듣지 못했더라면, 그녀는 성인이 되어서도 무가치감을 안고 살아야 했을 것이다. 헤리엇이 스스로의 가치를 확인하지 못했더라면, 그녀가 성인이 되었을 때 얼마나 타인을 향한 분노와 불신으로 가득 차 있었을지 예상할 수 있을 것이다.

헤리엇의 사례에서, 용서 교육은 그녀가 가치 있는 사람임을 확인하는 데 도움이 되었다. 다른 이들의 경우에도, 그것은 자신이 속한 집단과 자신이 다를지라도 소중하다는 교훈을 줄 수 있다. 만일 분노가 감소되고 지역사회에 평화가 자리 잡기 시작한다면, 양쪽 모두가 필요할 것이다. 헤리엇에게 일어난 일은 아직 첫 번째 단계일 뿐이다. 그녀가 고학년이 되면 용서하는 것과 용서 받는 것 모두에 대해 논의할 수 있고, 화해나 변명 같은 연관된 개념들과 용서가 어떻게 다른지를 검토할 수 있는 다른 수업들이 필요할 것이다. 또한 그녀는 자신의 분노를 감소시키고 집과 학교, 나아가 더 큰 지역사회 내에서 용서 교육을 실천에 옮길 수 있는 계획을 세우는 일이 필요할 것이다. 짐작할 수도 없는 방식으로 악영향을 끼쳐온 사회 갈등 상황 속에서 그녀가 용서하게 된다면, 용서 교육에서 배운 것을 보다 큰 지역사회 내에서 실천에 옮길 수 있는 계획도 필요할 것이다.

1학년의 용서 교육 과정은 수세기 동안 반복된 인종집단 간의 패권다툼에 대한 것이 아님을 유념해야 한다. 용서 교육은 아이들이 이해할 수 있는 것은 아이들의 세계, 즉 부모, 이웃, 자기자신을 중심으로 이루어진다고 하는 발달적 관점으로부터 시작한다. 몇 년이 지나서야 청소년들이 '분쟁'과 여타 사회 불안의 측면을 그들 자신의 용서와 관련지어 생각하는 것이 가능해지는데, 이때 비로소 발달적으로 향상된 용서 교육이 이루어질 것이다.

이제 근원적인 갈등인 '분쟁'에 대한 논의를 시작으로, 벨파스트에 사는 어린이를 위한 긍정심리학의 단계인 용서 교육을 계속해서 탐색해보자.

북아일랜드 '분쟁(The Troubles)'의 배경

북아일랜드는 상당히 역설적인 땅이라고 말할 수 있다. 벨파스트 도시를 둘러싼 목가적이고 평온한 풍경은 그 도시를 계속해서 분열시키는 정치적이고 종교적인 '분쟁'과 극명한 대조를 이룬다. 현대의 '분쟁'은 토지 소유권, 지배권, 문화적 · 종교적 정체성 및 정치적 견해와 같은 이슈로 인해 수세기의 갈등이 지속되고 확장되는 조짐을 보인다. 폭력과 갈등 및 용서의 주제를 더 탐구하기 이전에, 아일랜드의 서로 다른 집단들이 동일한 역사적 행위나 사건을 다른 방식과 다른 의미로 해석한다는 점을 인지할 필요가 있다. 이에, 앞으로 계속될 논의에서는 역사적 사건들을 해석하거나 그것에 가치를 부여하려는 의도가 없음을 밝혀둔다.

아일랜드라는 섬은 집단 간 갈등과 폭력을 수세기 동안 겪어왔다(Cairns & Darby, 1998; Darby, 1995; Muldoon, 2004; Power & Duffy, 2001). 폭력적인 갈등들은 1169년 노르만족(Norman)이 아일랜드를 침략한 시대로부터 아일랜드를 괴롭히기 시작하여, 1972년 피의 일요일(Bloody Sunday) 사건[7]을 거쳐, 현재 벨파스트 통신(The Belfast Telegraph)과 같은 일간지의 헤드라인을 장식하는 파벌 투쟁에 이르는 데까지 지속되고 있다. 수년 사이에 집단 간 갈등을 부추기는 자극은, 아일랜드의 인구학적 · 정치적 조망이 변함에 따라 상당히 달라졌다(Darby, 1995; Fay, Morrissey, & Smyth, 1999; Muldoon, 2004 참조).

아일랜드의 정치적 · 지리적 분열과 관련된 현재의 갈등은 아일랜드 시민운동이 일어난 1960년대를 거치면서 점차 난폭해졌다. 북아일랜드에서 시민권 운동은 부분적으로 가톨릭 민족주의 소수파에게 권력을 남용한 개신교 통일당 다수파에 대한 반발로 시작되었지만, 북아일랜드 전역에 걸쳐 종파적 · 정치적으로 분열된 영토가 교전지역이 되면서 이내 폭력으로 확대되었다. 교전 지역에서는 IRA 아일랜드 공화군(Ireland Republican Army: IRA)과 얼스터 방위 협회(Ulster Defence Association: UDA)와 같은 불법무장단체들이 그들의 힘을 행사하고 주장을 피력하기 위해 자동차 폭파와 납치와 같은 테러범들의 수단을 사용하였다(Darby, 1995; Gurwitch et al., 2002; Muldoon, 2004). 이 시기의 격렬한 집단 간 투쟁은 '분쟁(The Troubles)'이라는 이름으로 불리며, 피의 일요일(1972년 1월 30일)과 북아일랜드 전역에서 일어난 많은 사건과 같이 종교적 · 정치적 차이의 폭력적인 분출로 각인되었다. 비록 '분쟁'이 사회적 현실의 복합적인 면을 담고 있지만,

---

7 역자 주: 피의 일요일은 북아일랜드가 영국에 대항해 오랜 투쟁을 벌이기 시작하는 발단이 된 사건이다. 1972년 1월 30일 평화롭게 시위하던 아일랜드 시위대들은 영국 군대의 총격에 의해 사살되었다. 북아일랜드를 둘러싼 논쟁은 이 사건으로 전대미문의 잔혹한 복수극으로 이어졌다.

주로 가톨릭과 개신교 집단 간의 종교적인 분쟁으로 귀결된다
(Muldoon, 2004).

북아일랜드에서 정치적·종교적·문화적 이념에 따른 집단
간의 역사적 갈등은 벨파스트에 오늘날까지 지속되고 있는 명백
한 불화와 분열을 야기하였다(Jarman, 1999; Jarman, 2004a, 2004b;
Rolston, 1991). 벨파스트와 같은 지역들은 지리적 특성상 지속되
는 파벌적 폭력에 휩싸이는 경우가 많은데, 이러한 폭력사태의
결과는 지역사회 전체에 영향을 미친다. 폭탄 위협은 교통을 정
지시키고 학교와 사업장을 폐쇄시키며 사람들을 황급히 대피하
게 만든다. 술집과 같은 공공장소에서의 폭행은 대서특필되어
전반적으로 불안과 공포를 퍼뜨린다. 더욱이, 최근 들어 어린이
들마저 폭력적이고 파괴적인 파벌적 행위의 희생자이자 가해자
가 되고 있다. 5명의 십대 소년들이 종파가 다른 십대 소년을 때
려 숨지게 한 혐의로 기소되었으며(2006년 "청소년 살인죄로 법정
에 선 5명"), 2개의 초등학교가 방화와 공공시설을 파괴하는 파벌
행위로 인한 화염병 공격을 받았고(2006년 "학교 방화가 '종파주
의'를 공격하다"), 한 십대는 '불법무장단체 공격'의 방식대로 다
리에 총을 맞았다("2007년 총격 후 안정을 찾은 십대"). 이러한 폭력
사태는 개인적인 경험을 통한 직접적인 방식이든 뉴스매체를 통
한 간접적인 방식이든 모든 시민에게 영향을 미쳤으며, '평범한
시민들'마저도 안전하지 못하다고 느끼게 만들었다.

한편, 지난 수십 년간 북아일랜드에서 평화를 향한 중대한 진
보가 있어왔다는 사실에도 주목할 필요가 있다. 1998년 4월
10일, 벨파스트 협정으로도 알려진, "성 금요일 협정(Good Friday

Agreement)"이 다당위원회(multiparty commission) 위원들에 의해 비준되었다. 그것은 아일랜드 역사상 최초의 협정이었으며, 북아일랜드에 권력을 분담하는 지역 정부를 설립할 것과 불법무장단체를 해제할 것을 요구하였다. 지방자치라고도 알려진 북아일랜드 지역의회 정부는 2002년 10월에 중지되기까지 단기간의 성공을 누리다가, 다시 한 번 웨스트민스터(Westminster) 의회의 직접적인 통치하에 놓이게 되었다. 최근 북아일랜드 지방자치의 미래를 논의하기 위해 공식 회담이 재개되었으며(2006년 세인트 앤드류스에서의 협정), 지방자치 의회를 재건하기 위한 선거가 실시되었다.

협정에서 윤곽이 드러난 불법무장단체의 해산과 무장해제 요구는 근래 들어 어느 정도 성공을 거두었다. 협상 이후 수년 수개월이 지난 2005년 5월, IRA는 그들의 목적을 이루기 위한 수단으로 폭력을 사용하지 않을 것과 무장해제할 것을 공식적으로 맹세하였다. 불법무장단체의 활동을 감시하기 위해 창설된 독립 감시 위원회(Independent Monitoring Commission)의 가장 최신 보도는 IRA가 그들의 폭력 거부와 무장해제 맹세대로 조직의 준군사 기능을 해체하고 있음을 확인해주었다(2007년 독립 감시 위원회의 13번째 보고).

불행하게도, 공식적인 정전 협정과 평화 조약이 북아일랜드 전역의 사람들과 지역사회를 괴롭히고 있는 대인·집단 간 폭력을 완전히 근절하지는 못했다(Jarman, 2004b). 사실상, 성 금요일 협정 이후 수년 동안, 개신교도와 가톨릭교도 간의 현재 관계에 대한 견해도, 장차 관계가 좋아질 것이라는 낙관론도 쇠퇴하기 시작

했다(NILT, 2003). Enright, Gassin 및 Knutson(2003)은 오늘날 북
아일랜드에서 파벌적 폭력과 테러 위협 및 공격은 과거만큼 흔한
일이 아니지만, '분쟁'과 관련된 폭력은 지속되고 있다고 밝혔다.
북아일랜드 경찰청(Police Service of Northern Ireland)의 후속 보고
에 따르면, 지난 십 년 사이에 폭파 사건과 인신공격, 납치가 두드
러지게 증가했다고 한다(Enright et al., 2003). 정부와 일반 대중들
이 안전을 위해 노력했음에도 불구하고, 북아일랜드 전역에는
"여전히 상당한 수준의 폭력이 지속되고 있다."(Gallagher, 2004,
p. 637)

폭력과 외상이 북아일랜드에 미친 심리적 영향

아동 발달의 저명한 연구자이자 전 세계적으로 학대받고 방치
당한 어린이들의 대변자인 James Garbarino(2001)는 폭력이 아
아동들을 수많은 발달적 난관에 봉착하게 만든다고 하였다. 그
는 도시 교전 지역에 사는 아동들을 두 가지 다른 위험 유형—급
성과 만성—으로 설명한 바 있다. 이러한 만성위험과 급성위험
의 구분은 Enright와 동료들(2003)이 아일랜드에서의 테러행위
를 급성으로, 또 지속적인 지역사회 폭력을 만성으로 구분한 것
과 대략 일치한다. Gabarino에 따르면, 급성 폭력에 노출된 아동
들은 외상후 스트레스 장애(PTSD) 및 학업과 사회행동 모두를 손
상시킬 수 있는 백일몽, 과장된 놀람 반응, 수면 곤란, 정서적 마
비, 미래에 대한 절망, 심지어 생화학적인 두뇌 변화와 같은 많은

증상에 처할 위험이 더 크다. 반면, 만성 폭력은 장기적인 발달상의 문제를 초래하는데, 이는 아이들이 폭력의 경험을 그들의 현재 세계관에 동화시키기 어렵기 때문이다. 더 정확히 이야기하자면, 항시 존재하는 폭력의 위협은 삶의 진정한 의미를 뒤흔들고, "지속적인 외상후 스트레스 장애(Post-Traumatic Stress Syndrome) 및 성격과 행동양식의 변화, 그리고 현재 위험을 이해할 수 있는 틀을 제공해주는 세상에 대한 이데올로기적 해석에 있어서 주요한 변화를 야기할 수 있다."(Garbarino, 2001, p. 368)

Garbarino(2001)의 설명에 따르면, 아동의 의미 구조는 사실상 초기 아동기에 확립되기 때문에 폭력이 의미에 미치는 영향은 어린 희생자들의 경우에 더 크다. 게다가, 아동은 덜 발달된 인지기술을 지니고 있으며, 견고하고 의미 있는 틀을 형성할 만큼 충분한 시간을 갖지 못했다. 그 결과, 아이들은 만성적 폭력에 비추어 세상을 이해하는 데에 더 큰 어려움을 겪게 된다. 종교적 경험이 중요한 아동의 경우, 폭력은 자비로운 신 또는 보다 강력한 힘(higher power)에 대한 개념을 손상시킬 수 있다. 따라서 아동의 만성적인 폭력 경험은 그들의 세계관을 극적으로 변화시키고 깊이 간직해온 가치들을 흔들어놓을 수 있다.

북아일랜드의 '분쟁'이 아동에게 미치는 심리적 영향에 관한 연구는 시기마다 모순된 결과를 내놓았다. 1970년대 최초의 연구는 아동에 대한 부정적인 결과들을 보여주었다(Muldoon, Trew, & Kilpatrick, 2000). 이들 초기 연구들에 따르면, 몇몇 아이들이 지역사회 폭력으로 인한 불안의 결과로 나타나는 행동 및 정신신체적인 문제들(예: 수면문제, 천식, 말더듬기)을 겪고 있었다(Enright et al., 2003). 1980년대 연구자들은 이러한 결과들에 의문을 제기했는데, 그 이유는 연구자들 편에서 북아일랜드 아동의 삶을 정상화하려는 주관적인 경향도 일부 작용했을 것이라고 여겨진다. 이 연구는 "북아일랜드의 젊은이들이 매우 잘 적응하고 있으며, 폭력에도 불구하고, 그로 인한 심리적인 영향을 입증할 수 있는 증거들은 거의 없다."고 밝혔다(Gallagher, 2004, p. 632).

하지만 Gallagher(2004)는 1980년대 연구가 북아일랜드의 "일상생활의 정상과 평범을 과장하였으며"(p. 632), 실제로는 "모든 것이 폭력적인 이상(異常)에 너무나 명백하게 빠져들고 있었다." (p. 636)고 주장했다. 그는 또한 "아동이 폭력적인 갈등과 그것을 기억나게 하는 것들(대중매체를 통해서/또는 경찰병력 배치)에 장기적으로 노출되면서, 외상후 스트레스 장애(PTSD) 증상, 기분장애, 행동문제 및 학업문제가 악화되었다."고 결론지었다 (Curran & Miller, 2001: Enright et al., 2003, p. 52에서 인용). 더욱이, Fletcher(1996)는 지역사회 폭력에 노출된 아이들(또는 단순히 그것에 대해 들은 아이들)은 더 높은 수준의 PTSD 증상, 우울, 불안, 분노 및 수면문제들을 겪는다고 언급하였다(Holter, Martin, & Enright, 2006에서 인용). 또 다른 연구에서, Rudenberg과 Jansen, Fridjhon(2001)은 당시 지역사회 폭력을 겪고 있었던 남아프리카와 북아일랜드의 벨파스트 서쪽지역에 사는 8세에서 12세 아동들의 그림을 비교하였다. 그 결과, 북아일랜드의 소년들이 가장 높은 수준의 불안과 분노, 공격성을 나타냈는데, 이 반응들은 장기간 겪을 경우 해로운 결과를 가져올 수 있다. 폭력의 다른 영향으로는 공격성, 기억력과 집중력 문제, 고립과 철회, 공포도 포함된다(Rudenberg et al., 2001).

북아일랜드가 아닌 다른 지역—특히 오클라호마 시(Oklahoma City)[8]—에서 테러의 심리적 영향을 다룬 최근의 연구는 "테러 공격에 간접적으로 노출되더라도 지속적인 외상 후 스트레스 증상을 보일 수 있다."고 밝힌 바 있다(Enright et al., 2003, p. 52). 폭파사건의 희생자를 개인적으로 알지 못하고, 그 사건을 다룬 매체를 시청하기만 했던 아이들조차도 사건에 직접적으로 관련된 아이들과 유사한 증상을 보고하였다. Enright와 동료들은 만일 북아일랜드와 같은 지역에서 테러의 위협이 지속된다면, 많은 아동이 수많은 심리적 위험에 처하게 될 것이라는 결론을 내렸다. 그들은 Thabet 등(2002)이 실시한 연구에 주목하였는데, 그 연구에 따르면 폭력에 간접적으로 노출된 팔레스타인 아동들이 폭력에 직접적으로 노출된 아이들보다 더 높은 불안 수준을 보였다고 한다. 요컨대, 폭력에 대한 직접적인 노출이 아동에게 강렬하고 부정적인 영향을 미칠 수 있지만, 폭력의 위협 또는 폭력에 대한 방송매체의 주목 역시 아동의 정신건강과 전반적인 안녕감에 동일한 부정적인 (그리고 오래 지속되는) 영향을 미칠 수 있다. 또한 Garbarino(1993)는 이렇듯 위험한 초기 폭력 경험에는 잠복효과가 있어서, 성인기가 되어서 다양한 적응문제를 보

---

8 역자 주: 오클라호마 폭탄 테러 사건은 1995년 4월 19일 오클라호마 주 오클라호마 시의 미 정부 연방빌딩의 현관 로비로 반정부집단의 테러범들이 실은 폭탄 트럭이 돌진하면서 폭탄 테러를 일으킨 사건이다. 이 사고로 168명이 사망하고, 800여 명이 넘는 민간인이 부상하여, 9·11 테러 이전까지 사상 최악의 테러사건으로 기록되었다.

일 수 있다고 경고한 바 있다.

상기한 연구들에서 볼 수 있다시피, 폭력의 경험은 급성과 만성의 경우 모두 아동의 심리적이고 전반적인 안녕에 부정적인 영향을 미친다. 이를 더욱 악화시키는 것은 아이들을 기르고 있는 부모와 교사들 또한 '분쟁' 경험으로 인한 각자의 심리적 무게를 짊어지고 있다는 사실이다. 아이들은 윗세대의 폭력 경험이 초래한 상처와 불안, 편견들을 고스란히 흡수할 수 있다(Connolly, Smith, & Kelly, 2002). 만일 어떠한 개입도 하지 않는다면, 폭력이 미친 부정적인 심리적 영향의 세대 간 전달이 현재의 경험과 맞물려, 폭력과 분노, 복수의 악순환을 통해 또 한 세대와 사회의 대인·집단 간 갈등을 악화시킬 것이다. 저자들은 이러한 용서 교육 개입이 이처럼 끔찍한 악순환을 중단시킬 수 있을 뿐만 아니라, 북아일랜드 인구의 가장 어린 세대에게서 긍정 기능과 상호작용을 촉진시킬 수 있도록 개개인의 강점과 자원을 세워줄 것이라고 믿는다.

용서 교육-긍정적인 선택

만성·급성 지역사회 폭력에 대한 직접적이고 간접적인 노출이 지역사회 구성원들, 특히 어린 아동들에게 영구적이고 해로운 영향을 미칠 수 있다는 점은 명백하다. 간략히 언급했다시피, 휴전 협정이나 정치적 조약만으로는 세대 간 갈등과 불화의 결과를 적절히 제거하거나 성공적으로 개선시킬 수 없다. 따라서, 사회과학자들과 평화운동가들은 이들 지역사회에 있는 개인들에게 수십 년의 투쟁과 폭력이 초래한 고통과 외상을 다룰 수 있고, 건강한 관계와 인간의 성장을 위한 기술들을 증진시킬 수 있는 프로그램들이 필요하다는 것을 주장해야 한다. 용서 교육은 치료적 효과(개입)와 친사회적 기술 계발(예방)이라는 이중 접근을 통해 협정 후에 지역사회에서 요구되는 것들을 채워줄 수 있는 특별한 대응법이라 할 수 있다.

용서의 정의

용서는 오래된 개념이다. '용서'라는 단어가 보편적인 것은 아니지만, 용서의 본질적인 요소인 친절, 연민, 박애 등은 거의 모든 철학 · 종교적 전통에서 찾아볼 수 있다. 용서라는 개념이 종교에만 국한되는 것은 아니지만, 용서에 관한 가장 확고한 이미지들은 유대교와 기독교의 종교적인 전통 속에서 찾아볼 수 있다 (Enright, Eastin, Golden, & Sarinopoulos, 1992).

용서가 종교적이고 철학적인 전통에 오랜 근거를 두고 있는 데 반해 대인관계에서의 용서를 다룬 심리학적 연구는 최근에야 이루어졌다. 1980년대 초 이전까지, 용서라는 개념은 학술토론과 경험연구와는 전혀 무관한 것이었다. 그 후 1980년대 중반이 되어서야, 일군의 학자들이 용서의 심리학적 구성개념을 독립적으로 탐색하기 시작했다(Enright, Santos, & Al-Mabuk, 1989; Smedes, 1984; Worthington & DiBlasio, 1990을 보시오). 용서에 관한 초기 이론적 탐색은 그 분야의 급속한 성장과 대인관계에서의 용서의 응용 및 평가에 관한 수많은 다양성을 고취시켰다. 현재는, 용서의 정의나 조작적 모델에 대해 학자들 간의 명확한 합의가 이루어지지 않은 상태다. 그렇지만 많은 학자가 용서의 다음과 같은 핵심적인 특성에 대해 동의하고 있다. 즉, 용서는 관계 회복(화해)과 같지 않으며, 용서는 부정적인 생각, 감정 및 행동을 중단하는 것이고, 또한 용서는 망각이나 변명과 같지 않으며, 깊은 상처나 악행으로부터 용서가 시작된다는 것이다(Coyle & Enright, 1998; Enright, 2001; McCullough, Pargament, & Thoresen, 2000).

어린이를 위한 용서 교육 프로그램에 관한 우리의 작업은 Enright(2001)의 아래의 정의에 따라 진행되었다. 이는, 부정적인 생각과 감정, 행동들이 연민과 자애와 같은 긍정적인 표현들에 의해 점차 변화된다고 하는 특별한 내용을 포함하고 있다.

다른 사람으로부터 부당한 상처를 입었을 때, 분노할 수 있는 우리의 권리를 부인하는 것이 아니라, 오히려 가해자에게 연민과 자애, 사랑을 베풀고자 함으로써 그에 대한 원한을 극복하려 하는 것, 그것이 바로 용서다; 우리가 이렇게 용서할 때, 용서하는 우리는 그 가해자가 반드시 용서라는 선물을 받을 만한 사람이 아니라는 점을 인식하게 된다(p. 25).

용서에 대한 이러한 정의는 인지, 정서 및 행동이라는 세 가지 일반적인 범주에서 부정적인 것으로부터 긍정적인 것으로의 변화를 강조한다는 점에서 독특하다. 용서의 과정은 분노와 적의로부터 연민과 자애로 이동하는 것으로 표현된다(표 4.1을 보시오.). 용서를 통한 이러한 변환은 역설적이다. 우리가 용서를 할 때, 우리에게 제공되지 않았던 친절과 연민을 우리는 가해자에게 베풀게 된다.

용서에 대한 저자들의 이해에서 핵심적인 원리는 용서란 언제나 개인적인 선택이라는 점이다. 대인관계에서의 용서는 우리에게 깊이 상처를 준 누군가에게 자비를 베푸는 개인적인 반응이기 때문에, 우리가 자유로이 선택해야만 하는 것이다. 용서는 개인적인 선택이므로 용서를 위한 허가를 받을 필요가 없으며, 용서는 스스로에게 힘을 부여하는 경험이 될 수 있다. 더욱이, 개인적 선택의 문제로서의 용서는 가해자의 사과나 후회에 의존하지 않고, 부당한 상처에 대해 미리 적극적으로 행동하는(proactive) 반응이라 할 수 있다. 가해자가 사과하거나 후회하기를 기다린다는 것은 우리에게 상처를 준 사람의 손에 다시 한 번 통제권을 넘겨주는 셈이 된다. 반대로, 당신의 개인적 건강과 안녕이 당신에게 깊은 상처를 안긴 누군가의 찬성이나 참여에 달린 것이 아니라는 것을 아는 일은 당신에게 힘을 부여하고 자유를 안겨줄 수 있다.

용서 교육-용서의 모험

용서 치료와 개입에 관한 연구는 최근 들어 급격히 성장하였으며, 이렇게 급증한 연구의 축적된 결과들은 깊고 부당한 상처를 경험했던 다양한 사람들을 위해 용서 프로그램이 쓰일 수 있으며, 또 효과를 나타낸다는 것을 입증하고 있다(Baskin & Enright, 2004; Harris et al., 2006; Wade & Worthington, 2005 참조). 어린 아동을 위한 용서 교육 프로그램은 현재 Enright와 동료들에 의해 계발·평가되고 있으며, 이는 권위 있는 용서 개입 모델로서 혁신적이고 효과적으로 확장하고 있다.

현재, 미국 전역과 벨파스트의 학교에서 시행 중인 용서 교육 프로그램은 5가지가 있는데 1학년부터 5학년까지 각 학년당 1개의 프로그램이 시행 중이다. 이들 5가지 용서 교육 프로그램은 초등학생의 발달수준에 맞게 점증적으로 단계를 향상시키도록 고안되고, 응집력 있게 잘 짜여져 있다. 용서의 모험(The Adventure of Forgiveness: Knutson & Enright, 2002) 교과 과정은 Enright(2001) 모델에 기반하여 1학년 학생들을 대상으로 계획되었다(표 4.1을 보시오.). 학급 교사들은 대인관계에서의 용서와 용서 교육에 관한 하루 코스의 워크숍에 참석하도록 요청되며, 각자 학급에서 용서 교과 과정을 시행할 수 있도록 훈련받는다.

용서의 모험 교과 과정은 17개 과로 이루어져 있으며 세 부분으로 구성된다. 1부(1~7과)는 학생들이 용서의 5가지 기본 원칙인 고유한 가치, 도덕적 사랑, 친절, 존경, 관용을 재구성하고, 새로운 관점을 수용하는 것을 실습하도록 소개하고 격려하는 내용이다. 2부(8~12과)는 이야기와 이야기의 등장인물을 활용하여, 누군가를 용서할 때 5가지 기본 원칙이 어떻게 서로 작용하는지에 대한 구체적인 예시들을 아이들에게 제시한다. 마지막으로,

|표 4.1| Enright 용서 과정 모델

용서와 관련된 주제들의 단계 및 단위

노출 단계(UNCOVERING PHASE)
1. 심리적 방어 및 관련 주제들을 검토한다.
2. 분노를 직면한다. 핵심은 분노를 숨기지 않고 표출하는 것이다.
3. 적절한 경우 수치심을 허용한다.
4. 고갈된 정서적 에너지를 인식한다.
5. 상처가 인지적으로 재연되는 것을 인식한다.
6. 피해자가 자신을 가해자와 비교하는 것을 통찰한다.
7. 자신이 상처로 인해 영구적으로 불행하게 변할 수도 있다는 사실에 대해 자각한다.
8. "세상은 공정하다."는 관점이 어떻게 변했는지에 대해 통찰한다.

결정 단계(DECISION PHASE)
9. 마음의 변화/전환/과거 해결 전략은 효과가 없다는 새로운 통찰을 갖게 된다.
10. 용서를 하나의 선택안으로 고려하려는 마음이 생긴다.
11. 가해자를 용서하기로 결심한다.

작업 단계(WORK PHASE)
12. 역할수용을 통해 가해자가 처한 상황을 고려함으로써 그가 어떤 사람인지를 재구조화한다.
13. 가해자를 향한 공감과 연민의 마음을 가진다.
14. 고통을 인내하고 수용한다.
15. 가해자에게 도덕적 선물을 준다.

심화 단계(DEEPENING PHASE)
16. 고통과 용서의 과정에서 자신과 타인에 대한 의미를 발견한다.
17. 과거에 자신도 타인의 용서를 필요로 했음을 깨닫는다.
18. 사람은 혼자가 아님을 통찰한다(보편성, 지지).
19. 상처로 인해 자신이 삶에 새로운 목적을 갖게 될 수 있다는 것을 깨닫는다.
20. 가해자를 향해 나타나기 시작한 부정적인 정서의 감소와 긍정적인 정서의 증가를 인식한다. 내면의 정서적 해방감을 자각한다.

3부(13~17과)에서 아이들은 그들의 삶에서 누군가를 용서함으로써 용서의 5가지 기본 원칙을 실습할 수 있다. 단, 그들이 그렇게 하겠다고 선택한 경우에만. 교사들은 학생들이 용서를 연습할 수 있도록 지지적인 환경을 제공해주되, 각 아동에게 누군가를 용서하라고 요구하지는 않는다. 성인 용서 치료 및 개입에서와 마찬가지로, 용서는 각 아동에게 있어 개인적인 선택이므로 교사나 부모가 명령할 수 없다. 아이들이 교과 과정을 하나씩 밟아갈수록, 용서와 관련된 기술에는 무엇이 있는지, 용서란 무엇이며 용서가 아닌 것은 무엇인지, 또 그들에게 상처를 준 사람을 어떻게 용서할 수 있는지에 관한 심층적인 이해를 얻게 된다.

벨파스트의 용서 교육에 참여한 대부분의 아동이 종파와 지역사회 폭력이 일어나기 쉬운 '일촉즉발의 위기'와 '접점'지역 속에서 살고 있음에도 불구하고, 용서 활동 내내 '분쟁'이라는 표현을 깊은 상처의 원인으로 언급한 경우가 아주 적다는 사실은 흥미롭다. 그들은 의심할 여지없이 종파와 지역사회 폭력으로부터 영향을 받았지만(Connolly, Smith, & Kelly, 2002를 보시오), 발달상 일어날 수 있는 보다 일상적인 상처 경험에 초점을 맞추는 경향이 있었다. 아이들이 용서를 표현한 상황들은, 예를 들면 형제와 치고받고 싸운 것, 친구나 학우와 다툰 것, 또는 이웃의 또래들과 말다툼한 것들이었다. 아이들의 연령에 맞는 용서 표현은 용서 활동을 위해 현재로서는 좋은 것이며, 앞으로 그들이 성장하고 발전하여 '분쟁'이라고 하는 보다 큰 이슈와 그 영향을 다룰 수 있도록 그들의 마음과 정신을 준비할 수 있게 되기를 바란다.

이제 저자들은 아동이 중요한 용서 기술을 어떻게 발달시키는 지를 강조하기 위해 한 과를 순서대로 설명해 보이겠다. 용서의 모험의 1과와 2과에서, 교사들은 학생들과 함께 인간의 고유한 가치라는 개념을 탐구하기 위해 Seuss 박사가 쓴 『호튼은 누군가 의 소리를 듣는다(Horton Hears a Who)』라는 책을 사용한다. 교사 는 학생들에게 '누군가들(Whos)'이라 불리는 집단의 사람들을 보살피는 친절한 코끼리, 호튼에 대한 이야기를 들려준다. 그 '누군가들'은 너무나 조그마해서, 그들의 마을 전체가 아주 작은 먼지에 들어맞을 정도다. '누군가들'은 너무나 작아서 정글의 다 른 동물들은 아무도 그들의 소리를 듣거나 볼 수 없기 때문에, 호 튼은 자신이 그들을 보호하기로 결심한다. 왜냐하면 "아무리 작 다 해도, 사람은 사람이기 때문이다." 캥거루와 원숭이, 정글의 다른 동물들은 아주 작은 먼지 속에 있는 걸 귀중하게 보호하는 호튼을 크게 미쳤다고 생각했지만, 호튼은 계속해서 누군가들을 보호하였으며 "아무리 작다 해도, 사람은 사람."이라고 주장했 다. 마침내 정글의 모든 동물이 '비즐넛(Beezelnut) 기름에 누군 가를 끓이고자' 음모를 꾸몄고, 호튼도 더 이상 그들을 보호할 수 없는 것처럼 보였다. 그때, 정글의 모든 동물이 들을 수 있을 만큼 큰 소리로 외쳤던 것은 '누군가들' 중 가장 작은 '누군가' 였다. 이를 통해 정글의 모든 동물들은 '누군가들'이 실제로 존 재한다는 것을 알 수 있었다. 호튼의 끈기와 마을에서 가장 작은 '누군가'는 마침내 정글 전체에 "아무리 작다 해도, 사람은 사람 이다."라는 사실을 확신시켰다.

호튼은 사실 있음직하지 않은 영웅이지만, 전권을 통한 그의 간결한 메시지는 두 가지 심오한 의미를 지니고 있다. (1) 모든 사람은 그들이 얼마나 작든지 상관없이 가치를 지니고 있다. (2) 우리 중 가장 작은 사람이라 할지라도 매우 중요할 수 있다. 교사는 다음과 같은 본문에 대한 간단한 질문들을 통해 학생들을 보다 깊게 이해할 수 있도록 인도한다. 여러분은 이 이야기가 무엇에 대한 내용이라고 생각하나요? "아무리 작아도 사람은 사람이다."라고 말할 때, 호튼이 의미하는 것이 무엇이라고 생각하나요? 크기가 중요하지 않다면, 사람이 그만한 가치가 있는지를 결정할 때 중요하지 않은 것에는 또 무엇이 있나요? 이와 같은 이해 문제 뒤에 부연 연습이 이어지는데, 여기서 각 학생들은 자기 소유의 호튼 봉제 인형을 받는다. 교사가 학생들에게 사람의 가치에 대해 고려할 때 크기 이외에 중요하지 않은 다른 특성들을 생각해보라고 하면, 학생들은 호튼에게 의견을 묻는다. 어떤 사람이 키가 크거나 작다면, 운동을 잘하거나 서툴다면, 큰 집에 아니면 작은 집에 산다면, 우리와 같거나 반대로 다르다면 어떻게 될까? 다시, 이러한 논의 뒤에 실제 연습이 이어지는데, 여기서 아이들은 모자, 안경, 재킷과 같은 소도구들을 자신의 호튼 인형에 입혀보게 된다. 교사는 이러한 '외부의' 것이 호튼의 내면을 바꾸는지 여부를 아이들로 하여금 결정하도록 한다. 호튼과 '누군가들'의 재미있고 마음을 끄는 이야기를 통해, 아이들은 인간의 고유한 가치라는 비교적 복잡한 논의를 시작할 수 있게 된다.

용서의 모험 교사들은 이야기와 놀이라는 매체를 사용하여 학생들이 용서의 5가지 기본 원칙을 탐색하고 연습하도록 계속해서 촉진한다. 여기에서 용서에 대해 배우는 것과 실제로 용서를 훈련하는 것 사이에는 중요한 차이가 있음을 유념해야 한다. 저자들은 훈련 워크숍에 온 교사들을 대상으로 이러한 차이를 분명히 하는 일에 많은 주의를 기울이고 있으며, 교사들에게도 강의 전반에 걸쳐 학생들에게 이 차이를 설명하도록 한다. 모든 사람이 용서에 대해, 즉 용서하는 사람이 되는 데 필요한 여러 가지 기술들에 대해 배울 수 있지만, 오직 용서라는 선택은 개인만이 할 수 있다. 당신이 아무리 작다고 해도 용서는 개인적인 선택이라는 사실을 기억하라!

성과

우리는 이 장의 서두에서 언급한 헤리엇의 사례와 같이 자신의 고유한 가치와 타인들의 가치를 보다 깊이 이해한 일화들과 더불어, 1학년부터 5학년까지 각 용서 프로그램의 효과성을 측정할 수 있는 양적인 경험적 자료들도 수집해왔다. 전반적으로 고무적인 결과들이 도출되었다. 용서 교육 프로그램에 참여한 아동들이 그렇지 않은 아동들에 비해 분노와 우울에서 통계적으로 유의미한 감소를 나타내었다(Enright, Holter, Baskin, & Knutson, 2006). 분노와 우울과 같은 부정적인 정서적 변인들의 감소는 용서 교육의 중요한 치료적 이점을 명백히 보여준다.

저자들은 또한 아동을 위한 용서 교육이 지니는 긍정적이고 친사회적이며 예방적인 효과에도 관심을 가지고 있다. 연구에 따르면, 용서 교육에 참여한 아동들이 그렇지 않은 아동들보다 높은 수준의 용서—인간의 가치, 자애, 친절 등에 초점을 둔 용서—

를 보였다고 한다(Enright et al., 2006). 이러한 결과들은 용서 교육 프로그램이 학생들에게 조망 수용(perspective taking), 연민, 관용 및 용서를 연습하도록 도전하고 지지함으로써 건강한 발달과 인간의 성장을 촉진하는 데 핵심적인 역할을 한다는 주장을 처음으로 지지해주는 것이었다. 후속 연구에서는 아동이 청소년, 성인, 부모, 이웃, 동료가 되었을 때의 장기적인 긍정적 성과를 보다 면밀히 밝힐 필요가 있다.

용서 교육과 긍정심리학

어린 아동을 위한 용서 교육은 인간의 고유한 가치라는 중심 주제에 근거를 둔다. 그것은 아동에게 삶의 일부인 피할 수 없는 상처와 실망을 극복하는 데 필요한 기술들을 제공해준다. 하지만 용서 교육이 인간사의 부정적이거나 병리적인 경험들(정신장애, 분노, 우울)에만 머무르는 것은 아니다. 용서 교육은 학생들로 하여금 다른 사람들(심지어 우리에게 상처를 입힌 사람들)의 가치를 중요시하는 관점을 갖도록 하고, 우리가 깊은 상처를 받았을 때 절망과 무망감이 아닌, 역경을 통해 성장하고 새로운 의미를 찾는 태도를 받아들일 수 있도록 한다.

긍정심리학은 삶을 가치 있게 만드는 것에 대한 연구와 이론을 아우르는 포괄적인 용어다(Seligman & Csikszentmihalyi, 2000). 이러한 긍정심리학의 움직임은 "서로 다른 수많은 이론적 접근들을 포함하고 있다……. 그리고 우리는 상이한 이론적 지향점을 지닌 학자들의 노력들을 통합할 수 있는 방법을 찾아야 한다."
(Leontiev, 2006, p. 50) 긍정심리학이 통일된 이론적 모형을 고안
해낼 수 있다면 그 미래는 전도유망할 것이다.

지난 수십 년간 이루어진 긍정심리학의 발전 속에서, 용서 연
구와 특히 관련된 네 가지의 이론이 있다. 첫 번째는 Barbara
Fredrickson(2006)의 긍정 정서의 '확장 및 구축' 이론이고, 둘째
는 정서지능 이론이며, 셋째는 개입과 예방의 교차이며, 넷째는
Martin Seligman의 행복의 개념, 특히 의미 있는 삶이다.

Barbara Fredrickson의 긍정 정서의 확장 및 축적 이론(broaden-
and-build theory)은 용서에 대한 중요한 함의를 갖는다. Fredrickson
(2006)에 따르면, 전통적으로 정서 연구는 불안, 우울 등을 초래
할 수 있는 부정적인 정서에 초점을 맞춰왔다. 그녀는 부정 정서
가 어떻게 사람들의 주의를 좁히는지(예: 위험 지각에 의해 촉발된
'투쟁 도피' 반응은 가해자의 옷 스타일보다는 무기에 초점을 두도록
안내함)를 입증한 다양한 연구들을 인용하고 있다. 또한 그녀는
여러 연구를 열거하면서 긍정 정서 상태가 실제로 어떻게 개인의
주의를 확장시키고, 창의성과 문제 해결에 보다 집중하게 하는지
를 보여주었다.

Fredrickson의 연구는 또한 긍정 정서가 좀처럼 사라지지 않는
부정 정서를 원상태로 회복시킬 수 있다는 사실을 입증하고 있
다. 흔히, 이러한 '원상복구(undoing)'는 사람들로 하여금 상처
입은 사건을 보다 폭넓은 맥락에서 볼 수 있도록 도우며, 이렇게
함으로써 사건의 부정적인 영향을 개선할 수 있게 된다. 더욱이,
원상복구 효과는 "사람들이 부정 정서에 대처하는 그 순간 긍정

정서의 경험을 개발함으로써 그들의 심리적 안녕과 신체적 건강이 증진된다는 점을 시사" 해준다(Fredrickson, 2006, p. 94). 긍정 정서의 긍정적 효과는 지속적이며, 긍정 정서는 부정 정서를 상쇄할 뿐만 아니라, 심리적 유연성을 구축한다. 즉, "긍정 정서를 자주 경험하는 것이 개인적 자원을 증대시킨다." (Fredrickson, 2006, p. 95)는 것이다. 긍정 정서는 우리가 역경을 잘 극복할 수 있도록 돕는다. 이는 정서적 안녕감을 높임으로써 나중에 발생할 수 있는 역경에 보다 효과적으로 대처하도록 이끌며, 상승 순환을 일으켜 유연성을 구축하고 개인에게 건강을 가져다준다.

긍정 정서의 확장 및 구축 이론은 용서에 어떻게 적용되는가? 앞서 약술한 용서의 과정에서, 가해자를 새로운 관점으로 보게 되면 부정적인 정서를 온정이나 무조건적인 사랑과 같이 보다 긍정적인 정서로 대체하기 시작한다. Fredrickson에 따르면, 긍정 정서는 부정 정서의 효과를 원상태로 복구하고 개인의 안녕감을 증진시킨다. 나아가, 이러한 긍정 정서의 경험은 다음 번 상처에 대처할 때 그 사람이 의지할 수 있는 보다 큰 심리적 자원들을 일으키게 해줄 것이다. 긍정 정서는 이와 같이 용서 및 건강과 안녕감을 경험하게 하는 데 있어 핵심적인 역할을 한다.

긍정 정서의 확장 및 구축 이론이 지닌 함의를 활용하기 위해서는 정서를 인식하고 관리할 수 있어야 한다. 결과적으로, 긍정 심리학의 중요한 또 다른 영역은 정서지능의 연구인데, 정서지능은 정서를 지각하고(자신과 타인의 정서를 인식하는 것), 정서를 활용하여 사고를 촉진하며(추론, 문제 해결 등과 같은 여러 가지 활동에 따라 어떠한 정서를 사용해야 할지 아는 것), 정서를 이해하고

(여러 정서들 간의 관계를 명명하고 인지할 수 있는 것), 자신과 타인
의 정서를 관리하는 것으로 구성된다(Grewal & Salovey, 2006).
정서지능은 고정된 성격 특질이라기보다는 훈련을 통해 향상될
수 있는 기술에 가까운 것으로 이해할 수 있다.

정서지능은 용서에도 중요한 함의를 갖는다. 용서의 큰 요소가
부정 정서를 드러내고 이를 긍정 정서로 바꾸는 것이라는 점에
서, 정서를 인식하는 것과 정서에 대해 이야기하고 이를 구별할
수 있는 능력은 중요하다. 이같이 용서의 과정은 정서지능과 서
로 얽혀 있다. 만일 보다 높은 정서지능을 가진 사람이 여러 가지
정서들을 확인하고 이해하며 관리하는 데 능숙하다면, 높은 정서
지능은 용서 과정을 촉진할 것이다. 동시에, 용서는 사람들의 정
서지능을 발전시킨다. 왜냐하면 용서가 부정적인 정서를 확인하
고 이해하며(노출 단계), 긍정적인 정서로 대체할 수 있는 능력을
계발하도록 사람들을 훈련하기 때문인데, 이는 가해자를 고유한
가치를 지닌 인간으로 재해석하면서 일어난다(작업 단계).

긍정심리학의 또 다른 관심은 예방에 있다. 이 점에 관해,
Martin Seligman은 소방활동의 은유를 사용한다(Seligman, 2006).
최근까지, 심리학의 에너지 대부분은 화재 진화(즉, 문제가 이미
드러나서 손쓸 수 없게 되었을 때 개입하는 것)에 놓여 있었다. 하지
만, 긍정심리학 운동은 심리학의 초점을 화재 예방(즉, 사람들의
긍정 특질을 계발하는 데 집중함으로써 문제를 예방하는 것)으로 옮
기는 역할을 했다. 비록 화재 진화와 화재 예방이 모두 중요하지
만, 후자에 대한 투자는 전자를 더 많이 방지해줄 것이다. 용서는
이 두 개념 사이에 완전한 다리 역할을 한다. 사람들은 상처를 경

험하며, 때로 그 상처는 이미 깊어진 상태다. 이러한 경우, 행동은 이미 일어났기 때문에 예방한다는 것은 불가능하다. 그러나 용서 개입을 통해 상처의 부정적인 효과를 원상태로 회복시킬 수는 있다. 이러한 과정을 거치게 되면, 그 효과가 개선될 뿐만 아니라 용서라는 개입은 그 자체로 예방적인 속성을 지닌 건강과 안녕감을 불러일으킨다.

용서와 관련 있는 긍정심리학의 네 번째 발전은 의미 있는 삶이다. Martin Seligman은 행복의 3가지 구성요소를 확인하였다. 즐거운 삶(긍정 정서), 적극적인 삶(세상에 참여하는 것), 의미 있는 삶(자신의 상황 속에서 의미를 발견하는 것)이 그것이다(Seligman et al., 2005). 용서의 탐구와 가장 밀접한 관련이 있는 것은 의미 있는 삶이라는 Seligman의 개념이다. Seligman(2006)에 따르면, 의미란 다음과 같다.

의미는 당신보다 더 큰 존재와의 애착(attachment) 속에서 구성된다. 당신 자신을 애착시킬 수 있는 대상이 크면 클수록, 당신의 삶은 더 많은 의미를 지니게 된다. 나는 우리가 도덕적 동물이기에 생물학적으로 의미를 추구하게 되어 있다고 생각한다. 의미 있는 삶은 즐거운 삶이나 적극적인 삶 그 이상의 것이다. 단지 이 두 가지만 있다면, 우리는 종종 죽을 때까지 안절부절못하면서 매서운 공포를 안고 잠에서 깨어나게 될 것이다. 세 번째 행복한 삶인 의미 있는 삶이란 당신의 대표 강점을 확인하고, 당신보다 더 크다고 믿는 존재에 속하거나, 그 대상에 기여하기 위해 강점들을 활용하는 것을 말한다(p. 235).

의미 있는 삶이 어떻게 용서와 관련되는가? 앞서 개관한 용서의 과정에서, 최종 단계의 일부는 고통 속에서 의미를 얻는 것으로 구성된다. 2차 세계 대전에서 나치가 유대인들에게 범한 극악무도한 만행을 직접 경험한 Victor Frankl의 주장과 같이, 우리는 비록 과거를 바꿀 수는 없을지라도 과거에 대한 우리의 태도를 바꿀 수는 있으며, 때로는 우리가 경험한 끔찍한 사건들 속에서도 의미를 발견할 수 있다. 예컨대, 근친상간의 생존 여성들에 대한 Freedman과 Enright(1996)의 용서 개입에서, 용서의 과정을 거친 여성들 가운데 어떤 이들은 고통 속에서 의미를 발견함으로써 삶의 새로운 목적을 인식할 수 있었다. 그 새로운 목적은 근친상간에서 생존한 다른 여성들이 똑같은 자유와 치유를 경험하도록 돕는 것이었다. Peterson, Park, & Seligman(2005)은 이와 같이 의미를 목표로 하는 개입이 사람들이 훌륭한 삶을 살도록 돕는 데 있어서 '가장 많은 결실을 보일' 것이라고 믿고 있다.

결 론

대대로 전해지는 깊이 뿌리박힌 분노와 원한이 개인의 건강과 안녕감 및 대인관계에 영구적으로 해로운 영향을 미칠 수 있다는 것을 설명하는 데 도움이 될 수 있도록, 우리는 벨파스트의 이야기를 여러분과 함께 나누었다. 보다 중요한 점은 깊은 상처와 대인관계의 갈등에 대한 반응으로서 용서를 선택하는 것이 긍정적인 효과를 보인다는 것이며, 이 점을 더 깊이 설명하기 위해, 북아일랜드의 헤리엇과 그 밖의 많은 어린 학생들의 이야기를 함께 나누었다. 어떤 면에서, 벨파스트 시의 이야기는 때로 우리 자신의 삶에 대한 은유가 될 수 있다. 북아일랜드의 아름다운 시골처럼 우리 주위의 모든 것이 고요하고 평화로워 보일 때조차도, 우리의 마음과 정신의 깊은 발화점에서는 뿌리 깊은 상처에서 비롯된 분노와 원한이 일어날 수 있다. 이러한 분노와 원한의 감정들이 우리 삶의 거리에 흘러넘치면, 가족과 타인을 막론하고 우리가 맺는 관계에 부정적이면서도 은밀한 방식으로 영향을 미치게 된다.

우리에게 상처를 준 사람들에게 우리는 얼마나 자주 친절이나 연민의 마음으로 대하는가? 분노와 원한이 우리가 알고 있는 유일한 방식이기 때문에 분노와 원한으로 가득 차서 생각하고 행동하며 느끼는가? 그렇다면 부당한 상처를 다룰 수 있는 유일한 방안은 분노나 복수로 대응하는 것으로 보일 것이다. 그리고 세상의 많은 수는 연민보다는 분노를, 용서보다는 보복을 선택하는 것을 지지할 것이다. 그러나 현실에서는 분노에 차서 복수하는 것 외에도 많은 대안이 존재한다. 이 장에서 논의한 바와 같이, 대인관계에서의 용서는 깊은 상처와 악행의 부정적인 결과들을 효과적으로 개선시키고 훌륭한 삶을 살기 위한 대인 기술을 촉진시키기 위한 긍정적인 선택이다. 용서 개입은 광범위한 대인관계의 상처들을 다루고 있는 모든 연령대의 사람들에게 효과적이라는 것이 입증되었다.

벨파스트의 어린 학생들의 예에서 보았던 것처럼 용서 교육은 이해하기 쉬우면서도 효과적인 방법이다. 인간의 고유한 가치에 근거하여 삶을 바라보는 관점이 주는 긍정적인 이점들을 경험하기 위하여 용서에 숙련될 필요는 없다. 상처와 부정에 용서로서 반응할 때, 북아일랜드의 경치가 어떻게 변화할지, 또한 우리 자신의 삶의 풍경이 어떻게 달라질지 함께 상상해보자. 그렇게 되면 아마도 우리가 현재 마음 속에서 경험하는 평화와 언젠가 세상에 도래할 평화 사이에 접점이 생겨날 것이다.

| 개인적인 작은 실험들 |

용서를 발견하고 활용하기

이 장에서 저자들은 용서가 어떻게 선택의 문제일 수 있는지에 대해 논의하였다. 용서의 핵심 요소는 모든 사람, 심지어 우리에게 상처를 준 사람들 안에도 존재하는 인간의 고유한 가치를 '새로운 시각으로 보는 것'이다. 이제 다음의 활동들을 완수하고, 어떻게 용서를 통해서 건강과 안녕으로 가는 여정이 시작되는지를 생각해보도록 하자.

개인적 반성　조용한 곳에서 당신의 삶에서 중요한 사건들을 돌아볼 수 있는 시간을 갖도록 하라. 당신에게 영향을 미쳤던 사건들 중, 믿었던 친구 혹은 가까운 가족, 이전에 몰랐던 누군가에 의해 부당한 상처를 입은 부정적인 경험이 있는지 스스로에게 물어보라. 이러한 경험이 여러분에게 분노를 일으키는가? 1에서 10까지 척도상에서, 10점을 가장 높은 점수라고 할 때, 당신의 마음속에서 이러한 경험은 얼마만큼 뚜렷이 느껴지는가? 당신이 좋아하는 일보다 이 사건에 대해 생각하는 데에 더 많은 에너지를 소진하고 있는가?

용서에 전념하기 이처럼 집중한 후에, 용서를 한 가지 선택안으로 고려해보라. 아마 다른 대처 기제나 전략들은 과거에 효과적이지 못했을 것이다. 깊은 상처를 견디는 한 가지 방법으로서 최소한 용서를 고려해보겠다고 약속할 수 있습니까? 당신이 소지할 수 있는 작은 종이에 이것을 기록함으로써 약속을 실행해보라. "오늘 나는 용서하기로 선택한다."라고 적는 것처럼 그것은 간단한 일이다.

용서를 발견하기 일기장이나 종이에 당신이 생각하기에 좋은 사람으로 여겨지는 데 필요한 10가지 특성들을 적어보라. 준비가 되면, 그 종이의 다른 면에, 어떻게 하면 여러분에게 상처를 준 그 사람에게서 이러한 특성들 중 한 가지를 찾아볼 수 있겠는지를 곰곰이 생각해보라. 어려운 활동이기는 하지만, 당신은 실제로 용서 작업을 하고 있는 것이며, 단순히 가해자에 대해 좋거나 긍정적인 생각을 하는 것만으로도 그에게 도덕적인 선물을 베풀고 있는 것이 된다. 깊은 상처에 대한 많은 부정적인 생각보다는 한 가지 긍정적인 생각에 집중하도록 노력하라. 매일, 그 목록에서 한 가지 이상의 긍정적인 생각을 구체화해보라. 당신이 용서의 눈으로 다른 사람에 대해 생각하고 바라보기 시작할 때 당신의 감정과 행동이 어떻게 변화하는지 알아차리도록 하라.

타인에게 물어보기 준비가 되면, 신뢰하는 친구나 가족에게 그들이 이전에 누군가를 용서한 적이 있는지를 물어보라. 특별히 충족감이나 성취감을 느꼈던 것이 무엇이었는지 물어보라. 그들의 경험이 당신의 경험과는 어떻게 다른가?

당신 자신의 용서와 친숙해지기 적절한 경우, 당신의 용서 경험을 신뢰하는 친구나 가족과 나누고, 그들의 생각이나 의견을 구해보라. 당신이 용서를 선택한 이후, 긍정적으로 또는 부정적으로 변화된 것에 대한 특별한 기록을 남기는 것도 좋다.

용서 언어 사용하기 이제 삶의 많은 관계 속에서 당신의 생각과 감정, 행동들이 부정적인 것으로부터 긍정적인 것에 점점 더 집중하는 방향으로 바뀌고 있음을 알아차리기 시작할 것이다. 이러한 변화들을 용서의 언어로 표현해보자.

용서 활용하기 용서를 활용하고 이를 당신의 삶에 통합하는 데 사용할 수 있는 자원들과 전략들이 많이 있다. 대인관계에서의 용서에 관한 더 많은 정보와 당신이 사는 지역에 있는 용서 치료자들에 대한 문의, 또는 어린 아동을 위한 용서 교육 프로그램에 관한 정보를 원한다면, 아래 제시된 자료들을 참고하기 바란다.

- Robert Enright 박사: rd.enright@yahoo.com
- 국제용서연구소: www. forgiveness-institute.org.
- Robert Enright 박사의 저서 『용서는 선택이다(*Forgive-nessIs a Choice*)』를 참고할 것.

> 참고문헌

The Agreement. (1998). Retrieved October 15, 2002, from www. nio.gov.uk/the-agreement.

Agreement at St. Andrews. (2006). Retrieved October 15, 2006, from www.standrewsagreement.org/agreement.htm.

Baskin, T. W., & Enright, R. D. (2004). Intervention studies on forgiveness: A meta-analysis. *Journal of Counseling & Development, 82*, 79-90.

Cairns, E., & Darby, J. (1998). The conflict in Northern Ireland: Causes, consequences, and controls. *American Psychologist, 53*, 754-760.

Connolly, A., Smith, P., & Kelly, B. (2002). *Too young to notice: The cultural and political awareness of 3-6 year olds in Northern Ireland.* Belfast, Northern Ireland: Community Relations Council.

Coyle, C., & Enright, R. D. (1998). Forgiveness education with adult learners. In M. C. Smith & T. Pourchot (Eds.), *Adult learning and development: Perspectives from educational psychology* (pp. 219-238). Mahwah, NJ: Erlbaum.

Darby, J. (1995). Conflict in Northern Ireland: A background essay. In S. Dunn (Ed.), *Facets of the conflict in Northern Ireland.* New York: St. Martin's Press.

Enright, R. D. (2001). Forgiveness is a choice: *A step-by-step process for resolving anger and restoring hope.* Washington, DC: American

Psychological Association.

Enright, R. D., Eastin, D. L., Golden, S., & Sarinopoulos, I. (1992). Interpersonal forgiveness within the helping professions: An attempt to resolve differences of opinion. *Counseling and Values, 36*, 84-103.

Enright, R. D., & Fitzgibbons, R. P. (2000). *Helping clients forgive: An empirical guide for resolving anger and restoring hope.* Washington, DC: American Psychological Association.

Enright, R. D., Gassin, E., & Knutson, J. A. (2003). Waging peace through forgiveness education in Belfast, Northern Ireland: A review and proposal for mental health improvement of children. *Journal of Research in Education, 13*, 51-61.

Enright, R. D., Knutson-Enright, J. A., Holter, A. C., Baskin, T., & Knutson, C. (2006). *A psychologist/teacher consultation model for anger reduction: Forgiveness intervention in Belfast, Northern Ireland.* Manuscript submitted for publication.

Enright, R. D., Santos, M. J., & Al-Mabuk, R. (1989). The adolescent as forgiver. *Journal of Adolescence, 12*, 95-110.

Fay, M-T., Morrissey, M., & Smyth, M. (1999). *Northern Ireland s troubles: The human costs.* London: Pluto Press.

Freedman, S. R., & Enright, R. D. (1996). Forgiveness as an intervention goal with incest survivors. *Journal of Consulting and Clinical Psychology, 64*, 983-992.

Five in court over youth's murder. (2006, May 11). *BBC News.* Retrieved May 25, 2006, from http://newsvote.bbc.co.uk.

Fredrickson, B. L. (2006). The broaden-and-build theory of positive emotions. In M. Csikszentmihalyi & I. S. Csikszentmihalyi (Eds.), *A life worth living: Contributions to positive psychology* (pp. 85-103). New York: Oxford University Press.

Gallagher, T. (2004). After the war comes peace? An examination of the impact of the Northern Ireland conflict on young people. *Journal of Social Issues, 60*, 629-642.

Garbarino, J. (1993). Children's response to community violence: What do we know. *Infant Mental Health, 14*(2), 103-115.

Garbarino, J. (2001). An ecological perspective on the effects of violence on children. *Journal of Community Psychology, 29,* 361-378.

Grewal, D. D., & Salovey, P. (2006). Benefits of emotional intelligence. In M. Csikszentmihalyi & I. S. Csikszentmihalyi (Eds.), *A life worth living Contributions to positive psychology* (pp. 104-119). New York: Oxford University Press.

Gurwitch, R. H., Sitterle, K. A., Young, B. H., Pfefferbaum, B., La Greca, A. M., Silverman, W. K., et al. (2002). The aftermath of terrorism. In A. M. La Greca & W. K. Silverman (Eds.), *Helping children cope with disasters and terrorism* (pp. 327-357). Washington, DC: American Psychological Association.

Harris, A. H. S., Luskin, F., Norman, S. B., Standard, S., Bruning, J., Evans, S., et al. (2006). Effects of a group forgiveness intervention on forgiveness, perceived stress, and trait-anger. *Journal of Clinical Psychology, 62,* 715-733.

Holter, A. C., Martin, J., & Enright, R. D. (2006). Restoring justice through forgiveness: The case of children in Northern Ireland. In D. Sullivan & L. Tifft (Eds.), *Handbook of restorative justice* (pp. 311-320). New York: Routledge.

Jarman, N. (1999). *Displaying faith: Orange, Green and trade union banners in Northern Ireland.* Belfast: Institute of Irish Studies Queen's University of Belfast.

Jarman, N. (2004a). *Demography, development and disorder: Changing patterns of interface areas.* Belfast: Institute for Conflict Research.

Jarman, N. (2004b). From war to peace? Changing patterns of violence in Northern Ireland, 1990-2003. *Terrorism and Political Violence, 16,* 420-438.

Knutson, J., & Enright, R. D. (2002). *The adventure of forgiveness: A guided curriculum for early elementary classrooms.* Madison: University of Wisconsin-Madison.

Leontiev, D. (2006). Positive personality development: Approaching personal autonomy. In M. Csikszentmihalyi & I. S. Csikszentmihalyi (Eds.), *A life worth living: Contributions to positive psychology* (pp. 49-61). New York: Oxford University Press.

McCullough, M. E., Pargament, K. I., & Thoresen, C. E. (2000). *Forgiveness: Theory, research, and practice.* New York: Guilford Press.

Muldoon, O. T. (2004). Children of the Troubles: The impact of political violence in Northern Ireland. *Journal of Social Issues, 60,* 453-468.

Muldoon, O. T., Trew, K., & Kilpatrick, R. (2000). The legacy of the Troubles on the young people's psychological and social development and their school life. *Youth and Society, 32,* 6-28.

Northern Ireland Life and Times (NILT). (2003). *Attitudes, values and beliefs survey.* Retrieved March 7, 2005, from www.ark.ac.uk/nilt/results/comrel.html.

Peterson, C., Park, N., & Seligman, M. E. P. (2005). Orientations to happiness and life satisfaction: The full life versus the empty life. *Journal of Happiness Studies, 6,* 25-41.

Power, P. C., & Duffy, S. (2001). *Timetables of Irish history.* London: Worth Press.

Rolston, B. (1991). *Politics and painting: Murals and conflict in Northern Ireland.* Cranbury, NJ: Associated University Presses.

Rudenberg, S. L., Jansen, P., & Fridjhon, P. (2001). Living and coping with ongoing violence: A cross-national analysis of children's drawings using structured rating indices. *Childhood, 8,* 31-55.

Seligman, M. E. P. (2006). Afterword. In M. Csikszentmihalyi & I. S. Csikszentmihalyi (Eds.), *A life worth living: Contributions to positive psychology* (pp. 230-236). New York: Oxford University Press.

Seligman, M. E. P., & Csikszentmihalyi, M. (2000). Positive psychology: An introduction. *American Psychologist, 55,* 5-14.

Seligman, M. E. P., Steen, T., Park, N., & Peterson, C. (2005). Positive psychology progress: Empirical validations of interventions. *American Psychologist, 60,* 410-421.

School arson attacks "sectarian." (2005, August 31). *BBC News.* Retrieved August 22, 2006, from http://newsvote.bbc.co.uk.

Smedes, L. B. (1984). *Forgive and forget: Healing the hurts we don' t deserve* (1st HarperCollins pbk. ed.). San Francisco: HarperCollins.

Teenager stable after gun attack. (2007, January 22). *BBC News.* Retrieved January 23, 2007, from http://newsvote.bbc.co.uk.

Thabet, A. M., Abed, Y., & Vostanis, P. (2002). Emotional problems in Palestinian children living in a war zone: A cross-sectional study. *The Lancet, 359,* 1801-1804.

Thirteenth report of the independent monitoring commission. (2007). Retrieved January 29, 2007, from www.independentmonitoring-commission.org/documents.

Wade, N. G., & Worthington, E. L., Jr. (2005). In search of a common core: A content analysis of interventions to promote forgiveness. *Psychotherapy: Theory, Research, Practice, Training, 42,* 160-177.

Worthington, E. L., & DiBlasio, F. (1990). Promoting mutual forgiveness within the fractured relationship. *Psychotherapy: Theory, Research, Practice, Training, 27,* 219-223.

5

지적 장애 청소년의 자기결정력

• Michael L. Wehmeyer와 Karrie A. Shogren

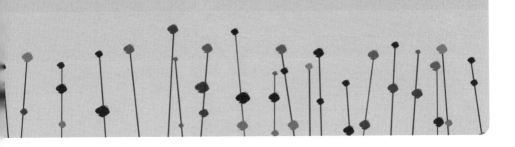

지적 장애 청소년의 자기결정력

Michael L. Wehmeyer와 Karrie A. Shogren

역사적으로 인지적 손상[9]은 안녕감, 만족감, 희망, 행복과 같은 개념들과 어울리지 않는다고 여겨왔다. 또한 우리 사회와 과학

---

9 광범위한 인지적 손상을 지닌 사람들을 지칭하는 용어는 시간이 흐르면서 점차 변화되어왔다. 왜냐하면 이전에 사용된 용어들이 낙인이 되거나, 부정적이고 경멸적인 고정관념과 관련되기 때문이다. 가령, '백치(idiot)'와 같은 임상·의학적 용어는 비교적 낙인화가 덜 이루어지는 정신박약으로, 그리고 이후에는 정신지체라는 용어로 대체되었다. 지난 40여 년에 걸쳐서, '이름 붙이기(labeling)'에 있어서의 강조점은 개인을 직접적으로 묘사하는 방식(예: 정신적으로 지체된)에서 '사람들'이라는 용어를 사용하는 방식(예: 정신지체를 지닌 사람들)으로 이동했다. 그러나 오늘날에는 정신지체라는 용어도 그 전신과 마찬가지로 낙인효과를 발휘하게 되었으며, 또한 부정적인 고정관념과 관련이 있는 것으로 나타났다. 그래서 현재는 가장 낙인 효과가 작아 보이는 지적 장애라는 용어로 대체되었다. 이 장에서 우리는 지적 장애 청소년들을 언급할 때, 광범위한 인지적 손상이 있지만 삶의 여러 영역에서 성공적으로 기능하기 위해 제한된 지원(광범위하고 전면적인 지원과는 반대로)이 필요한 젊은이들로 기술하고자 했다. 지난 수년 동안, 이러한 청소년들은 '경도' 정신지체가 있는 것으로 일컬어왔다.

분야에서도 지적 장애를 지닌 사람들이 추구해야 할 결과물로서 앞서 말한 개념에 초점을 두는 경우는 거의 없었다. 오히려, 많은 사람이 지적 장애를 지닌 청소년들의 삶이 이후 소개될 윌리엄(William)의 경우와 같이 전개될 것이라고 생각해왔다.

윌리엄은 고등학교 졸업을 단지 2주 남겨놓고 있었다. 그의 급우들은 졸업할 날짜를 세며 고등학교 졸업 이후에 시작될 새로운 직업이나 대학에서의 계획에 대해 이야기했지만, 윌리엄은 그다지 흥분되지 않았다. 사실, 그는 졸업 이후 앞으로 일어날 일에 대해 약간 걱정하고 있었다. 물론, 윌리엄과 같이 장애를 지닌 학생들을 학교에서 어떻게 교육해야 하는지 그 방향을 제시해주는 연방 법률인 장애인 교육법(the Individuals with Disabilities Education Act: IDEA)에서 개별적인 교육 계획(Individualized Education Plan: IEP) 회의를 요구했기 때문에 윌리엄의 경우도 매년 그 회의에서 그의 '성인기로의 삶의 이행'에 대해 논의를 진행해왔다. 하지만 이 회의가 이루어지는 동안 윌리엄은 회의에 참석한 어른들 모두가 자신에 대해 이야기하는 것만 좋아했지 정작 자신이 어떤 생각을 갖고 있는지는 묻지 않는다고 생각했다. 혹은 그가 앞으로 무엇을 하기 원하는지를 물어보는 사람은 있었지만, 자신의 이야기를 진심으로 경청해주는 사람은 아무도 없다고 느꼈다. 그래서 윌리엄은 의견을 자발적으로 말하기보다 다른 이들이 결정하도록 하는 것이 더 쉽다고 여기게 되었다. 그리고 사실상, 윌리엄은 좋은 보살핌을 받고 있는 것처럼 보였다. 윌리엄은 졸업 후에 거주할 곳이 있었다. 그의 부모님은 그가 성인이라고 느낄 수 있도록, 졸업 선물로 그의 방을 리모델링하여 다시 꾸며주려고 하였다. 그의 부모님은 윌리엄이 좋아할 만한 새 책상과 벽을 칠할 페인트 색깔도 골라주었다. 윌리엄은 그의 친구들 모두가 이야기하는 것처럼 졸업 후에 얼마나 자신의 아파트가 갖고 싶은지를 생각하곤 했지만, 실제로는 그것을 위해 어떠한 일도 할 수가 없었다.

또한 윌리엄은 직업에 대해서도 생각을 해왔다. 그는 실제로 컴퓨터를 좋아했으며, 집에서 몇 블록 떨어진 곳에는 그가 즐겁게 일할 수 있다고 생각하는 컴퓨터 판매점이 있었다. 그러나 그는 고등학교에서 컴퓨터 수업을 듣지 못했다. IEP회의에서 그의 팀이 윌리엄에게는 다른 수업이 더 중요하다고 결정했기 때문이다. 심지어, 윌리엄의 선생님과 부모님은 집에서 한 블록 거리에 있는 편의점에서 상품들을 선반에 진열하고 청소를 하는 일자리를 구해놓았다. 윌리엄의 부모님은 그 일자리가 그를 데려다 주고 오기에 더 편하고, 윌리엄이 할 수 있는 일을 제공한다고 말했다. 윌리엄의 선생님도 편의점에서 지원서를 가져와서 그를 위해 지원서를 작성해주었다. 그의 부모님은 다음 주에 그를 편의점에 데리고 가서 관리자에게 이야기할 예정이다. 그러나 윌리엄은 그 일이 그다지 마음에 들지 않았다. 솔직히 그는 진열대 정리가 지루하다고 생각했다. 선생님에게 이에 대해 의논하려고 하자, 선생님은 장애학생에게 적합한 직업을 찾는 것이 얼마나 어려운 일인지 설명하면서, 그와 부모님에게 편한 자리가 생긴 것을 기뻐해야 한다고 말했다. 게다가 윌리엄은 컴퓨터 판매점에서 어떻게 일을 해야 하는지 확실히 알지 못했다. 사실, 그는 컴퓨터 판매점에 어떤 종류의 일이 있는지도 알지 못했다. 또한 컴퓨터 판매점은 부모님의 직장과 반대 방향에 있는데, 어떻게 가야 하는지도 확실하게 알지 못했다. 윌리엄은 집 근처에서 운행되는 버스의 이용방법을 배운 적이 없기 때문이다.

또한 윌리엄은 친구에 대해서도 걱정이었다. 그는 친구들과 점심을 같이 먹고, 방과 후에 야구하는 것을 좋아했지만, 학교 활동 이외에 다른 것을 할 계획을 세워본 적이 없었다. 이것이 고등학교 졸업에 대해 걱정하는 또 다른 이유였다……. 미래는 공허해 보였다.

지적 장애를 지닌 사람들에 대한 인식이나 경험은 지난 수세기 동안 지속되어왔기 때문에, 윌리엄의 사례에서 드러난 것처럼 지적 장애를 지닌 사람들을 무능력하고 의존적인 존재로 바라보는 일반인들의 인식은 그리 놀라운 일이 아니다. 1900년대 초반 이래로, 지적 장애는 많은 부정적인 고정관념과 연합되어 왔다. 20세기 초반에는, 지적 장애인(당시에는 저능아, 멍청이, 병신으로 불렀다)을 사회에 위협적인 존재(범죄, 매춘, 빈곤을 포함하여 많은 사회적 문제의 원인이 되는)로 인식하거나, 열등한 인간, 혹은 사회에 경제적 부담을 주는 존재로 여겼다. 20세기 중반이 되면서 지적 장애와 관련된 고정관념들은 보다 너그러워졌으나, 여전히 그 낙인은 지속되었다. 2차 세계 대전 이후에는 지적 장애인을 위협적인 존재나 짐으로 생각했던 초기의 고정관념들이 그들을 그 장애의 희생자이자, 자선과 동정의 대상이라는 인식으로 대체되었다. 현대의 포스터에 나오는 아이의 이미지와 '장애인을 도웁시다'와 같은 지속적인 요구는 지적 장애인이 위협적이거나 열등한 존재는 아니지만 자선을 베풀어야 할 의존적인 존재이며 독립이나 자기지시를 할 수 없는 존재라는 메시지를 전달하고 있다.

이러한 고정관념들은 지적 장애를 지닌 학생들에 대한 사람들의 기대를 낮추었을 뿐만 아니라, 해당 청소년들의 주관적 안녕감, 통제감과 효능감의 지각, 희망, 낙관성, 행복은 물론이고 자기개념 발달에도 영향을 미쳤다. 더 나아가, 연구자들과 임상가들도 이러한 신념과 기대를 널리 공유했기 때문에, 지적 장애를 지닌 학생들의 안녕감, 희망, 낙관성에 대한 연구를 시행하지 않았다.

그러나 자조나 독립적인 생활 운동(Driedger, 1989; Shapiro, 1993)과 같은 장애인을 위한 시민 권리 운동이 활발해지고, 장애를 사람과 환경의 상호작용 혹은 적합도를 강조하는 방향으로 이해하게 되면서(Luckasson et al., 1992), 해당 분야에서 강점에 기반한 접근방식이 증가하게 되었다. 예를 들면, 최근 우리는 지난 30년간 지적 장애 분야의 연구들이 지적 장애인의 강점과 능력을 얼마나 강조하는지를 조사했다. 그 결과 최근 몇 년간 연구의 흐름이 강점에 기반한 관점을 이용하는 것으로 변하고 있고, 특히 최근 10여년 사이에는 강점에 기반한 관점을 채택한 연구의 비율이 점차 증가하고 있다는 사실을 발견했다. 그러나 이러한 진척에도 불구하고, 강점에 기반을 둔 연구들은 여전히 해당 학문 분야에서 소수만을 대변하고 있다(Shogren, Wehmeyer, Buchanan, & Lopez, 2006).

장애에 대한 인식의 변화

지적 장애 분야가 강점에 기반한 관점으로 선회하게 된 데에는 몇 가지 요인이 있는데, 그중 하나가 장애에 대한 인식 자체의 변화다. 앞서 언급한 바와 같이 장애에 대한 역사적인 모델은 결함에 초점을 맞추어 왔고, 20세기 내내 장애는 개인 내의 문제나 결점으로 간주되었다. 그러한 인식 속에서 장애는 질병과 결함에서 기인하는 것으로, 장애인들은 망가지고, 병들고, 비전형적이고, 일탈된 존재로 여겨졌다. '장애'를 이렇게 이해했기 때문에 앞서 설명했듯이 사회적으로 부정적인 인식이 필연적으로 야기되었고, 장애인들에 대한 반응도 격리와 시설 입소, 낙인이 강조되었다.

그러나 2차 세계 대전 이후 몇 년 동안, 장애에 대한 사회의 반응이 변화하기 시작했다. 이는 부분적으로, 2차 세계 대전의 상이군인들이 사회에 유입되면서 그들을 격리하는 대신에 재활을 통해 보상해야 한다는 책무를 느꼈기 때문이다. 그리고 이러한 변화로 인해 장애와 관련된 사회 정책과 장애를 치료하는 의료적 절차에서 상당한 진척이 이루어졌다. 그러나 이러한 변화는 분명한 이득도 있었지만, 장애를 질병에 대한 의학적 모델 내에서 바라보게 하는 부정적인 결과도 초래했다. 장애인들을 교정과 치료, 재활의 대상임과 동시에 동정받아야 할 존재로 보게 된 것이다. 심지어 그들을 자선을 당연히 받아야 하는 장애의 '희생자'들로 여기게 되었다. 장애에 대한 이러한 인식이 장애의 범주에 속한 사람들에게 영향을 미치면서, 지적 장애를 지닌 사람들은 이러한 고정관념 내에서 자신들의 행동에 책임을 질 수 없는 '순진무구한 사람' 혹은 '영원한 아이'로 간주되었다.

그러나 이러한 과학의 진보와 사회적인 인식의 변화는 장애인 부모들이 자녀에게 영향을 줄 수 있는 결정에 참여하도록 하였고, 때로는 전문가들의 비관적인 예측이나, 이로 인한 격리나 시설 수용과 같은 치료를 거부할 수 있도록 독려하였다. 특히 부모와 가족은 자녀들이 집에서 함께 살고, 그 지역의 학교에 다니며, 성장했을 때에도 지역사회에서 살면서 일할 수 있도록 하는 정책들을 주창하기 시작했다. 이러한 운동은 마침내 정치적 영향력을 얻게 되었으며, 특히 1950년대, 1960년대, 1970년대에 이르러서는 장애인들을 위한 서비스의 외형을 급격하게 바꾸었다. 그러나 이러한 거대한 사회적 진보에도 불구하고, 장애에 대한 재개념화는 이루어지지 않았다. 장애는 여전히 이상하고, 비전형적이며, 병리적인 것으로 여겨지거나, 우리가 '정상' 혹은 전형이라고 생각하는 것들의 바깥에 존재한다고 여겨졌으며, 장애를 그 사람의 성격이나 특성, 조건으로 간주하기도 하였다. 이는 여전히 장애인들을 상처 입거나 질병에 걸린 존재로 인식하는 것이다. 장애에 대한 이러한 이해는 이 시기 동안 유행했던 병약하고 무능하고 핸디캡이 있는 등의 용어처럼 사용되었다. 과학의 진보로 인해 치료에 대한 희망은 크게 향상되었지만, 장애를 이해하는 방식은 그리 크게 변하지 않았다.

그러나 비록 장애에 대한 인식이 답보 상태에 있었음에도 불구하고, 20세기 중반에 시작된 사회적 진보는 계속해서 향상되었다. 개입의 초점이 시설에서 점차 지역사회로 옮겨가고, 미국 장애인법(Americans with Disabilities Act: ADA)과 같이 동등한 권리와 접근을 보장하는 사회 정책이 통과되면서, 보다 많은 장애인이 사회에 등장하게 되었다. 이로 인해, 장애에 대한 새로운 개념이 필요하다는 사실도 분명해졌다. 장애인도 비장애인이 높게 평가하는 성과들을 추구하고 점차 달성해내는 시대가 되면서, 결함에 초점을 맞추던 기존의 장애에 대한 개념은 '장애'가 의미하는 바를 포착하는 데 충분하지 않을 뿐 아니라, 부정확하게 되었다.

20세기 말이 되면서 장애에 대한 전통적인 개념은 장애를 개인 내에 존재하는 것이 아니라 개인의 능력과 그가 살고, 배우며, 일하고, 즐기는 맥락 사이의 상호작용하는 기능으로 보는 관점으로 대체되기 시작했다. 이러한 새로운 개념은 질병과 결함보다는 한 개인의 능력과 기능에 초점을 두는 것이다. 세계 보건 기구의 기능, 장애, 건강에 대한 국제 분류 체계(International Classification of Functioning, Disability and Health: ICF)와 미국 지적 장애 및 발달장애 협회(The American Association on Intellectual and Developmental Disabilities: AAIDD) 1992/2002 분류 체계는 이러한 모형에 부합하는 두 가지 경우다. ICF와 AAIDD의 기본적인 틀은 장애를 개인의 한계와 그 개인이 기능해야 하는 환경적 맥락 사이의 상호작용이 가져오는 결과물로 본다는 점에서 '기능적' 분류 체계다.

이러한 기능적 모델에서는, 지적 장애가 개인이 지니고 있거나 개인의 특성과 같은 것이 아니라, 환경과 지원이라는 맥락 내에서 반드시 고려되어야 하는 적응 기술과 능력의 한계라는 기능 상태를 의미하는 것으로 여겨진다. 1992년 지적 장애를 재개념 화하기 위한 제안서에서 Luckasson 등(1992)은 지적 장애란 '이 러한 상호작용의 결과에 국한되는(only) 장애' (p. 11)라고 말하고 있다. 다시 말해, 지적 장애란 기능적 한계와 사회적 맥락, 즉 이 경우에는 장애를 지닌 사람들이 살고, 배우며, 일하고, 즐기는 지 역사회나 환경의 상호작용의 결과일 뿐이라는 것이다.

장애(disability)를 개인의 기능적 한계와 환경 간의 상호작용이 라는 함수로 정의함에 따라, '문제'의 초점은 개인 내의 결함으 로부터 개인의 기능과 환경 간의 관계로 이동하게 되었고, 이후 에는 개인의 기능을 해결하기 위한 방법도 그 환경 내의 지원을 확인하고 계획하는 것으로 변화되었다. 지원이란 '장애가 있거 나 없는 사람들의 복지와 권익을 증진시키는 자원과 전략이며, 이는 통합된 환경에 내재한 다른 자원, 정보, 관계에 접근하도록 한다. 그 결과 그들의 상호의존성, 생산성, 지역사회로의 통합, 만족감이 증가하게 된다.' (p. 101)

장애에 대한 이러한 개념의 변화가 장애를 지닌 사람들에 대한 인식과 기대의 변화에 미치는 영향력은 상당하다. 이렇게 장애 를 기능과 강점을 기반으로 이해하게 되면, 개인의 결함이나 손 상보다는 성공적으로 기능하는 데 필요한 지원과 개인의 강점을 고려하게 된다. 이러한 장애에 대한 기능적 모델로의 전환이 주 는 영향력은 이론과 치료 분야 모두에서 발견되고 있다. 예를 들 어, AAIDD는 한 개인이 지역사회에서 독립적으로 기능하는 데 필요한 지원의 수준을 수량화하기 위해 지원요구 강도 척도

(Supports Intensity Scale; Thompson et al., 2003)를 출판하였다. 장애 서비스를 제공하는 중앙 정부 및 주 정부도 예산과 서비스의 적절성을 판단하기 위해 이 척도를 사용하는 경우가 점차 많아지고 있다. 바꾸어 말하면, 이제 정부에서도 서비스의 적절성을 결정하기 위해 IQ나 적응 행동과 같은 개인의 무능력을 나타내는 지표에 기반을 두기보다는 지원 요구에 대한 측정치를 채택하고 있는 것이다.

권한 부여, 독립적인 생활 및 자기결정력

장애에 대한 변화된 인식, 사회정책과 현장에서의 변화된 양상, 그리고 지역 공동체로의 완전한 통합을 강조하는 장애인 주도의 시민운동의 증가는 결과적으로 장애 분야의 재개념화를 이루었다. 장애 분야는 더 이상 의학 모델이 주도하는 것이 아니라, 권한 부여 모델로 이동하고 있다. 권한 부여(empowerment)란 일반적으로 '사람들이 자신의 삶을 통제할 가능성을 강화하는' 활동을 지칭하는 용어로 사용되어 왔다(Rapapport, 1981, p. 15). 재활서비스국의 국장이며, 그 자신이 장애인인 Joanne Wilson은 권한 부여란 "의사결정권을 갖고, 정보에 접근할 수 있으며, 의미 있는 선택을 할 권리를 갖고, 권리와 의무에 대한 이해에 기반하여, 자신의 삶의 방향에 대한 통제권, 높은 자존감, 희망을 갖는 것을 의미한다."고 말했다(Wilson, 2004, p. 1).

장애 분야에서 권한 부여 모델이 가지고 있는 한 가지 난제는

'권한 부여' 과정에서 전문가의 역할을 정의하는 것이다. 권한을 부여한다는 말은 힘이나 권한을 주거나, 그러한 것을 가능하도록 하거나 허용한다는 의미다. 이와 관련하여 제기되는 문제는 타인에게 권한을 줄 수 있는 힘을 지닌 사람이 그러한 권한을 철회할 힘도 가지고 있다는 것이다. 힘과 통제력은 기본적으로 수여자에게 속해 있다. 같은 의미로, '허용(permitting)'이라는 행위도 어떤 사람이 다른 사람에게 무엇인가를 하도록 혹은 하지 않도록 하는 권한을 내포하고 있다.

이러한 어려움을 해결하는 방법은 장애인들 스스로 그들의 삶을 관리하고 지휘할 수 있도록 하고, 그 활동의 결과로 더 넓은 범위까지 권한을 부여받도록 노력하는 것이다. 따라서 장애 분야에서의 개입과 지원도 점차 자조, 자기지시, 행동에 대한 자기조절을 강조하고 있다. 이는 장애 분야, 특히 특수교육 분야에서 장애 청소년들의 자기결정력을 향상시키고 증가시키기 위해 교육과 경험, 기회를 부여하는 것을 강조하도록 했으며, 그 결과 윌리엄의 사례와 같이 삶을 사는 것이 아니라 이후 말할 엘렌(Ellen)의 경우처럼 지적 장애를 지닌 청소년도 성취를 이루도록 해주었다.

엘렌 또한 고등학교를 곧 졸업할 예정이다. 그러나 윌리엄과 달리 엘렌은 고등학교 이후의 삶에 대해 기대에 부풀어 있다. 엘렌의 선생님과 부모님은 성인기로의 삶의 이행에 필요한 계획을 세우는 데 엘렌을 적극적으로 참여시켰다. 선생님은 그녀가 다양한 직업을 탐색하도록 지원했으며, IEP에 그녀의 선호와 관심사를 반영하도록 했다. 엘렌은 IEP회의에서 매우 중요한 역할을 담당했는데, 그녀는 고등학교 이후의 삶에 대한 자신의 바람을

팀원들과 공유했다. 그녀의 IEP팀은 고등학교에서의 교육 목표
를 세울 때에도 이러한 바람을 활용하였다. 예를 들어, 엘렌은 졸
업 이후에 친구와 아파트에 살고 싶어 했다. 그러나 엘렌과 친구
들은 많은 논의를 한 끝에 당분간은 돈을 모으고, 그 지역에 있는
여러 아파트를 살펴본 다음, 아파트 생활에 필요한 여러 가지 기
술들, 가령 예산을 짜고 수표에 이서하고, 안전하게 요리하는 방
법 등을 배우기 위해서 최소 일 년간은 더 기다리기로 결정했다.
엘렌이 적어도 1년 동안은 집에 머물기로 결정했기 때문에, 부모
는 그녀가 스스로를 성인으로 더 잘 느끼도록 지원하기 위해 졸
업 선물로 그녀의 방을 리모델링해줄 예정이다. 엘렌은 벽을 새
로 칠하기 위해 페인트 가게에 가서 자신이 가장 좋아하는 하늘
색을 골랐고, 친구 도로시와 함께 수표장과 계산기를 보관할 새
책상과 다른 가구들을 골랐다. 최근 엘렌의 부모님은 그녀의 첫
번째 예금 계좌를 개설하기 위해 그녀를 은행에 데리고 갔다. 은
행에 가기 전에, 엘렌은 아버지와 함께 다양한 계좌에 대한 일련
의 질문 목록을 작성했으며, 이러한 목록을 활용하여 다양한 계
좌에 대해 익혔다. 그녀는 아버지와 의논하면서 자신에게 가장
적합한 계좌가 무엇인지 결정하였고, 은행 직원에게 이 내용을
전달한 후 일련의 서류를 작성했으며, 수표의 배경 패턴도 선택
했다. 엘렌은 마치 성인이 된 것처럼 느꼈다.

엘렌은 또한 동물을 매우 좋아한다. 그녀의 선생님은 고등학
교의 마지막 1년 동안 지역 동물 병원에서 현장 체험을 할 수 있
도록 도와주었다. 엘렌은 졸업 후에도 이 동물 병원에서 파트 타
임으로 일하기 위해 지원을 했으며 다음 주에 면접을 볼 예정이

다. 엘렌은 만약을 위해 마을 건너에 있는 또 다른 동물 병원에도
지원을 했다. 엘렌과 선생님은 그녀가 인터뷰에서 받게 될 질문
들과 그 질문에 대한 최상의 답을 생각해내기 위해 함께 작업했
다. 엘렌은 낯선 사람과 이야기할 때 가끔씩 긴장하곤 했는데, 무
엇을 말해야 할지를 연습하다 보면 낯선 사람과 이야기할 때에도
차분해질 수 있다는 것을 배우게 되었다. 또한 엘렌은 지역 대학
의 강의도 알아보았는데, 왜냐하면 계속해서 교육을 받는다면
수의사 보조가 될 수 있다고 생각했기 때문이다. 엘렌은 지역 대
학 장애학생부서의 모임에 참석하였고, 입학을 위해 어떤 지원
을 해줄 수 있는지 알아보았다. 가을에는 수업을 한 개 정도 등록
할 계획이다.

또한 엘렌은 대중교통을 이용하는 방법을 배우고 있다. 처음
에는 버스 환승이 다소 혼동스러웠다. 하지만 버스 시간표를 익
혔고, 만약을 위해 버스 번호와 버스 경로를 적은 목록을 가지고
다녔다. 이제는 친구를 만나기 위해 극장으로 가는 버스를 자주
이용한다. 왜냐하면 엘렌에게는 친구와 영화를 보는 것이 토요
일 오후를 보내는 가장 좋은 방법이기 때문이다. 엘렌과 친구는
졸업 이후에도 계속해서 친분을 유지하고 재미있는 일을 함께하
기 위해 이미 계획도 세워놓았다. 엘렌은 면접을 보러 갈 때나 지
역 대학에 수업 들으러 갈 때에도 버스를 이용할 계획이기 때문
에, 자신을 데려다줄 부모님을 기다릴 필요가 없게 되었다. 졸업
에 대해서 생각할 때면, 엘렌은 정말 흥분되었다. 마치 추구할 만
한 수많은 새로운 모험으로 가득 차 있는 것 같았다.

자기결정력이란 무엇인가

심리학적 구성개념인 '자기결정력'의 의미는 철학 사조인 결정주의(determinism)에서 유래한다. 결정주의란, 행동은 선행하는 사건 혹은 자연 법칙에 의해 야기되고, 행동은 또 다른 행동의 발생을 가져온다는 것이다. 따라서 자기결정력이라는 구성개념의 근원적인 의미는, 자기결정적인 사람들은 자신의 삶에서 무언가가 발생하도록 한다는 것이다. 즉, 자기결정력을 지닌 사람들은 자신의 삶에서 어떤 일을 만들어내거나 유발하는 사람들이다. 그들은 타인이나 환경에 의해 행동하는 것이 아니라 그들 자신의 의지, 선호, 선택, 관심에 의거해서 행동한다.

자기결정력을 지닌 사람들은 자신의 삶의 문제를 스스로 해결하고, 목표를 설정하고 추구하며, 자신을 위해 주장하고, 자신의 삶의 질을 전반적으로 향상시키는 방식으로 행동한다. 우리의 연구에서는 자기결정력을 '자신의 삶에서 결정 주체로 행동하면서 삶의 질을 유지하고 향상시키도록 하는 의지적 행동' (Wehmeyer, 2005, p. 117)이라고 정의하였다. '의지적 행동 (volitional action)'과 '결정 주체(causal agent)'라는 개념은 자기결정력이라는 의미가 무엇인지를 이해하는 데 핵심적이다. 의지적으로 행동한다는 것은 자기결정력을 지닌 사람이 자신의 선호와 관심에 따라 행동한다는 것이며, 타인의 기호나 관심, 강압에 따르지 않는다는 것을 의미한다. 하지만 자기결정적이라는 것은 단순히 타인이 원하는 것보다 자신이 원하는 것을 한다는 것, 그 이상의 의미가 있다. 의지(volition)라는 용어는 의도(intention)를 가지고 의식적인(conscious) 선택과 결정을 하는 능력을 발휘하는 것으로 정의된다. 의지적 행동은 사람이 매우 의식적으로 또한 의도를 가지고 행한다는 것을 의미한다. 자기결정적 행동은 즉 각적인 필요를 충족시키거나 단기간의 즐거움을 위한 무모한 행동이 아니라, 자신의 선호와 관심에 기반을 둔 의도적이고 의식적인 행동이며, 자신의 목표를 추구함에 있어서 특정 행동을 선택하고, 결정하고, 주장하며, 자신을 통제하고 조절하는 것이다.

정의의 두 번째 부분은 자기결정적인 사람은 자신의 삶에서 결정 주체라는 것이다. 앞서 언급한 것처럼 자기결정(self-determination)이라는 용어에서 결정(determination)이라는 명사는 인간 행동을 포함한 모든 사건은 어떤 식으로든 원인이 있다(예: 결정된다)는 믿음에서 비롯된 것이다. 확실히 인간이 행동하는 이유는 유전자에서 환경에 이르기까지 다양하지만, 자기결정력(혹은 자기결정주의)이라는 의미는 다른 무엇 혹은 타인이 아닌(예: 타인 결정주의) 자신의 의지로 행동한다는 것을 의미한다. 그러므로 자기결정력은 자신이 결정한 행동을 말한다.

자기결정적인 사람들은 그들 자신의 삶에서 결정 주체다. 형용사 '결정하는(causal)'은 원인과 결과의 상호작용을 나타날 때, 원인을 나타내고 가리킨다. '주체(agent)'라는 용어는 행동하는 사람 혹은 행동할 권한을 지닌 사람을 일컫는 명사다. 자기결정적인 사람은 그들 삶에서 일어나는 일을 만들어낼 수 있는 '권한을 가지고' 행동한다. 하지만 결정 주체는 단순히 행동을 야기한다는 것 이상을 함축하고 있다. 그들 삶에서 무언가가 발생하도록 하는 사람은 특정한 목표 달성이나 변화 창출이라는 결과를 이루겠다는 목적으로 그렇게 행동하는 것이다. 다시 말해, 그들은 의지를 갖고 의도적으로 행동하는 것이다.

사람들은 자기결정력을 신체적으로 도움을 받지 않고 독립적으로 행동하거나 자신의 삶을 '통제하는 것'과 동일하다고 여기는 경우가 많다. 지적 장애인은 어려운 문제를 풀거나 복잡한 결정을 하고 그들의 삶을 보다 의미 있는 방식으로 '통제'하는 데 자주 한계를 보인다. 그럼에도 불구하고, 중요하게 이해해야 할 점은 자기결정적인 사람이 된다는 것이 일을 독립적으로 처리한다는 것만도 아니고, 어떤 결과를 조절하는 힘을 뜻하는 '통제'라는 심리학적 개념과도 동일하지 않다는 점이다(비록, 자기결정적인 사람이 그들의 삶에서 통제력을 더 잘 발휘할 수 있고, 그로 인해 통제권을 넘겨준다는 의미로서 권한 부여라는 개념과 관련된다는 점에 주목함에도 불구하고 말이다.). 그보다도 자기결정적이라는 것은 의지를 가지고 행동하고 자신의 삶에서 결정 주체가 됨으로써 삶에서 무언가를 만들어가는 것이다. 예를 들면, 엘렌은 예금 계좌를 개설할 때, 아버지로부터 많은 지원을 받아 은행에서 받을 질문에 대해 목록을 작성하고 자신에게 적합한 계좌를 최종적으로 선택하였다. 하지만 엘렌은 자신의 삶에서 명백하게 결정 주체로 행동했다. 그녀는 질문을 하는 과정을 완수했고, 그녀에게 적합한 은행 계좌를 선택하는 데 적극적으로 참여했으며, 독립적으로 생활하고자 하는 목표를 이루기 위해 의도적으로 행동한 것이다.

따라서 심리학적 구성개념으로서 자기결정력이란 자기결정적인 행동(타인결정적인 것과는 반대로), 그리고 자신의 의지에 기반을 두고 의지를 다해 행동하는 사람을 의미한다. 의지는 의식적으로 선택하거나 결정을 하고 의도를 가질 수 있는 능력이다. 자기결정적인 행동이란 의지적이고 의도적이며, 자신이 결정한 혹은 자기로부터 기인한 행동이다.

지적 장애 학생들과 자기결정력

1990년대 초반, 지적 장애 학생들의 자기결정력 증진은 특수교육 현장에서 중점 분야가 되었다. 이는 장애를 지닌 모든 학생이 중등 교육에서 성인으로 성공적으로 이행할 수 있도록 교육 목표가 수립되어야 하고 그 목표는 해당 학생의 흥미와 선호를 고려한 요구에 기반을 두어야 한다는 장애인교육법(Individual with Disabilities Education Act)과 같은 연방 교육법이 제정되고, 또한 앞서 논의되었던 장애 분야에서의 변화가 일어남으로써 가능해졌다.

특수교육 현장에서 자기결정력의 중요성

지적 장애를 지닌 청소년이 성인기에 더욱 긍정적인 결과를 성취하기 위해서 자기결정력 증진이 중요하다는 제안에는 두 가지를 가정하고 있다. 한 가지는 장애를 지닌 학생들 모두가 자기결정적 행동과 관련된 기술을 향상시키는 데 많은 지원을 받지 못

한다는 것이고, 다른 하나는 자기결정력과 성인기의 긍정적인 결
과가 서로 관련되어 있다는 것이다. 전자와 관련하여 지적 장애
를 지닌 청소년과 성인이 그렇게 자기결정적이지 않다는 것을 입
증하는 문헌이 점차 늘어나고 있다(Wehmeyer, 2001; Wehmeyer
& Metzler, 1995).

   또한 청소년기에서 성인기로 넘어갈 때 자기결정력과 긍정적인
성과 간의 관련성을 입증하는 연구들이 몇 가지 있다. Wehmeyer
와 Schwartz(1997)는 학습 장애나 지적 장애를 지닌 80명의 학생
들을 대상으로 자기결정력을 측정하고, 고등학교 졸업 1년 후에
성인기에 이뤄낸 성과에 대해서 살펴보았다. 그 결과 자기결정력
이 높은 집단은 자기결정력이 낮은 집단보다 2배 이상 높은 취업
률을 보였고, 평균 소득에 있어서도 더 높은 수준을 보였다.
Wehmeyer와 Palmer(2003)는 인지 장애를 지닌 94명의 학생들을
대상으로 졸업 1년 후와 3년 후의 성인기의 성과에 대해서 2차 추
적 조사를 하였다. 그 결과 졸업 1년 후, 자기결정력이 높은 집단
의 학생은 재학 시 그들이 살던 곳에서 이사를 간 비율이 매우 높
았고, 3년 후에도 여전히 학교와 집이 있던 곳과 다른 곳에 살고
있었으며, 또한 상당한 숫자가 독립적으로 살고 있었다. 취업한
학생의 경우, 자기결정력 지수가 높았던 학생은 휴가, 병가, 건강
보험을 비롯한 직업적인 혜택을 얻는 데 통계적으로 유의미할 뿐
아니라 실제적으로도 의미 있는 향상을 이루어냈다. 이는 자기결
정력이 낮은 집단의 학생에게서는 찾아볼 수 없는 결과였다.

지적 장애 청소년의 자기결정력 증진

지적 장애 학생이 그들의 삶에서 결정 주체로 행동하는 데 필요한 기술을 더 적게 습득한다는 것은 자명하다. 그러나 지적 장애 학생도 높은 수준의 자기결정적 행동을 하는 데 필요한 기술과 지식을 습득할 수 있음을 증명하는 문헌이 증가하고 있다. 지적 장애를 지닌 학생이 인지적 한계로 인해 의사 결정이나 문제 해결과 같은 복잡한 인지 과제를 독립적으로 수행하는 데 한계가 있을지라도, 직접 참여함으로써 자기결정력을 높일 수 있는 부분들이 존재한다. 엘렌의 선생님은 문제 해결과 목표 설정과 같은 기술을 강조했는데, 이를 통해 엘렌은 더 자기결정력이 있는 사람이 될 수 있었다. 엘렌이 은행에서 물어볼 질문의 목록을 작성하고, 동물 병원 인터뷰에 앞서 인터뷰 질문에 대한 답을 준비하며, 버스를 이용할 때 버스 운행표를 복사해서 가지고 다녔던 것을 기억하는가? 이러한 전략 모두는 엘렌이 낯선 상황에서 무엇을 물어보아야 할지 잊어버리고, 낯선 누군가에게 말을 건넬 때 긴장을 하거나, 버스 번호를 잊어버리는 것과 같은 여러 문제에 맞닥뜨렸을 때 이를 해결하기 위해서 엘렌 자신과, 부모님, 그리고 선생님이 함께 개발한 것이다. 엘렌이 고등학교 저학년이던 시절, 엘렌의 선생님은 문제를 확인하고 이를 해결하는 전략을 가르쳤다. 엘렌이 고등학교 1학년이 되고 난 뒤 한 달 동안, 2교시 수업에 계속해서 지각했던 적이 있었다. 선생님은 그녀에게 무엇이 문제인지를 물었고, 엘렌은 1교시 마침종과 2교시 시작

종의 간격이 너무 짧아서 교실을 이동할 시간이 충분하지 않다고
이야기했다. 그러나 선생님은 엘렌에게 실질적인 문제가 무엇인
지 알아내기 위해서는 더 많은 작업이 필요하다고 말했다. 바로
이것이 문제 해결 전략의 1단계다. 처음에, 엘렌은 다소 혼동스
러웠다. 그녀는 문제가 무엇인지를 알고 있다고 생각했고, 그 문
제는 쉬는 시간이 충분하지 않다는 것이었다. 그러나 선생님은
그녀가 지각을 하게 되는 다른 요인을 확인하기 위해 작업을 했
다. 예를 들어 1교시가 끝난 후, 엘렌은 항상 친구의 사물함 앞에
서서 그와 이야기했다. 그러나 엘렌의 수업은 그 건물의 반대쪽
에서 진행되기 때문에, 엘렌은 '잡담'을 하느라 다음 수업을 위
해 이동해야 할 시간을 모두 쓰고 있었다. 실질적인 문제는 엘렌
이 친구와 이야기하고 난 다음 제시간에 수업을 들어가기에는 시
간이 충분치 않다는 것이었다. 이렇게 실질적인 문제가 확인되
자, 선생님은 문제에 대한 해결책을 확인하기 위한 작업을 했다.
이것이 바로 문제 해결 전략의 2단계다. 선생님은 그녀에게 제시
간에 수업에 들어가는 것이 얼마나 중요한지를 설명하면서 친구
와 이야기할 수 있는 다른 시간을 찾아보라고 말했다. 엘렌은 한
참 생각한 후, 항상 그 친구와 5교시 수업에 함께 가니까, 2교시
수업을 들으러 가는 길에는 인사만 하고, 5교시 수업을 들으러
가면서 이야기하면 된다고 말했다. 엘렌은 며칠 동안 이를 시도
해보았고, 결국에는 지각 문제가 해결되었다. 엘렌이 배운 문제
해결 전략의 마지막 단계는, 해결 방법이 제대로 작동하는지를
확인하는 것이다.

　또한 엘렌의 선생님은 이러한 전략을 다른 새로운 상황에도 적

용하도록 도와주었다. 예를 들어, 대중교통을 이용하는 방법을 배울 때, 엘렌은 환승을 해야 하는 상황에서 어떤 버스를 타야 하는지 혼동스러워했다. 엘렌은 정확한 버스 번호, 특히 여러 버스들이 줄지어 있을 때 이를 잘 기억하지 못한다는 점이 문제라고 인식했다. 엘렌은 버스를 잘못 타거나 운전사에게 도움을 요청하기를 싫어하기 때문에 다른 가능한 해결책을 강구해야 했다. 그래서 그녀는 해결책을 찾기 위해 부모님의 도움을 받기로 결정했다. 엘렌은 부모님과 자유롭게 의견을 나눈 후, 행선지가 다른 여러 버스의 목록을 작성하기로 했다(예: 1번 버스는 영화관, 8번 버스는 동물병원, 10번 버스는 집). 엘렌은 이 목록을 지갑에 넣고 다니면서 버스를 갈아탈 때 확인했다. 그러나 처음 몇 번은 여전히 버스를 잘못 타곤 했다. 왜냐하면 그녀는 첫 번째 버스에서 내린 다음 목록을 확인했는데, 그러다 보니 행선지로 가는 정확한 버스를 찾는 데 시간이 충분하지 않았기 때문이다. 그래서 부모님과 다시 의논한 후, 버스에서 내리기 전에 목록을 확인하기로 결정했고, 그 결과 자신이 찾는 번호가 무엇인지를 알고, 그 버스로 정확하게 갈 수 있게 되었다. 이로써 문제는 해결되었다!

　다음 절에서는 지적 장애를 지닌 학생의 자기결정력을 증진하기 위해 사용해온 개입과 방법에 대해 개관하고자 한다.

문제 해결과 의사 결정에의 참여

　문제 해결과 의사 결정은 복잡한 사고 기술을 요구하는 과제다. 그러나 이러한 과제는 각각 더 작은 단계로 나눌 수 있으며,

지적 장애를 지닌 학생(그리고 정상적인 학생)도 각 단계를 독립적으로 수행하기 위한 기술을 배울 수 있고, 이를 통해 앞서 제시한 엘렌의 사례처럼 문제 해결에 대한 참여도 향상시킬 수 있다. 학생들의 의사 결정 과정을 지원하는 데에도 유사한 전략을 활용할 수 있다. 의사 결정은 고려해야 할 선택 사항을 확인하고, 각 선택 사항으로부터 발생할 결과, 그 결과에 결부되는 위험을 평가하며, 각 선택 사항이 개인의 선호, 관심, 요구를 얼마나 충족하는지를 검토하고, 마지막으로 어떠한 선택 사항이 최선인지 판단하는 것과 관련된다. 엘렌처럼 지적 장애를 지닌 학생은 역할 모델이나 다른 전략을 통해서 선택 사항을 생각해내는 과정에서 도움을 받을 수 있고, 개인적인 경험과 교육을 통해서는 각 선택 사항과 관련된 결과에 대한 지식을 발전시킬 수 있다. 모든 사람은 선호를 가지고 있으며, 그러한 사람들은 결정해야 할 선택 사항과 개인의 선호를 비교하는 일련의 과정에 더 잘 참여할 수 있다. 마지막으로, 의사 결정 과정은 선택을 하는 것으로 마무리가 되며, 지적 장애를 지닌 청소년 역시 그러한 과정에 잘 참여할 수 있다.

자기주도 학습 혹은 자기관리 전략

자기조절 학습 또는 자기관리 전략이라 불리는 학생 주도 학습 전략은 학생들이 직접 자신의 행동을 교정하고, 조절하도록 가르치는 것과 관련된다. 그 전략은 학생들이 자신의 행동을 조절하는 데 도움을 주며, 학습에서 적극적인 참여자가 되도록 한

다. 지적 장애를 지닌 학생도 자기주도 학습 전략을 배우고 활용
함으로써 그들의 독립성을 증진시키고, 학업과 과제 수행 능력
을 향상시킬 수 있음을 보여주는 많은 연구 증거가 있다(Agran,
1997; Agran, King-Sears, Wehmeyer, & Copeland, 2003). 이러한
전략에는 다양한 것이 있지만, 주요 전략으로는 다음의 내용이
포함된다.

- 선행 단서 조절(Antecedent cue regulation): 일련의 그림이나
  시청각적 단서를 따라 함으로써 과제를 독립적으로 수행하
  는 법 가르치기
- 자기지시: 과제 수행에 앞서 과제와 관련된 구체적인 사항을
  큰 소리로 말하는 법 가르치기
- 자기감찰: 학생들의 목표 행동과 행동 수행 과정을 관찰하고
  기록하는 법 가르치기
- 자기평가: 학생들이 원했던 목표와 자기감찰 행동을 비교하
  는 법 가르치기
- 자기강화: 과제를 성공적으로 완수한 후, 스스로를 강화하는
  법 가르치기

이러한 전략은 일반적으로 결합하여 사용한다. 예를 들면, 엘
렌은 '한 것은-다음은-지금은(did-next-now)' 이라 불리는 단순
한 자기지시 전략을 통해, 동물병원에서 과제를 보다 독립적으
로 수행하는 방법을 배웠다. 엘렌은 검사실 청소와 같이 복잡한
단계로 이루어진 과제를 수행하는 데 어려움을 겪곤 했다. 그러

나 '한 것은-다음은-지금은(did-next-now)'이라는 전략을 통해서 그녀는 첫째, 방금 어떤 단계를 완수했는지를 말하고(나는 검사실 탁자를 닦았다), 둘째, 다음에 어떤 단계를 완수해야 하는지를 말하며(다음으로, 나는 바닥을 청소해야 한다), 셋째, 스스로 그 반응을 수행하도록 지시하는 법(지금 시작하는 것이 좋겠다!)을 배웠다. 그리고 과제가 끝난 후에 엘렌은 깨끗한 검사실 사진 옆에 있는 그래프 용지에 확인 표시를 했다(자기감찰). 청소해야 할 검사실이 5개 있기 때문에, 엘렌은 5번의 확인이 필요하다는 것도 알고 있었다.

학생들이 자기관리 전략을 결합하여 사용하는 방법은 무수히 많다. 예를 들어, 학생이 자기지시를 적절하게 할 수 없다면, 이전 단계에서 일련의 그림을 보여줌으로써(선행 단서 조절) 과제를 수행하는 법을 가르칠 수 있다(Agran et al., 2003). 또한 지적 장애 학생의 독립성과 자기조절 학습을 증진시키기 위해 여러 과학 기술이 갖고 있는 이점을 고려하는 것도 중요하다. 휴대용 개인 컴퓨터처럼 쉽게 활용할 수 있는 장치는 과제 수행에 있어서 타인에 대한 의존을 감소시키고 독립적인 수행 능력을 촉진시키기 때문에 자기결정력을 강화하는 데 활용되고 있다(Wehmeyer, Smith, Palmer, Davies, & Stock, 2004). 예를 들면, 엘렌은 과제의 각 단계를 상세히 설명하는 그림을 휴대용 컴퓨터에 입력시켰고, 과제를 자기주도적으로 수행하는 데 이를 활용할 수 있었다.

교육/재활 목표 설정 및 계획에의 참여

자기결정 행동은 목표지향적이다. 지적 장애를 지닌 학생들도 목표 설정 과정에 참여할 수 있고, 또한 참여해야만 한다. 목표 설정 기술을 증진시키는 과정은 학생들이 다음의 내용을 학습하도록 함께 작업하는 것을 포함한다. (1) 목표를 분명하고 구체적으로 정의하고 확인하기, (2) 목표를 달성하기 위한 일련의 과제와 작은 목표를 개발하기, (3) 희망했던 결과를 성취하기 위해 필요한 행동을 상세히 기술하기. 각 단계에서, 학생들은 어떤 목표를 추구하고자 하는지, 그 목표를 달성하기 위해 어떤 행동을 취해야 하는지를 결정하고 선택해야 한다. 엘렌의 선생님이 그녀의 졸업 이후의 삶을 위해 목표 설정 과정에 그녀를 참여시켰던 것과 같이, 목표 설정 활동은 교육을 계획하는 활동뿐만 아니라 다양한 교육 영역과 활동 안에 쉽게 통합될 수 있다.

어떤 연구에서는 지적 장애 학생이 의미 있고 달성 가능한 목표를 이루기 위해 따라야 할 몇 가지 전략을 제시하고 있다. 첫째, 목표는 도전적이어야 한다. 만일 목표가 너무 쉽다면, 이를 달성하고자 하는 동기가 생기지 않을 뿐 아니라, 설사 목표를 달성했더라도 그에 따른 성취감이 없기 때문이다. 둘째, 학생 스스로 자신의 목표를 설정하는 것이 바람직하다. 그러나 만일 이것이 가능하지 않거나 교사가 목표를 설정해주어야 한다면, 학생의 선호와 관심을 목표에 통합하여 해당 목표를 달성하기 위한 동기를 높여야만 한다.

자기결정력을 증진하기 위한 교육 모형

자기결정적 학습 교육 모형(The Self-Determined Learning Model of Instruction: SDLMI)(Wehmeyer, Palmer Agran, Mithaug, & Martin, 2000)은 자기결정력의 구성 요소와 자기조절적 문제 해결 과정, 그리고 학생 주도 학습에 대한 연구에 기반한 교육 모형이다. 이 모형은 그림 5.1, 5.2, 5.3에 제시된 3단계의 교육 과정을 통해 실행될 수 있다. 각 교육 단계에는 학생이 해결해야 할 문제가 제시되어 있다. 이 문제는 각 단계마다 제시되는 4개의 학생 질문, 즉 학생들이 자신의 목표를 설정하기 위해 배우고 수정하며 자신이 선택한 목표를 달성하기 위해 적용해야 할 일련의 질문을 학생이 직접 제기하고 답함으로써 해결될 수 있다. 또한 각 질문은 교사의 목표와 연계되어 있다. 각 교육 단계에는 학생이 자기주도 학습을 하는 데 교사가 사용할 수 있는 일련의 교육적 지원도 포함되어 있다. 비록 최종적인 행동이 교사의 주도로 행해질 때에도, 각 교육 단계에서 학생은 행동을 하는 주요한 주체다.

이 모형에서 학생 질문은 각 교육 단계에서 제시된 문제 해결 과정을 통해 학생을 지도하기 위한 것이다. 이 일련의 질문에 답하기 위해서는, 학생들이 요구를 충족시킬 수 있는 목표를 설정하고, 그 목표를 달성하기 위한 계획을 개발하며, 그 계획을 실행하고 완수하기 위해 적합한 행동을 함으로써, 그들의 문제 해결 능력을 조절할 수 있어야 한다.

그러한 이유로 각 교육 단계에는 학생이 반드시 해결해야 할과제들이 제시되는데(나의 목표는 무엇인가? 나의 계획은 무엇인가?

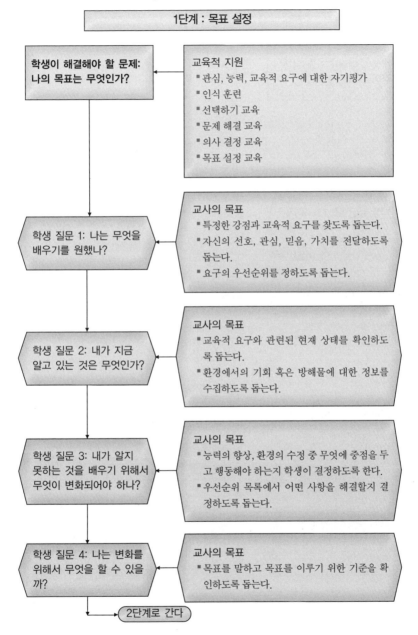

1단계 : 목표 설정

학생이 해결해야 할 문제:
나의 목표는 무엇인가?

교육적 지원
- 관심, 능력, 교육적 요구에 대한 자기평가
- 인식 훈련
- 선택하기 교육
- 문제 해결 교육
- 의사 결정 교육
- 목표 설정 교육

학생 질문 1: 나는 무엇을
배우기를 원했나?

교사의 목표
- 특정한 강점과 교육적 요구를 찾도록 돕는다.
- 자신의 선호, 관심, 믿음, 가치를 전달하도록 돕는다.
- 요구의 우선순위를 정하도록 돕는다.

학생 질문 2: 내가 지금
알고 있는 것은 무엇인가?

교사의 목표
- 교육적 요구와 관련된 현재 상태를 확인하도록 돕는다.
- 환경에서의 기회 혹은 방해물에 대한 정보를 수집하도록 돕는다.

학생 질문 3: 내가 알지
못하는 것을 배우기 위해서
무엇이 변화되어야 하나?

교사의 목표
- 능력의 향상, 환경의 수정 중 무엇에 중점을 두고 행동해야 하는지 학생이 결정하도록 한다.
- 우선순위 목록에서 어떤 사항을 해결할지 결정하도록 돕는다.

학생 질문 4: 나는 변화를
위해서 무엇을 할 수 있을
까?

교사의 목표
- 목표를 말하고 목표를 이루기 위한 기준을 확인하도록 돕는다.

2단계로 간다

|그림 5.1| 자기결정적 학습 교육 모형의 1단계(Wehmeyer, Agran, & Hughes, 1998)

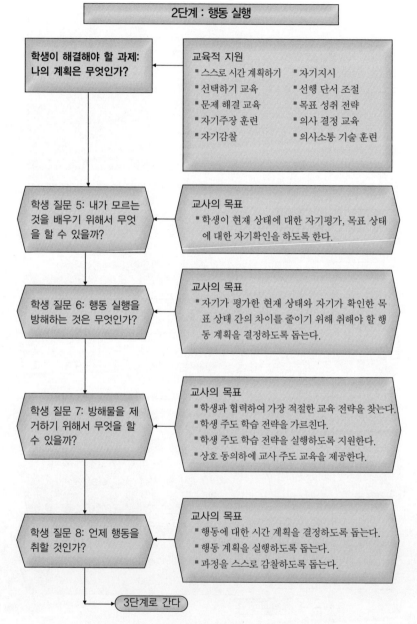

2단계 : 행동 실행

**학생이 해결해야 할 과제:
나의 계획은 무엇인가?**

교육적 지원
- 스스로 시간 계획하기
- 선택하기 교육
- 문제 해결 교육
- 자기주장 훈련
- 자기감찰
- 자기지시
- 선행 단서 조절
- 목표 성취 전략
- 의사 결정 교육
- 의사소통 기술 훈련

학생 질문 5: 내가 모르는 것을 배우기 위해서 무엇을 할 수 있을까?

교사의 목표
- 학생이 현재 상태에 대한 자기평가, 목표 상태에 대한 자기확인을 하도록 한다.

학생 질문 6: 행동 실행을 방해하는 것은 무엇인가?

교사의 목표
- 자기가 평가한 현재 상태와 자기가 확인한 목표 상태 간의 차이를 줄이기 위해 취해야 할 행동 계획을 결정하도록 돕는다.

학생 질문 7: 방해물을 제거하기 위해서 무엇을 할 수 있을까?

교사의 목표
- 학생과 협력하여 가장 적절한 교육 전략을 찾는다.
- 학생 주도 학습 전략을 가르친다.
- 학생 주도 학습 전략을 실행하도록 지원한다.
- 상호 동의하에 교사 주도 교육을 제공한다.

학생 질문 8: 언제 행동을 취할 것인가?

교사의 목표
- 행동에 대한 시간 계획을 결정하도록 돕는다.
- 행동 계획을 실행하도록 돕는다.
- 과정을 스스로 감찰하도록 돕는다.

3단계로 간다

|그림 5.2| 자기결정적 학습 교육 모형의 2단계(Wehmeyer, Agran, & Hughes, 1998)

3단계 : 목표 혹은 계획의 수정

학생이 해결해야 할 과제: 나는 무엇을 배웠는가?

교육적 지원
- 자기평가 전략
- 목표 설정 교육
- 의사 결정 교육
- 자기기록 전략
- 선택하기 교육
- 문제 해결 교육
- 자기강화 전략
- 자기감찰

학생 질문 9: 나는 어떤 행동을 취했는가?

교사의 목표
- 목표 성취에서 어느 정도 진전을 이루었는지 스스로 평가하도록 한다.

학생 질문 10: 어떤 장애물이 제거되었는가?

교사의 목표
- 학생과 협력하여 원했던 결과와 진척 상황을 비교한다.

학생 질문 11: 내가 알지 못했던 것이 어떻게 변했는가?

교사의 목표
- 진전이 충분하지 않다면 목표를 재평가하도록 지원한다.
- 목표를 유지할지 혹은 변경할지를 결정하도록 돕는다.
- 학생과 협력하여 수정되거나 유지된 목표에 비추어 행동 계획이 적절한지의 여부를 확인하도록 돕는다.
- 필요한 경우 행동 계획을 수정하도록 돕는다.

학생 질문 12: 내가 알고 싶었던 것을 알고 있는가?

교사의 목표
- 진행이 적절한지의 여부, 목표가 성취되었는지의 여부를 확인하도록 돕는다.

|그림 5.3| 자기결정적 학습 교육 모형의 3단계(Wehmeyer, Agran, & Hughes, 1998)

나는 무엇을 배웠는가?), 이 과제들은 각 단계의 질문이 제기하는 일련의 문제에 답함으로써 해결될 수 있다.

각 단계에서 제시되는 4개의 질문은 서로 상이해 보이지만, 문제 해결 과정에서는 동일한 단계를 나타낸다. (1) 문제 확인하기, (2) 문제에 대한 가능한 해결책 확인하기, (3) 문제 해결의 장애물 확인하기, (4) 각 해결책의 결과 확인하기. 이러한 단계는 모든 문제 해결 과정에서 가장 기본이 되는 절차다. 또한 이는 각 교육 단계의 학생 질문이 나타내는 문제 해결의 과정을 형성하며, 학생들이 각 교육 단계에 제시된 과제를 해결하도록 돕는다. 각 단계에서 제시된 과제가 해결되면, 다음 단계의 문제 해결 과정으로 연결된다. 학생 질문은 비교적 단순한 구조인 1인칭으로 기술되는데, 그 이유는 해당 질문을 교사와 학생 간의 토론을 위한 출발점으로 사용하기 위해서다. 어떤 학생은 12개 질문 모두를 쓰인 대로 배우고 사용할 수 있지만, 일부 학생의 경우에는 질문을 수정해서 더 잘 이해하도록 할 필요도 있다. 또한 일부 학생은 교육에 대한 욕구가 강하기 때문에 교사에게 질문을 바꾸어달라고 말하기도 한다.

이 모형에서 교사의 목표란, 교사가 이 모형을 실행함으로써 달성하고자 하는 목표, 바로 그것이다. 각 교육 단계마다 그 목표는 학생 질문과 직접적으로 연계되어 있다. 이 목표는 모형의 교육적 지원 부분에 제시된 전략을 활용함으로써 달성될 수 있다. 이 모형에서는 학생 주도의 교육적 지원을 강조하는데, 이는 학생들이 스스로 학습하게 하는 또 다른 수단을 제공하기 때문이다. 그러나 이것이 아무리 중요하다 할지라도, 실시된 모든 교육 전략이 반드시 학생 주도적일 수는 없다. 때로는 교사가 주도하는 전략이 특정한 교육적 성과를 얻어내기 위한 최상의 교육 방법과 전략이 되는 상황도 존재하기 때문이다. 자신이 선택한 목표를 달성하기 위해서 어떤 행동 계획을 실행해야 하는지를 고민하는 학생들은 교사가 교육 전략에서 상당한 전문성이 있으며 그 전문성을 충분히 활용할 수 있다는 것을 잘 인식하고 있다.

　Wehmeyer 등(2000)은 특수교육 서비스를 받고 있는 청소년들의 교육을 책임지는 21명의 교사를 대상으로 SDLMI에 대한 현장 평가를 실시했다. 2개 주(州)에 걸친 이 연구에는 지적 장애와 그 밖의 다른 장애가 있는 총 40여 명의 학생이 포함되었다. 현장 평가 결과, 이 모형은 학생이 교육적으로 가치 있는 목표를 달성하도록 하는 데 매우 효과적인 것으로 나타났다. 또한 자기결정력에서 사전 점수와 사후 점수 간에 유의미한 차이가 있었는데, 즉 사후 점수가 사전 점수보다 더 높았다. Agran, Blanchard와 Wehmeyer(2000)는 지적 장애 청소년에 대한 SDLMI의 효과를 검증하기 위해서 단일 피험자 설계를 사용하여 연구를 수행했다. 학생들은 모형의 1단계로 교사와 협력하여 한 가지 목표를 표적 행동으로 설정하였다. 모형의 2단계를 실행하기에 앞서, 교사와 연구자는 학생들이 SDLMI를 배우기 이전의 목표 수행에 대한 기저선 자료를 수집했다. 기저선 자료를 수집하고 일정한 시간이 흐른 후, 교사는 학생들과 함께 이 모형을 활용하기 시작했다. 그리고 자료 수집은 교육 활동이 종료되어 유지 단계에 이를 때까지 지속적으로 이루어졌다. 앞선 경우와 마찬가지로, 이 모형은 교사가 학생들에게 교육적으로 가치 있는 목표를 가르칠 수

있게 해주었다. 총 17명의 참가자가 교사의 예상보다 높은 수준
에서, 혹은 그와 같은 수준에서 개인적 목표를 달성했고, 단 2명
의 학생만이 목표와 관련해서 아무런 진전을 보이지 않았다.

결 론

이 나라의 모든 학교에서는, 그들이 받은 교육과는 상관없
이 소수의 아이들만이 성공을 이룬다. 교사는 이러한 학생들
을 조기에 발견할 수 있는데, 왜냐하면 그들은 삶의 목표를 가
지고 있기 때문이다. 그들은 자신이 무엇을 좋아하고, 무엇을
할 수 있는지, 그리고 무엇을 원하고, 그것을 얻기 위해 어떻게
해야 하는지를 알고 있다. 그들은 자기결정적이다(Mithaug,
1991, p. 1).

그들에게 주어진 것과는 상관없이 일부의 학생만이 성공한다
는 Mithaug의 발견은 지적 장애를 지닌 학생과는 전혀 관련이 없
는 것이라고 생각되어왔지만, 현재는 연구와 현장 모두에서 그
렇지 않음이 입증되고 있다. 지적 장애 학생의 자기결정력을 증
진하는 것은 학생이 자신의 삶의 결정 주체, 즉 Mithaug가 기술
한 것처럼 목표가 있고 그 목표를 달성하기 위한 기술이 있는 사
람이 되도록 하는 잠재력을 가지고 있다. 연구와 현장 모두에서
장애에 대한 이해가 강점에 기반을 둔 방향, 즉 장애를 지닌 학생
이 무엇을 할 수 있는지, 그들이 지역사회에서 성공하기 위해 필

요한 지원이 무엇인지에 초점을 맞추는 방향으로 이동하고 있다. 그럼으로써 엘렌처럼 자신의 삶에서 적극적인 역할을 수행하도록 권한을 부여받은 자기결정적인 개인은 점점 더 많아질 것이고, 윌리엄처럼 타인에게 의존적이고 그들이 원하고 필요로 하는 것을 어떻게 얻어야 하는지 확신하지 못하고 두려워하는 이들은 점점 줄어들 것이다.

| 개인적인 작은 실험들 |

자기결정력과 지적 장애를 지닌 사람에 대해 생각해보기

이 장에서 우리는 지적 장애를 지닌 학생의 자기결정력에 대해서 논의하였다. 이제, 우리는 당신이 지적 장애를 가진 사람들, 그리고 자기결정적인 존재가 되기 위한 그들의 능력에 대해서 당신이 가지고 있던 인식뿐만 아니라 당신의 삶에서 자기결정력이 어떠한 역할을 하고 있는지 생각해보기를 권한다.

자기결정력에 대해 생각해보기   이 장에서 자기결정력을 어떻게 정의했는지 되새겨보라. 당신은 당신의 삶에서 결정 주체로 행동하고 있는가? 당신이 원하고 필요로 하는 것을 얻기 위해 자기결정적인 행동을 활용한 다양한 방법에 대해서 목록을 만들어보라. 자기결정력과 관련된 기술들(예: 목표 설정, 문제 해결, 의사 결정) 중 어떤 것이 당신의 강점인가? 당신이 원하고 필요로 하는 것을 얻기 위해서 이러한 기술은 얼마나 중요한가?

지적 장애를 지닌 사람에 대해 생각해보기   고정관념은 장애를 지닌 사람의 삶에 부정적인 영향을 미친다. 당신의 지역사회에는 장애에 대한 어떤 고정관념이 있는가? 그러한 고정관념에 대해서, 그리고 이러한 고정관념이 당신의 지역사회에 살고 있는 지적 장애인의 삶에 어떤 영향을 미치는지 생각해보고, 목록을 만들어보아라. 그러고 나서, 장애에 대한 당신의 인식에 대해서도 생각해보아라. 이 장에서 어떤 부분이 당신을 놀라게 했는가? 이 장의 사례를 통해 지적 장애를 지닌 사람이 얼마나 더 자기결정적이 될 수 있는지를 알게 되면서, 지적 장애를 지닌 사람에 대한 당신의 생각이 어떻게 변화되었는가?

자기결정력의 중요성을 이해하기   이전 활동에서 열거한 고정관념을 당신이 경험하고 있다고 가정해보자. 그리고 첫 번째 활동에서 당신이 만들어낸 기술의 목록으로 돌아가보자. 이러한 고정관념의 대상이 된다는 것이 앞서 작성한 기술을 개발하고 사용하는 데 어떤 영향을 미친다고 생각하는가? 당신의 경험은 엘렌과 윌리엄 중 누구와 더 유사한가? 이러한 부정적 편견에 맞서고, 보다 많은 학생이 엘렌과 같은 경험을 하도록 지원하는 실제적인 아이디어를 만들어보라. 당신은 개인적으로 무엇을 할 수 있고, 사회는 무엇을 할 수 있는가? 당신의 아이디어와 그 아이디어가 어떻게 실행될 수 있는지, 친구들이나 가족과 이야기를 해보자.

> 참고문헌

Agran, M. (1997). *Student-directed learning: Teaching self-determination skills.* Pacific Grove, CA: Brooks/Cole.

Agran, M., Blanchard, C., & Wehmeyer, M. L. (2000). Promoting transition goals and self-determination through student self-directed learning: The Self-Determined Learning Model of Instruction. *Education and Training in Mental Retardation and Developmental Disabilities, 35,* 351-364.

Agran, M., King-Sears, M., Wehmeyer, M. L., & Copeland, S. R. (2003). *Teachers' guides to inclusive practices: Student-directed learning strategies.* Baltimore: Paul H. Brookes.

Driedger, D. (1989). *The last civil rights movement: Disabled Peoples' International.* New York: St. Martins Press.

Luckasson, R., Coulter, D. L., Polloway, E. A., Reiss, S., Schalock, R. L., Snell, M. E., et al. (1992). *Mental retardation: Definition, classification, and systems of supports* (9th ed.). Washington, DC: American Association on Mental Retardation.

Mithaug, D. E. (1991). *Self-determined kids: Raising satisfied and successful children.* Lexington, MA: Lexington Books.

Rappaport, J. (1981). In praise of a paradox: A social policy of empowerment over prevention. *American Journal of Community Psychology, 9,* 1-25.

Shapiro, J. P. (1993). *No pity: People with disabilities forging a new civil rights movement.* New York: Random House.

Shogren, K. A., Wehmeyer, M. L., Buchanan, C. L., & Lopez, S. J. (2006). The application of positive psychology and self-determination to research in intellectual disabilties: A content analysis of 30 years of literature. *Research and Practice for Persons with Severe Disabilities, 31,* 338-345.

Thompson, J. R., Bryant, B., Campbell, E. M., Craig, E. M., Hughes, C., Rotholz, D., et al. (2003). *Supports Intensity Scale: Standardi zation and users manual.* Washington, DC: American Association on Mental Retardation.

Wehmeyer, M. L. (2001). Self-determination and mental retardation. In L. M. Glidden (Ed.), *International review of research in mental retardation* (Vol. 24, pp. 1-48). San Diego, CA: Academic Press.

Wehmeyer, M. L. (2005). Self-determination and individuals with severe disabilities: Reexamining meanings and misinterpretations. *Research and practice in Severe Disabilities, 30,* 113-120.

Wehmeyer, M. L., & Metzler, C. A. (1995). How self-determined are people with mental retardation? The National Consumer Survey. *Mental Retardation, 33,* 111-119.

Wehmeyer, M. L., & Palmer, S. B. (2003). Adult outcomes for students with cognitive disabilities three years after high school: The impact of self-determination. *Education and Training in Developmental Disabilities, 38,* 131-144.

Wehmeyer, M. L., Palmer, S. B., Agran, M., Mithaug, D. E., & Martin, J. (2000). Teaching students to become causal agents in their lives: The self-determining learning model of instruction. *Exceptional Children, 66,* 439-453.

Wehmeyer, M. L., & Schwartz, M. (1997). Self-determination and positive adult outcomes: A follow-up study of youth with mental retardation or learning disabilities. *Exceptional Children, 63,* 245-255.

Wehmeyer, M. L., Smith, S. J., Palmer, S. B., Davies, D. K., & Stock, S. (2004). Technology use and people with mental retardation. In L. M. Glidden (Ed.), *International review of research in mental retardation* (Vol. 29, pp. 293-337). San Diego, CA: Academic Press.

Wilson, J. (2004). Our commitment to the empowerment of individuals with disabilities. *American Rehabilitation, 28,* 1.

6

고정관념 위협 극복하기

• Joshua Aronson과 Leoandra Rogers

고정관념 위협 극복하기

Joshua Aronson과 Leoandra Rogers

고정관념 위협 이해하기

고정관념 위협(stereotype threat)이란 개인과 관련된 고정관념이 그들의 사회적 정체성이나 자존감을 위협할 때 경험하게 되는 불안이다. Claude Steele과 Joshua Aronson은 1995년에 해당 용어를 만들면서, 이 현상이 학업이나 여러 표준화된 검사에서의 집단차를 설명하는 데 유용하다고 제안했다. 그보다 먼저, Steele(1992)은 영향력 있는 잡지 기사에서 흑인 학생들의 학업 성취를 저해하는 요인들 중 일부는 인종적으로 열등하다는 낙인이라고 주장했다. Steele과 Aronson(1995)의 고정관념 위협 연구에서는 일련의 실험 연구를 통해 이러한 추론을 검증했다.

고정관념 위협은 사람들이 집단의 고정관념과 관련된 부정적인 문화적 이미지에 부합되게 행동하면서, 그로 인해 그 고정관넘이 자신과 타인 모두에게 자신의 특성으로 여겨지는 것을 두려워한다는 생각에 근거한다. 이러한 무의식적 공포는 대개 불안과 다른 비생산적인 반응을 유발함으로써 사람들의 사고와 평가 상황에서의 수행을 심각하게 방해할 수 있다. 이 이론에서는 사람들이 고정관념에 의해 실제로 위협을 받는다고 믿을 필요는 없지만, 고정관념이 존재한다는 사실과 그 고정관념의 대상이 되는 집단의 한 구성원으로서 다른 사람들의 평가가 고정관념에 의해 영향을 받는다는 사실은 인식할 필요가 있다고 주장한다. 또한 고정관념 위협이 모든 사람에게 동일한 방식으로 영향을 미치지는 않는다는 것을 아는 것이 중요하다. 사람들은 잠재적인 위협 상황에 상당히 다르게 반응하는데, 이러한 반응은 지속적인 개인차와 그 상황에서 발생하고 채택하는 일시적인 태도의 함수이기 때문이다.

Steele과 Aronson의 연구에서는 표준화된 언어 검사의 수행에 대한 일련의 사회 심리학 실험을 통해 아프리카계 미국인 대학생을 대상으로 고정관념 위협 가설을 검증하였다. 지능 검사는 평가적 특성상 흑인들이 지적으로 열등하다는 오래된 고정관념과 관련되기 때문에, 고정관념 위협을 연구하는 데 지능검사는 최고의 맥락이 되며, 대부분의 고정관념 위협 연구는 이러한 전통을 따라왔다. 아프리카계 미국인과 백인 대학생에게 대학원 입학 자격시험의 언어 영역 중 어려운 문제를 제시하였다. 참가자들 중 절반에게는 검사 목적이 지적 능력을 측정하기 위한 것이라고 알려주었고, 나머지 참가자들에게는 이 검사가 평가되지 않는 단순한 실험 실습이라고 알려주었다. 그 상황과 관련된 다른 모든 것, 가령 검사 문항과 검사실, 실험자 등은 두 집단 모두 동일하였다. 결과는 충격적이었다. 해당 검사가 그들의 능력을 측정한다고 믿었던 흑인 학생들은 비평가적인 집단의 흑인 학생들보다 유의하게 더 낮은 수행을 나타냈다. 반면, 백인 학생들에게는 검사 설명 방식에서의 차이가 어떤 유의한 영향도 미치지 않았다. 다시 말해, 백인 학생들은 두 상황 모두에서 동등하게 좋은 수행을 보였다. 이러한 결과는 추가 연구에서도 재검증되었는데, 능력을 측정하는 것이 아니라고 제시한 검사를 수행하기에 앞서, 참가자들 중 절반에게 질문지에 인종을 기입하도록 지시했다. 인종을 명시하도록 지시받은 아프리카계 미국인들은 다른 모든 참여자보다 더 낮은 수행을 보인 반면, 백인 참가자들은 인종 명시에 따른 차이를 보이지 않았다(Steele & Aronson, 1995). 이러한 결과는 부정적 고정관념의 대상자에게 있어서, 인종과 암묵적으로 관련짓는 것이 그렇지 않았다면 비평가적이었을 상황을 얼마나 위협적으로 만들 수 있는지를 보여주는 것이다.

이 실험에서 실시한 검사는 두 조건 모두에서 동일했고 학생들도 무선적으로 할당되었기 때문에, 이러한 결과는 고정관념 위협 가설을 강력하게 지지한다. 즉, 아프리카계 미국인들의 낮거나 높은 검사 점수는 개인의 지적 능력이나 준비도 때문이기보다는 검사가 제시되는 사회적 맥락의 특성이 직접적인 이유가 된다. 후속 실험에서도 지능이나 인종을 부각시키게 되면 흑인과 관련된 여타 고정관념이나 지적으로 열등하다는 고정관념이 활성화되는데, 그로 인해 불안이 촉발되고 인지 자원이 고갈되면서 수행이 직접적으로 방해된다고 제안했다. 이러한 초기 실험들은 심리학 분야 내에서 상당한 주목을 받았으며, 거의 200편에 가까운 광범위한 연구를 이끈 원동력이 되었다. 더 나아가 고정 관념으로 인해 낮은 능력을 보이는 일련의 집단들의 수행에 관한 이론과 함의를 검증하였다.

이론적으로, 고정관념 위협은 부정적인 고정관념이 존재하거나, 이른바 '우세한' 비교집단이 존재하거나 두드러지는 모든 사람에게서 발생할 수 있다. 다음의 상황들을 생각해보자. 어떤 여자 노인이 지갑을 찾지 못하자, 기억 소실이 노화의 징후이거나 그렇게 보일 수도 있다는 생각에 당황하고 불안해한다. 어떤 라틴계 학생은 자신의 억양이 급우들 눈에 지적으로 열등하게 보일까 봐 걱정하면서 토론 수업에 참여하는 것을 피한다. 어떤 백인 소년은 아시아계 학생들이 수업에 함께 참여할 때 수학에서 열등감을 느끼기 때문에, 아시아계 학생들이 많이 등록한 경우에는 고급 강좌 수강을 피하게 된다. 이외에도 많은 사례가 있다. 이러한 사례들은 고정관념이 활성화되어 유발되는 생리적 · 행동적 반응뿐만 아니라, 고정관념 위협의 심리적 영향을 보여주는 좋은 예가 되며, 이 모든 것은 실험을 통해 개념적으로 타당화되었다. 한 연구에서 노인 참가자들에게 건망증이라는 고정관념을 인식하도록 하자, 기억과제에서 더 저조한 수행을 나타냈다(Hess, Auman, Colcombe, & Rahhal, 2003). 백인 대학생들은 미니골프게임에서 '선천적 운동능력'을 측정한다고 설명했을 때에는 더 낮은 점수를 받았지만, '운동지능'을 측정한다고 설명했을 때에는 더 좋은 수행을 보였다. 아프리카계 미국인들은 정반대의 패턴을 보였는데, 골프게임을 선천적 운동능력을 측정하는 검사로 설명했을 때 더 높은 수행을 보였다(Baker & Horton, 2003; Stone, Lynch, Sjomeling, & Darley, 1999). 학업적인 영역에서는, 아프리카계 미국인 학생들에게 실시했던 Steele과 Aronson(1995)의 실험을 라틴계 학생들(Gonzales, Blanton, & Williams, 2002)과 사회경제적 지위가 낮은 학생들(Croizet & Claire, 1998), 그리고 아시아인들과의 뚜렷한 비교로 인해 수학시험 수행이 저하된 백인들(Aronson et al., 1999)에게 반복 검증했다. 마찬가지로 성별에 따른 고정관념은 남성이 우위를 차지하는 영역에서 여성의 시험 수행을 제한하는 것으로 밝혀졌으며, 이는 수학 및 과학 성적에서의 성차(Bell, Spencer, Iserman, & Logel, 2003; Spencer, Steele, & Quinn, 1999)와 정치적 지식의 성차(McGlone, Aronson, & Kohrynowicz, 2006)가 고정관념 위협과 관련된다는 것을 시사한다.

지난 십년 간 가장 빈번히 인용된 사회심리학 논문 중 하나인 Steele과 Aronson의 1995년 논문은, 심리학 문헌에서 '현대의 고전'이라는 입지를 가지게 되었으며, 교육학, 사회학, 조직행동학 교과서에도 자주 인용되었다. 더 나아가 고정관념 위협은 학술적인 논의를 넘어서 대중매체에서도 인기를 얻었고, 차별철폐조처와 관련된 두 개의 대법원 판례에도 인용되었다. 심지어 고정관념 위협은 2004년에 개봉한 메이저 영화 〈퍼펙트 스코어(The Perfect Score)〉에 언급되었을 정도다.

고정관념 위협이라는 개념은 이러한 대중적 인기뿐 아니라, 흑인과 백인 간의 시험점수 격차(Jencks & Phillips, 1998)와 같은 정치적인 논쟁과도 명백하게 관련되어 있고, 표준화된 검사의 타당성에도 암묵적으로 도전하는 것이기 때문에 많은 논쟁을 불러일으켰다. 이러한 논쟁은 성취에서의 인종적 차이를 유전으로 설명하는 이론가들(Murray, 2005)과, 미국 교육 평가원에 고용된 연구자들(Stricker & Ward, 2004), 평가관련 업계에서 자금 지원을 받는 검사 연구자들(Sackett, 2003)에게서 가장 강력하게 제기되었다. 대체적으로 이러한 비판자들은 실험 결과의 타당성은 인정하지만, 현실에서의 수행 격차에서 고정관념 위협의 중요성은 경시하는 경향이 있다. 지금은 고정관념 위협이 실제로 학부 성적 평균에서의 점수 격차(Massey & Fischer, 2005), 중학교 시험점수 격차(Good, Aronson, & Inzlicht, 2003), 대학과목 선이수제의 미적분학 시험과 같이 표준화된 시험의 점수 격차(Danaher & Crandall, 인쇄 중; Stricker & Ward, 2004), 그리고 대학의 고급수학강좌에서의 시험점수 격차(Good, Aronson, & Harder, 인쇄 중)에 영향을 미치고 있음을 증명하는 증거들이 점차 많아지고 있다. 가장 타당한 비판은 언론 보도와 몇몇 교과서에서 고정관념 위협이 시험점수 격차의 모든 것을 설명하며, 고정관념 위협을 감소시킴으로써 시험점수 격차를 없앨 수 있다는 견해를 전파한다는 것이다. 명백하게 이것은 사실이 아니다. 성취 격차에 기여하는 요인들이 무수히 많기 때문이다. 그럼에도, 고정관념 위협이 시험점수 격차의 일부분을 설명할 수 있다는 점도 명백하다. 이는 부모의 교육 수준, 사회경제적 지위, 재학 중인 학교의 수준과 같은 배경 요인이 통계적으로 동일할 때에도 유지된다(Massey, Charles, Lundy, & Fischer, 2003).

고정관념 위협에서의 개인차

앞서 언급했듯이 고정관념 위협은 누구에게나 문제가 될 수 있다. 그러나 연구에서는 모든 사람이 고정관념 위협을 동일한 방식이나 동등한 정도로 경험하는 것은 아니라고 밝히고 있다. 즉, 고정관념 위협의 영향력에는 중요한 개인차가 존재한다. Steele(1997)은 어떤 사람이 특정 영역이나 사회적 정체성에 대해 관심을 갖는 정도인 동일시(identification)를 고정관념 위협의 필수적인 요인으로 제안하면서, 만일 어떤 사람이 과제 영역이나 그와 관련된 사회적 정체성에 관심이 거의 없다면 고정관념의 영향력은 무시해도 될 정도라고 주장했다. 예를 들어, 주요 정체성을 성별에 두고 있는 여성의 경우, 사회적 정체성에 대한 위협은 여성이 열등하다고 의심하게 되는 상황들(예: 고급수학강좌)에 직면했을 때 더 많은 불안을 유발하게 된다. 마찬가지로, 기억력이 좋다고 자부하던 노인들은 스스로가 나이가 들었다고 여겨지는 위협에 대처하는 것을 매우 어려워한다. Schmader (2002)는 자신을 여성으로 더 강하게 동일시하는 여성들이 실제로 고정관념 위협에 더 취약하며, 수행에서도 더 극단적인 저하를 보인다는 것을 밝혀냈다. 이와 유사하게 Aronson과 동료들 (1999)도 수학에 상당한 관심을 갖는 학생들이 수학에 관심이 적은 동등한 능력의 학생들보다 고정관념 위협이 있을 때 수학시험에서 더 낮은 수행을 보인다는 사실을 밝히면서, 영역 동일시 (domain identification)의 중요성을 증명하였다. 이러한 개념은 사회적 정체성이 얼마나 현저하고, 쉽게 접근이 가능한지와 관련된다. 즉, 정체성이 더 부각될수록 위협에 더 취약해진다는 것이다(Aronson & Good, 2002; Kellner, 2002).

또한 사람들은 고정관념의 존재를 인식하는 정도도 다양하다. Pinel(1999)은 부정적인 고정관념에 대한 이러한 인식을 낙인 의식(stigma consciousness)이라고 명명했는데, 이는 사회적 고정관념에 대한 개인의 민감도와 예민한 인식을 설명해준다. Brown과 Pinel(2003)은 낙인 의식 측정치를 고정관념 위협에 적용했을 때, 고정관념 위협 조건에서 높은 수준의 낙인 의식을 보인 여성들이 낮은 수준의 낙인 의식을 지닌 상대 여성들보다 수학과제에서 더 낮은 수행을 보인다는 것을 밝혔다. Aronson과 Good(2000)은 이와 유사한 민감도 측정치를 개발했으며, 이를 고정관념 취약성(stereotype vulnerability)이라고 명명하였다. 고정관념 취약성이란, 학생들이 학업 능력이 낮다는 타인의 고정관념 기대가 얼마나 큰지를 예상함으로써 그것에 의해 방해받는지를 측정하는 것이다. 고정관념 취약성이 클수록 표준화된 검사의 점수는 더 낮은 것으로 나타났다(Aronson & Inzlicht, 2004).

고정관념 위협에 대처하기

대부분의 사람은 본질적으로 사회적인 존재로서 자신과 타인 모두에게 긍정적인 이미지를 유지하도록 동기화되며, 이러한 이미지가 위협받을 때 자기상을 보호하거나 수정하고자 한다. 많은 경우 자기상의 보호와 수정은 자존감을 보호하기 때문에 적응적이다. 예를 들어, 어떤 사람이 열심히 노력해 기술을 연마하고, 그만의 안전지대를 벗어나 새로운 도전을 추구함으로써 고정관념 위협에 대처한다면 이는 적응적인 반응이 되며, 또한 이런 경우의 고정관념 위협은 유용한 동기 유발 요인으로 여겨질 수 있다. 하지만 때때로 사람들은 즉각적인 맥락에서는 생산적으로 보이지만 장기적인 발전을 위해서는 반생산적인 자기상 보호행동에 몰두하며, 그러한 경우에 고정관념 위협은 지속적인 부정적 결과를 야기할 수 있다. 예를 들면, 고정관념 위협에 대한 한 가지 입증된 반응은 낙인찍힌 사회적 정체성이나 과제로부터의 이탈이다(Steele, 1997; Steele & Aronson, 1995). 사회적 정체성으로부터의 이탈은 자존감에 대한 고정관념 위협의 영향을 감소시키므로 단기적으로는 유익할지 모르지만(McFarland, Lev-Arey, & Zieart, 2003), 장기적으로는 자신이 속한 집단과의 중요한 관계가 단절되기 때문에 전반적인 자기감에 해로운 영향을 줄 수 있다. 이와 유사하게 자존감을 지키기 위한 시도로, 사람들은 위협받는 영역을 심리적으로 분리하면서 자신을 정의할 때 해당 영역의 중요성을 평가절하하려는 경향이 있다(Crocker & Major, 1989; Major, Spencer, Schmader, Wolfe, & Crocker, 1998). 그런 경우, 사람들은 그 영역이 더 이상 자신에게 중요하다고 여기지 않기 때문에 과제에 투자하는 노력을 줄이려고 한다. 그러므로 심리적인 이탈과 이와 관련하여 노력을 줄이는 것은 학교 교육에의 흥미 부족, 장기적인 학업 실패의 원인이 될 수 있다(Major et al., 1998; Oyserman & Swim, 2001).

사람들이 고정관념 위협에 직면하여 흔히 선택하는 또 다른 반생산적인 반응은 자기불구화(self-handicapping)다. 자기불구화는 사람들이 성공을 일부러 방해하는 전략을 채택하는 반응(예컨대, 시험 전에 공부하지 않는 것)인데, 이를 통해 실패를 능력 부족보다 노력 부족에 기인할 수 있다(Keller, 2002; Steele & Aronson, 1995; Stone, 2002). 마찬가지로, 낙인찍힌 사람들은 그들의 지식이나 이해력이 부족하다는 것을 인정하지 않기 때문에 수행과 관련된 중요한 피드백을 무시한다(Cohen, Steele, & Ross, 2000; Crocker & Major, 1989). Cohen 등(2000)은 통제집단에 비해 고정관념 위협 조건의 사람들이 이후의 과제 수행을 향상시키는 데 필요한 피드백을 평가절하하거나 무시한다는 것을 발견했다. 유사한 방식으로, 일부 사람들은 무능해 보이는 위험을 피하기 위해 그들의 지식과 기술을 확장할 수 있는 기회인 새롭고 도전적인 과제들을 피하게 되고, 그럼으로써 자존감을 보호하고자 한다(Elliot & McGregor, 2001; Steele, Spencer, & Aronson, 2002). 그러한 적응방략은 단기적으로는 자존감을 보호할지 모르지만, 실질적으로는 그 영역에서의 능력을 성장시키기보다는 침체시킨다. 그러므로 장기적인 관점에서 볼 때, 고정관념 위협이 야기하는 일부 심리적인 보호 전략은 빈곤이나 다른 구조적 장벽만큼 지적인 성장을 방해할 수 있다.

사람들이 현실에서의 고정관념 위협을 감소시키기 위해 실험실에서 효과가 입증된 전략인 상황 변화(능력 평가, 사회적 비교, 인종이나 성별의 부각과 같은 고정관념 위협을 유발하는 자극을 제거하는 것)를 시도하지만, 그러한 노력은 종종 실용적이지 않으며 때로는 불가능하다. 그래서 연구자들은 인간이 불가피하게 직면할 수밖에 없는 고정관념 위협 상황에 적응적으로 대처할 수 있도록 여러 유망한 방법을 제시해왔다. 대처 전략에 초점을 맞추려는 이유가 결코 유해한 고정관념의 존재를 부인하거나, 고정관념을 야기하는 구조적 영향을 부인하기 위한 것은 아니다. 오히려 개인 중심의 역량강화 접근은 고정관념의 실재를 인정하며, 장기적으로는 동기와 성장을 손상시키지 않으면서 자존감을 보호하는 적응적인 전략에 초점을 맞춘다. 더 나아가 그러한 적응적 대처전략은 사람들이 통제 상태에 있도록 도움을 주며, 부당한 사회체계에 좌우되거나 무력감을 야기하는 피해의식을 줄여준다.

아는 것이 힘이다

고정관념 위협은 대개 무의식적인 수준에서 기능하기 때문에, 사람들은 고정관념 위협의 영향이 수행을 방해한다는 것을 자각하지 못하고, 그래서 고정관념 위협 효과를 중화시키지 못한다. 하지만 사람들에게 고정관념 위협의 작동기제와 수행을 방해할 가능성에 대해 가르치게 되면 고정관념 위협의 영향력이 유의미하게 감소하는 것으로 나타났다(Aronson & Williams, 2004; Johns, Schmader, & Martens, 2005; McGlone & Aronson, 2007). 예를 들어, Johns, Schmader와 Martens(2005)의 연구에서는 여성집단을 대상으로 고정관념 위협이 있는 상황에서 수학 능력을 평가하기 전에 고정관념 위협에 대한 간략한 교육을 했는데, 그 결과 고정관념 위협 효과가 제거되었다. 그러므로 고정관념 위협을 막는 가장 간단한 방법은 고정관념 위협의 작동기제와 수행을 방해할 가능성에 대해 풍부하고 정확하게 이해하도록 하는 것이다. 이러한 지식들은 그들의 어려움에 대해 상황적 설명을 제공하여, 지적 능력의 부족과 같은 자기위협적인 원인으로 기인하지 않도록 도와준다.

사람들에게 고정관념 위협에 대해서 교육하거나 미리 주의를 주는 방법에 대한 연구에서는, 만일 수검자들이 고정관념에 대한 생각을 억제하려 한다면 그 기법은 실패할 수 있다고 제안한다. 왜냐하면 고정관념에 대한 사고 억제 시도가 역설적으로 반동 효과를 야기하여 고정관념이 의식에 더 많이 떠오르도록 하기 때문이다(Crosby, 1984; McGlone & Aronson, 2007). 위협적인 상황에서 고정관념 위협을 인지하고 있는 학생들의 불안을 감소시키기 위해서는 두 가지 전략이 특히 유용한 것으로 나타났다. 첫째는 곧 하게 될 과제에 대한 생각에 의도적으로 재초점화하는 것이고, 둘째는 좋은 수행을 예측하는 정체성에 집중하도록 하는 이른바 대체(replacement) 전략이다(예: "나는 훌륭한 학생이야."; McGlone & Aronson, 2006, 2007).

지능 이론

또 다른 유용한 전략은 지능의 암묵적 이론에 관한 Carol Dweck의 연구에서 비롯된다. Dweck(1999)은 많은 연구를 통해 지능이 변화 가능하다는 이론(지속적인 지적 노력을 통해 지능이 향상될 수 있다는 신념)을 가진 사람들이 지능을 고정된 실체로 이해하는 사람들보다 학업적으로 더 회복력이 있다는 것을 입증하였다. 이 이론을 고정관념 위협의 영향력을 감소시키기 위해 적용했는데, 아프리카계 미국인 학생들에게 지능의 변화 가능성을 이해하도록 격려하자, 그들의 참여도와 즐거움이 증가되었고, 학부 성적도 향상된 것으로 나타났다(Aronson, Fried, & Good, 2002). 이러한 결과는 중학생 대상의 연구에서도 반복 검증되었는데, 지능이 변화 가능하다고 가르치고 이를 믿은 학생들은 주 전체의 시험에서 더 높은 점수를 받았다. 실제로 그 개입은 수학시험에서 학생들 간의 성차를 완전히 제거하였다(Good et al., 2003). 이러한 결과들은 지능에 대한 신념이 수행에서 얼마나 강력한 역할을 하는지, 고정관념 위협으로 발생하는 어려움을 극복하는 방법으로서 자신의 능력에 대한 적응적인 신념을 교육하는 것이 얼마나 중요한지를 강조한다.

귀인 재훈련

고정관념 위협과 관련된 또 다른 접근에서는, 고정관념의 대상이 되는 집단에 속했음에도 성공을 이루어낸 역할 모델에 노출시키는 것이 고정관념 위협의 효과를 감소시킨다고 전망했다. 한 실험에서 수검자를 여성과 소수자가 전문가로 제시된 상황에 노출하자, 그렇지 않았다면 고정관념 위협을 유발했을 조건에서 더 좋은 수행을 보였다(예: Marx & Roman, 2002). 이러한 역할 모델은 초창기의 치열한 노력은 어느 정도 정상적이며, 단지 끊임없이 도전함으로써 어려움을 극복했다는 사실을 강조할 때 특히 유용하다. 왜냐하면 이러한 방식은 사람들이 사회적인 어려움이나 학업적인 어려움이 상황적인 특성이라는 것을 인정하도록 '재훈련'하며, 이로 인해 낮은 능력에 대한 고정관념의 암묵적 관련성을 무시하도록 도와주기 때문이다. 이러한 재훈련을 하게 되면, 마치 자신과 비슷한 처지의 사람이 어려움을 겪다가 성공한 경우처럼 정상적인 좌절에 대해 내적이고 안정적인 한계로 귀인할 필요가 없게 된다. 이러한 지식을 통해 학생들은 도전적인 상황에 직면했을 때 불안이 감소되고 동기는 증가될 것이다. 귀인 재훈련을 했을 경우 이러한 훈련을 받지 않은 통제집단에 비해 시험점수가 유의하게 향상된 것을 밝힌 연구도 있다(Good et al., 2003).

복합적 정체성

'자기복잡성(self-complexity)'은 사람들이 다양한 사회적 정체성을 갖고 있다는 사실을 설명해주는 개념이다(Shih, 2004, p. 179). 고정관념 위협 상황에서, 사람들은 일반적으로 다양한 정체성 중에서 특정한 하나의 정체성에 대한 위협에 직면한다(Oyserman & Swim, 2001; Shih, 2004). 일종의 역량강화 전략으로, 연구에서는 고정관념의 부정적 영향을 극복하기 위한 방법으로 복합적 자기를 인식하는 것의 중요성을 제안하였다. 고정관념과 관련된 정체성을 강조하지 않으면서 다른 중요한 정체성의 장점을 강조하는 능력은 고정관념 위협의 영향을 감소시킬 수 있다(Crocker & Major, 1989; Shih, 2004). 실제로 자신을 보다 통합적

으로 바라보는 사람들, 즉 다양한 정체성들이 내재되어 있다고
스스로를 인식하는 사람들이 고정관념 위협에 덜 압도되는 경향
이 있었다(Oyserman & Swim, 2001). 이러한 '사회적 정체감 전환
(social identity switching; Crocker & Quinn, 2000)'은 고정관념 위
협에 대항할 수 있는 실행 가능한 전략이다. 예를 들어, 최근의
한 연구에서 McGlone과 Aronson(2006)은 교양학부의 남녀 대
학생의 일부를 선발하여 어려운 공간추론 검사를 실시했는데,
이 검사는 전형적으로 남성에게 유리한 쪽으로 큰 성차를 보이는
검사였다. 검사를 시행하기 바로 전, 학생들은 실험 조건에 따라
각기 다른 정체성을 활성화하도록 설계된 짧은 질문지를 작성하
였다. 첫 번째 집단에게는 그들의 성별에 대한 생각을, 두 번째
집단에게는 그들이 살고 있는 국가에 대한 질문을, 세 번째 집단
에게는 우수한 교양학부 대학생이라는 사실을 상기시키는 질문
을 했다. 성 정체성이 활성화된 조건에서는 남성이 여성보다 훨
씬 더 좋은 점수를 받았으며, 그들의 점수는 다른 두 집단의 남성
의 점수보다 더 높았다. 여성은 자신의 성별을 상기시킨 조건에
서 가장 저조한 수행을 보였다. 그러나 우수한 대학생이라는 정
체성이 활성화된 조건에서는 이러한 성차가 거의 완전하게 제거
되었다. 즉, 해당 집단 여성의 점수는 극적으로 상승하여 연구에
참여한 남성들의 점수와 거의 일치하였다. 또 다른 실험에서는,
남성과 여성이 함께 수행을 해서 성별이 부각되는 상황에서는 여
성이 불리한 입장에 처하게 된다고 제안하였다. 왜냐하면 성별
이 부각되면 남성에게는 유용한 정체성이, 여성에게는 파괴적인
고정관념이 촉발되기 때문이다(Inzlicht & Ben-Zeev, 2000).

Margaret Shih와 동료들은 정체성이 부각되는 효과에 대해 정교한 실험을 수행했는데, 아시아계 여성들에게 인종을 상기시켰을 경우에는 수학시험에서 가장 뛰어난 수행을 보였고, 성별을 상기시켰을 경우에는 가장 저조한 수행을 보였다(Shih, Pittinsky, & Ambady, 1999). 그러므로 긍정적인 정체성에 초점을 맞추는 것이 고정관념 위협에 대항하는 강력한 수단이 될 수 있다.

자기확인

많은 연구에서 학생들이 자기가치의 핵심 영역을 확인하는 작업, 예컨대 자기를 정의하는 중요한 재능, 가치 및 관계에 대해 글을 쓰도록 하는 것이 고정관념 위협의 영향력을 감소시킨다고 제안한다. 이러한 제안은 실험실에서 수학시험을 시행한 여성들(Martens, Johns, Greenberg, & Schimel, 2006), 그리고 현장 연구에서의 소수 인종 중학생들에게서 증명되었다. 이 이론은 만일 고정관념이 자기개념을 위협하여 성취를 저해한다면, 자기개념을 강화하는 일련의 절차(예: 가치 확인)를 통해 고정관념 위협으로부터 학생들을 보호하고 수행을 증진시킬 수 있다는 것이다. 중학생을 대상으로 한 연구에서, 이러한 확인 절차를 거치도록 했을 때 흑인과 백인 간의 학부성적 격차가 40%까지 감소하였다(Cohen, Garcia, & Master, 2006). 그러나 일반적으로 이러한 자기확인이 자존감을 향상시키는 것은 아니다. 그보다는 학생들에게 중요한 것이 무엇인지를 상기시키고, 이를 통해 지적으로 열등하다는 고정관념을 비롯해서 자존감을 위협하는 요인에 덜 취약하게 만든다.

신뢰와 협력

이러한 개인 수준의 전략을 넘어서, 사회적 환경을 변화시켜 고정관념 위협을 줄이고자 하는 연구들 또한 유망하다. Steele(1997)은 불신이 고정관념 위협 과정의 핵심 기제라고 제안했다. 즉, 고정관념 위협의 부정적인 영향으로 가장 고통 받는 사람은 사회적 환경에 대한 불확실감으로 인해 스스로에 대해서도 의심이나 불확실감을 느끼게 되고 결국에는 고정관념 위협에 취약해지게 된다는 것이다. 따라서 학생과 교사 간의 불신을 성공적으로 감소시키는 개입은 학생들의 동기와 성적을 향상시키는 것으로 나타났다. 가령, 백인 교사가 유색인종 학생에게 피드백을 줄 때 해당 학생은 그 피드백이 편견에 의해 왜곡되었는지를 의심하게 되는데, 특히 에세이를 비판할 때와 같이 주어진 피드백이 부정적일 때에는 더욱 그러하다. 이런 경우 인종과 관련된 고정관념을 인식한 학생들은 그 피드백이 편향되었다고 여기게 되고, 그 결과 피드백을 수용함으로써 무언가를 배우려고 하지 않을 수 있다. 그러나 만일 학생에게 피드백을 줄 때 그 비판이 편견보다는 높은 기준과 긍정적인 기대에서 비롯되었다는 것을 명확히 한다면, 어느 정도의 불신은 예방할 수 있다. Cohen(예: Cohen & Steele, 2002)은 피드백을 제공하는 가장 효과적인 방식은 높은 기준과 더불어 그 기준을 달성할 수 있다는 믿음을 강조하는 것임을 보여주었다. 그러한 경우, 불신은 최소화되고 동기는 최대화된다.

고정관념 위협은 극도의 경쟁적인 환경, 즉 학생들이 높은 성적과 교사의 칭찬, 그리고 사회적 지위를 얻기 위해 분투해야 하는 상황에서 가장 극심해지는 경향이 있다. 고정관념 위협이 협력적인 학습 환경에서 감소한다는 직접적인 증거는 없지만, 소수인종 학생들이 경쟁적인 학급보다 협력적인 학급에서 더 잘한다는 사실은 이러한 주장의 일례가 될 수 있다(Aronson, 2004). 상호의존하면서 서로를 지지하고 서로의 강점을 활용하는 협력적인 환경에서 공부하는 소수인종 학생들은 유의하게 우수한 학업 성취를 보일 뿐 아니라, 서로를 더 좋아하며, 자존감은 더 높은 반면, 편견은 더 적게 보이는 경향이 있었다(예: Aronson & Patnoe, 1997).

결 론

사회심리학은 오랜 기간의 연구를 통해, 타인의 행동을 설명하는 데 있어서 우리가 지속적인 편향을 보인다는 점을 강조해왔다. 우리는 타인의 행동을 그 사람의 지속적인 성향의 산물로 간주하지, 상황에 의한 것이라고는 믿지 않는 경향이 있다. 그래서 누군가가 친절한 행동을 한다면 그를 친절하다고 추론하게 되고, 적대적인 행동을 한다면 그를 일관되게 적대적이라고 생각하게 된다. '성향론(dispositionism)'에 관한 이러한 경향성은 지능을 판단할 때에도 확장되는데, 상황적인 요인이 지적인 수행을 촉진하거나 억제하여 '영리한' 사람이 어리석은 행동을 하거나 '어리석은' 사람이 영리해 보이도록 할 수 있다는 사실에도 불구하고, 사람들은 대개 저조한 수행을 낮은 지능이나 게으름, 혹은 성격과 관련된 다른 원인들로 기인하는 경우가 많다. 특히 고정 관념 위협처럼 상황적인 제약이 심리적이고, 그래서 직접적으로 관찰할 수 없을 때에는 더욱 그러하다. 고정관념 위협에 대한 연구는 지적 능력이 일반적으로 생각하는 것처럼 '머릿속에 있는 안정된 무언가'가 아니라는 점을 명확하게 해준다. 그리고 오히려 인간의 많은 특성처럼 지능을 내적인 영향과 외적인 영향의 함수로 간주한다. 우리가 설명하고자 했던 것처럼, 지능의 특성을 유연하고 변화 가능하다고 이해하는 것은 자신과 주변 사람들의 지능을 향상시키고자 하는 이들에게 힘이 될 것이다.

|표 6.1| 사회적 정체성 및 강점 목록

사회적 정체성	강점
어머니	조직화된, 애정이 깊은
교사	창조적인, 돌보는
여성 운동선수	신체적으로 강인한, 건강한, 두려움 없는, 자신감 있는, 열정적인

| 개인적인 작은 실험들 |

복합적 정체성, 다양한 강점

이번 장에서 우리는 고정관념 위협의 특성과 함의에 대해 논의하였다. 이제, 우리는 당신이 이 현상을 개인 수준에서 잘 배워서 도전적인 사회적 상황에 더 잘 대비할 수 있도록 독려

할 것이다.

일단, 깨끗한 종이 위에 가운데 선을 그어 두 단을 만들어라. 첫 번째 단에는 다양한 사회적 정체성, 가령 고정적으로 하는 '직책'과 같은 목록을 모두 적어보아라. 브레인스토밍을 돕기 위해, 당신이 자주 경험하는 사회적 상황과 관계를 맺는 다양한 사람들, 당신이 참여하는 활동들에 대해 생각해보아라. 여기에 당신이 생각할 수 있는 몇몇 사회적 범주들이 있다. 가족, 일, 친구, 종교, 인종, 성별, 성적 지향, 운동. 해당 내용을 모두 적었다면, 두 번째 단으로 이동하라. 이 단에는 그 정체성을 통해 나타나는 강점들의 목록을 적어보아라. 다른 사람들이 당신과 당신의 강점에 대해 어떻게 생각하는지를 알아보기 위해 친구나 친척에게 정보를 부탁할 수도 있다. 최종적인 목록은 표 6.1과 비슷할 것이다.

이제, 몇 분 동안 사회적 정체성과 그에 대응하는 강점 목록을 읽어보아라. 다양한 정체성에 걸쳐 나타나는 특성들의 다양성에 주목해보아라. 위에 제시한 목록에서처럼, 당신은 스스로를 어머니의 역할로서는 애정이 깊고, 운동선수로서는 두려움이 없거나 강하다고 설명하고 있음을 알게 될 것이다. 한 개인 안에 존재하는 이러한 다양성이 자기에 대한 위협에 대항하는 타고난 강점이 된다.

당신 자신의 다양한 강점들에 대해 깊이 생각하면서, 이러한 사회적 역할 각각이 당신을 나타내고 있다는 사실과, 당신의 가장 큰 강점은 전체가 부분의 합보다 크다고 인식하는 집합적인 수준에서 당신의 정체성을 이용하는 데 있다는 것을 이해해야 한다. 동시에 어떻게 한 정체성에 대한 위협이 다른 정체성들의 가치를 방해하지 않는지에 대해 생생하게 떠올릴 수 있기를 바란다. 복합적 자기의 잠재력을 활용하는 것은 고정관념 위협을 극복하고 역경에서 성장할 수 있는 강력한 수단이 된다.

> 참고문헌

Aronson, E., & Patnoe, S. (1997). *The jigsaw classroom*. New York: Longman.

Aronson, J., & Williams, J. (2004). Stereotype threat: Forewarned is forearmed. Unpublished manuscript, New York University, New York.

Aronson, J. (2004). The threat of stereotype. *Educational leadership, 62*, 14-19.

Aronson, J., Fried, C. B., & Good, C. (2002). Reducing the effects of stereotype threat on African-American college students by shaping theories of intelligence. *Journal of Experimental Social Psychology, 38*, 113-125.

Aronson, J., & Good, C. (2000). Personal versus situational stakes in the occurrence of stereotype threat. Manuscript in preparation.

Aronson, J., & Good, C. (2002). The development and consequences of stereotype vulnerability in adolescents. In F. Pajares & T. Urdan (Eds.), *Adolescence and education*. New York: Information Age Publishing.

Aronson, J., & Inzlicht, M. (2004). The ups and downs of attributional ambiguity: Stereotype vulnerability and the academic self-knowledge of African-American students. *Psychological Science, 15*, 829-836.

Aronson, J., Lustina, M. J., Good, C., Keough, K., Steele, C. M., & Brown, J. (1999). When white men can't do math: Necessary and sufficient factors in stereotype threat. *Journal of Experimental and Social Psychology, 35*, 29-46.

Baker, J., & Horton, S. (2003). East African running dominance revisited: A role for stereotype threat? *British Journal of Sports Medicine, 37*, 553-555.

Bell, A. E., Spencer, S. J., Iserman, E., & Logel, C. E. R. (2003). Stereotype threat and woman's performance in engineering. *Journal of Engineering Education, Oct*, 307-312.

Brown, R. P., & Pinel, E. C. (2003). Stigma on my mind: Individual differences in the experience of stereotype threat. *Journal of Experimental Social Psychology, 39*, 626-633.

Cohen, G., Garcia, J., & Master, A. (2006). Reducing the racial achievement gap: A social psychological intervention. *Science, 313*, 1307-1310.

Cohen, G. L., & Steele, C. M. (2002). A barrier of mistrust: How negative stereotypes affect cross-race mentoring. In J. Aronson (Ed.), *Improving academic achievement: Impact of psychological factors on education*. San Diego: Academic Press.

Cohen, G. L., Steele, C. M., & Ross, L. D. (2000). The mentor's dilemma: Providing critical feedback across the racial divide. *Personality and Social Psychology Bulletin, 25*, 1302-1318.

Crocker, J., & Major, B. (1989). Social stigma and self-esteem: The self protective properties of stigma. *Psychological Review, 96*, 608-630.

Crocker, J., & Quinn, D. M. (2000). Social stigma and the self: Meanings, situations, and self-esteem. In T. F. Heatherton, R. E. Kleck, M. R. Hebl, & J. G. Hull (Eds.), *The social psychology of stigma* (pp. 153-183). New York, NY: Guilford Press.

Croizet, J. C., & Claire, T. (1998). Extending the concept of stereotype threat to social class: The intellectual underperformance of students from low socioeconomic backgrounds. *Society for Personality and Social Psychology, 24*, 588-594.

Crosby, F. (1984). The denial of personal discrimination. *American Behavioral Scientist, 27*, 371-386.

Danaher, K., & Crandall, C. S. (2008). Stereotype threat in applied settings re-examined. *Journal of Applied Social Psychology, 38*(6), 1639-1655.

Dweck, C. (1999). *Self-theories.* New York: Psychology Press.

Elliot, A., & McGregor, H. (2001). A 2 x 2 achievement goal framework. *Journal of Personality and Social Psychology, 80*, 501-519.

Gonzales, P. M., Blanton, H., & Williams, K. J. (2002). The effects of stereotype threat and double-minority status on the test performance of Latino women. *Society for Personality and Social Psychology, 28*, 659-670.

Good, C., Aronson, J., & Harder, J. (in press). Problems in the pipeline: Women's achievement in high-level math courses. *Journal of Applied Developmental psychology.*

Good, C., Aronson, J., & Inzlicht, M. (2003). Improving adolescents' standardized test performance: An intervention to reduce the effects of stereotype threat. *Applied Developmental Psychology, 24*, 645-662.

Hess, T. M., Auman, C., Colcombe, S. J., & Rahhal, T. A. (2003). The impact of stereotype threat on age differences in memory performance. *Journal of Gerontology: Psychological Sciences, 58*, 3-11.

Inzlicht, M., & Ben-Zeev, T. (2000). A threatening intellectual environment: Why females are susceptible to experiencing problem-solving deficits in the presence of males. *Psychological Science, 11*, 365-371.

Jencks, C., & Phillips, M. (1998). *The Black-White test score gap.* Washington, DC: Brookings Institution.

Johns, M., Schmader, T., & Martens, A. (2005). Knowing is half the battle: Teaching stereotype threat as a means of improving women's math performance. *Psychological Science, 16*, 175-179.

Keller, J. (2002). Blatant stereotype threat and women's math performance: Self handicapping as a strategic means to cope with obtrusive negative performance expectations. *Sex Roles, 47*, 193-198.

Major, B., Spencer, S., Schmader, T., Wolfe, C., & Crocker, J. (1998). Coping with negative stereotypes about intellectual performance: The role of psychological disengagement. *Society for Personality and Social Psychology, 24*, 34-50.

Martens, A., Johns, M., Greenberg, J., & Schimel, J. (2006). Combating stereotype threat: The effect of self-affirmation on women's intellectual performance. *Journal of Experimental Social Psychology, 42*, 236-243.

Marx, D. M., & Roman, J. S. (2002). Female role models: Protecting women's math test performance. *Personality and Social Psychology Bulletin, 28*, 1183-1193.

Massey, D. S., Charles, C. Z., Lundy, G. F., & Fischer, M. J. (2003). *The source of the river: The social origins of freshmen at America's selective colleges and universities.* Princeton, NJ: Princeton University Press.

Massey, D. S., & Fischer, M. J. (2005). Stereotype threat and academic performance: New data from the National Longitudinal Survey of Freshmen. *The DuBois Review: Social Science Research on Race, 2*, 45-68.

McFarland, L. A., Lev-Arey, D. M., & Ziegart, J. C. (2003). An examination of stereotype threat in a motivational context. *Human Performance, 16*, 181-205.

McGlone, M., & Aronson, J. (2006). Social identity salience and stereotype threat. *Journal of Applied Developmental Psychology, 27*, 486-493.

McGlone, M. S., & Aronson, J. (2007). Forewarning and forearming stereotype-threatened students. *Communication Education, 56,* 119-133.

McGlone, M., Aronson, J., & Kobrynowicz, D. (2006). Stereotype threat and the gender gap in political knowledge. *Psychology of Women Quarterly, 30,* 392-398.

Murray, C. (2005, September). The inequality taboo. *Commentary, 120,* 13-22.

Oyserman, D., & Swim, J. (2001). Stigma: An insider's view. *Journal of Social Issues, 57,* 1-14.

Pinel, E. C. (1999). Stigma consciousness: The Psychological legacy of social stereotypes. *Journal of Personality and Social Psychology, 76,* 114-128.

Sackett, P. R. (2003). Stereotype threat in applied selection settings: A commentary. *Human Performance, 16,* 295-309.

Schmader, T. (2002). Gender identification moderates stereotype threat effects on women's math performance. *Journal of Experimental and Social Psychology, 38,* 194-201.

Shih, M. (2004). Positive stigma: Examining resilience and empowerment in overcoming stigma. *Annals of the American Academy of Political and Social Science. Special Issue: Positive Development: Realizing the Potential of Youth, 591,* 175-185.

Shih, M., Pittinsky, T. L., & Ambady, N. (1999). Stereotype susceptibility: Identity salience and shifts in quantitative performance. *Psychological Science, 10,* 80-83.

Spencer, S. J., Steele, C. M., & Quinn, D. M. (1999). Stereotype threat and women's math performance. *Journal of Experiment Social Psychology, 35,* 4-28.

Steele, C. M. (1992). Race and the schooling of Black Americans. *The Atlantic, 269,* 68-78.

Steele, C. M. (1997). A threat in the air: How stereotypes shape intellectual identity and performance. *American Psychologist, 52,* 613-629.

Steele, C. M., & Aronson, J. (1995). Stereotype threat and the intellectual performance of African-Americans. *Journal of Personality and Social Psychology, 69,* 797-811.

Steele, C. M., Spencer, S., & Aronson, J. (2002). Contending with group image: The psychology of stereotype and social identity threat. In M. Zanna (Ed.), *Advances in experimental social psychology* (Vol. 37). New York: Academic Press.

Stone, J. (2002). Battling doubt by avoiding practice: The effects of stereotype threat on self-handicapping in White athletes. *Society of Personality and Social Psychology, 28,* 1667-1678.

Stone, J., Lynch, C. I., Sjomeling, M., & Darley, J. M. (1999). Stereotype threat effects on Black and White athletic performance. *Journal of Personality and Social Psychology, 77,* 1213-1227.

Stricker, L. J., & Ward, W. C. (2004). Stereotype threat, inquiring about test takers' ethnicity and gender, and standardized test performance. *Journal of Applied Social Psychology, 34,* 665-693.

평생의 직업생활을 위한
직업 유연성

• Christopher A. Ebberwein

평생의 직업생활을 위한 직업 유연성

Christopher A. Ebberwein

　내가 경력개발 수업을 처음 들었을 때 교수는 정신장애의 개념을 한 마디로 정의하면 '경직성'이라고 하면서, 정신건강을 위해서는 유연성이 중요하다는 결론으로 수업을 이끌어나갔다. 그러한 결론은 경직되고 단단한 물체가 어떤 충격을 받으면 부드럽고 유연한 물체보다 쉽게 부러진다는 사회적 통념을 생각하게 한다. 즉, 얼음 조각을 막대기로 내리치면 금이 갈 것이다. 반면, 떨어지는 물줄기에 막대기를 휘두르면 물은 튀겠지만, 그 후에 물줄기는 다시 지속적이고 안정적으로 흐르게 될 것이다.

　직업생활에 대해 경직된 태도로 접근하게 되면 예상치 못한 실직이나 취업 실패 등 삶의 난관에 부딪쳤을 때 낙담하게 될 수 있다고들 한다. 그러나 직업생활에 대해 유연하게 접근하게 되면 비슷한 난관에 직면했을 때에도 대부분 지속적으로 안정감을 유지하게 된다. 한 연구에서는 사고의 유연성을 여러 선택과 대안

들에 대한 인식, 적응하려는 자발적 태도, 그리고 적응하는 능력
을 포함하는 것으로 정의했다(Martin & Rubin, 1995). 또 다른 정
의에서는 단지 적응하는 능력만이 아니라 적응하기 위해 경험으
로부터 배우는 능력을 강조한다(Karoly, 1991). 유연성은 정신건
강에 유익함을 가져올 뿐 아니라(Rothermund & Brandstadter,
2003), '환경이나 새로운 학습에 따라 개인의 목표를 세우고 조
정하려는'(Karoly, 1991, p. 731) 의지를 촉진함으로써 목표를 추구
하는 과정을 도와준다.

　이 장에서는 직업(career)에 대한 유연한 접근의 중요성을 살펴
보고자 하며, '직업생활(worklife)'이라는 용어를 직업과 비슷한
의미로 사용할 것이다. 여기에서 말하는 직업은 단지 즐거움만을
위한 것이 아니라 자신이나 타인에게 유익한 결과를 생산해내려
는 노력으로 정의한다(Brown, 2003). 직업은 고용의 세계에 속박
되어 단지 임금을 받는 것이 아니라, 한 사람이 타인을 위하여 기
여하고, 생산하며, 창조해내고, 조정하며, 보살피는 노력을 기울
이는 방식을 반영하는, 일생에 걸쳐 지속되는 시도다. 직업 유연
성은 그 정의가 의미하듯이 여러 상황에 따라 다양하게 나타난
다. 초등학교 5학년 어린이는 "너는 커서 어떤 사람이 되고 싶
니?"라는 질문에 다양한 대답들을 생각해보면서 유연성의 감각
을 보여준다. 대학에 진학할 생각을 전혀 해보지 않은 고등학교
2학년 학생은 선생님이 그녀의 수학 실력이 대학 진학에 충분한
수준이라고 말할 때 호기심 어린 흥분을 느낄지 모른다. 직업 유
연성은 꼭 맞는 대학이나 꼭 맞는 전공, 꼭 맞는 직업을 선택해야
한다는 압박을 덜어주기 때문에 젊은이들에게 도움이 된다. 왜냐

하면 유연성은 그에게 여러 가지 좋은 대안이 있고, 이후에라도 마음을 바꿀 수 있는 여지가 있다는 확신을 증가시켜주기 때문이다. '전업주부'는 학교로 다시 돌아가거나 자신의 일을 시작하려는 과정을 상상할 때, 이러한 대안을 실제로 선택했는지의 여부와 상관없이 삶에 유연하게 접근하게 된다. 스물이든, 마흔이든, 예순이든, 심지어 여든의 나이에도, 그리고 일을 하든 그렇지 않든, 모든 사람은 "내가 해야 할 일이 무엇인가?" 혹은 "나의 직업생활에서 다음 일은 무엇일까?"와 같은 질문을 함으로써 도움을 받을 수 있다. 직업 유연성은 사람들이 삶에서 자신이 처한 상태에 따라 이러한 질문을 고려해볼 수 있는 방법을 제시한다.

많은 경우, 선택과 대안에 대한 적응적인 반응으로서의 직업 유연성이라는 개념은 일시적으로 갈등을 유발하기도 한다. 때때로 문화적인 요인(Leong & Hardin, 2002)이나 평생의 경제적인 어려움과 관련된 스트레스(Blustein et al., 2002), 차별의 결과(Juntunen & Wettersten, 2006)로 인해, 직업생활에 여러 대안이 있다는 제안을 회의적으로 느끼거나 심지어 오해하는 경우도 있는데, 이는 어느 정도 합리적이다. 남편 없이 고된 삶을 사는 어머니에게 대안이라는 것은 너무 제한적이어서 더 이상 논의를 지속할 필요가 없는 것처럼 보일 것이다. 자신의 기술이 더 이상 필요 없게 된 55세의 어떤 이에게는 대안을 증가시키기 위한 재훈련이 비록 불가능하지는 않겠지만 상당히 두려운 일이 될 수 있다. 진로를 선택함에 있어서 형제, 부모, 조부모의 요구를 우선순위에 두고 있는 학생에게 예술적인 재능을 발전시켜보라는 교수의 권유는 역할 갈등을 일으킬 수도 있다. 대부분의 문화권에서는 직업을 개인의 삶의

환경, 즉 경제적 자원, 가치, 능력, 가족 역할, 자기개념 등에 맞추
지 않는 것이 부당한 일이 된다(Richardson, 1993).

그러나 환경에 주목하는 것이 잠재력을 간과한다는 의미라면
개인적인 수준에서는 이와 동일하거나 더 큰 부당함이 발생할
수 있다. 의미 있는 직업 선택을 제한하는 요인이 무엇인지를 깨
닫는 것이 환경을 불변의 사실로 받아들여야 한다는 것을 의미
하지는 않는다. 오히려 그것은 개인의 강점과 지원을 기반으로,
가깝거나 먼 미래의 다양한 가능성을 탐색하려는 창의적이고
희망적인 의지를 포함할 수 있다(Blustein et al., 2002; Chronister &
Mcwhirter, 2006; Eisenberg & Ota Wong, 2002). 환경으로 인해 제한
된 상황에 처해 있는 개인에게는, 그러한 유연한 접근이 가능한
성과의 범위를 늘려줄 것이다. 가령 한 스쿨버스 운전기사가 아
이들을 돕는 일을 하기 때문에 자신의 직업 선택이 성공적이라고
생각하는 것처럼, 가장 개인적인 수준에서는 가용한 대안 안에서
개인적인 의미를 발전시킬 수 있다(Heslin, 2005; Savickas, 2005).
더 넓은 수준에서는, 탄력성에 기여하는 개인의 강점과 외부
지원을 활용함으로써 장애물을 극복할 수 있다(Walsh, Galassi,
Murphy, & Park-Taylor, 2002). 예를 들면, 위 사례의 스쿨버스 기
사가 한 선생님의 권유를 받아들여서, 교실에서 아이들을 더 직
접적으로 돕기 위해 조교가 되려고 노력하는 것이다. 가까운 미
래에 명확하고 바람직한 목표를 추구하려는 사람이든, 그들의 선
택이 특히 제한적이라고 생각하는 사람이든, 모든 사람은 성공을
희망할 자격이 있다.

직업의 기원

한 사람의 직업생활을 관리한다는 것은 선택들을 관리하는 것, 즉 가용한 선택들을 이해하고 정의하며, 좋은 선택의 수를 증가시키고, 마침내 선택을 하는 과정이라고 생각할 수 있다. 직업 선택이 항상 이렇게 광범위한 관심을 받았던 것은 아니다. 이러한 변화는 산업 혁명의 결과로 인해 보다 특화된 일이 필요하게 되고, 그 어느 때보다 직업 선택을 고려하는 사람들이 늘어나면서 이루어졌다(Savickas & Baker, 2005). 그 무렵 등장한 직업 선택 이론은 오늘날까지 그 영향력이 지속되고 있다. 간단히 말해, 자신에게 적합한 직업을 선택하기 위해서는 자신에 대한 인식과 직업세계에 대한 지식, 그리고 두 가지 정보의 적절한 통합을 포함해야 한다는 것을 받아들이게 된 것이다(Parsons, 1909: Brown & Brooks, 1996에서 인용). 직업 선택에 대한 이러한 능동적인 접근은 개인의 선택을 주로 운에 맡겼을 때보다 고용인과 고용주의 조합을 최상이 되도록 한다(Brown & Brooks, 1996).

이 이론을 통해서 보자면, 직업 선택은 개인의 특성(예: 기술과 성격)과 특정 직업의 특성(예: 요구되는 업무와 환경) 간의 최상의 적합도를 찾기 위한 연습이라고 볼 수 있다. 상당수의 연구가 이 개념의 타당성을 입증했는데(Dawis, 1996; Holland, 1992), 이 개념은 미래의 직업생활을 어떻게 결정하는지에 대한 주된 관점들 중 한 가지, 즉 사람들은 자신이 좋아하는 일을 하기 원한다는 사실을 대변해준다. 본래 직업적인 흥미 패턴은 환경 유형과 조화를 이룰 수 있는 성격 유형을 의미하기 때문에, 그만큼 직업에서의 만족 가능성을 증가시킬 수 있다(Holland, 1992). 예를 들어, 체계적이고 과학적인 방법으로 관찰하고 정보를 수집하여 문제를 해결하기를 선호하는 사람은 연구실 환경에서 만족감을 느끼고 성공할 것이라고 기대된다. 교육 방향이나 직업 유형을 선택하기 위해 상담을 받는 사람들은 홀랜드 코드 형식(이론을 창시한 John Holland의 이름을 붙임)에서 그들의 흥미 영역에 대한 정보를 얻을 수 있는데, 일반적으로 결과에는 여섯 가지 주요 흥미 유형 중 두세 가지가 포함된다. 앞서 제시한 설명에 부합하는 사람은 탐구적인(Investigative) 흥미 유형이라고 말할 수 있고, 과학이나 탐구분야에 잘 맞을 것이라고 예상되며, (Investigative의) 'I' 가 홀랜드 코드의 한 가지 철자가 된다. 사람-환경 적합도 개념에서 중요한 변수는, 그 직업이 일하는 사람의 요구와 목표를 만족시켜주는지와 일하는 사람이 고용된 기관의 요구를 충족시켜주는지에 따라 선택의 질이 좌우된다는 사실을 깨닫는 것이다(Dawis, 1996).

흥미와 환경을 조화시키는 것은 한 개인과 직업 환경의 현실을 확인하고 제시하는 데 도움이 되지만, 발달이론에서는 자신에 대한 내적이고 주관적인 경험(자아개념)이 직업 선택에 기여하는 주된 요인이라고 제안한다(Super, Savickas, & Super, 1996). 자아개념은 일생에 걸쳐 변화하기 때문에 직업생활이 달라지기도 하고 직업 외의 다양한 역할에 참여하기도 하는데, 이 모든 것이 삶 전체를 보여주는 이야기를 형성하게 된다. 게다가 직업을 바꾸는 것이 보편적으로 자리 잡기 전에는, 사람들이 평생에 걸쳐 자신의 직업과 관련된 예측 가능한 단계들을 발전시켜나가야 되는 것으로 기대하였다. 우리가 청소년의 성숙도를 그들이 성인기로 어떻게 이행하는지를 기반으로 평가하는 것처럼, 직업 성숙도(career maturity) 역시 직업생활에 도움이 되는 과제(예: 학업 수행, 방학 중 활동, 어른들에게 다양한 직업에 대해 이야기하기)를 얼마나 잘 이루어나가는지를 기반으로 평가해야 한다.

더 넓은 관점의 필요성

직업심리학의 여러 이론들은 직업 선택 및 직업 발달을 이해하는 데 매우 영향력 있는 개념들을 소개하였다. 그러나 이 이론들은 몇몇 중요한 측면에서 다소 한계가 있다. 첫째, 이 이론들은 건강한 백인 중류층 남성의 직업 경험에 주로 초점을 맞추어왔다는 점에서 비판을 받아왔다(Blustein et al., 2002; Richardson, 1993). 이 이론들이 여러 측면에서 여성이나 인종/민족적 소수집단, 경제적 약자 집단에 적절함에도 불구하고, 이 집단에 속해 있는 사람들의 직업 목표가 제한되는 문제에 대해서는 거의 주의를 기울이지 않는다는 것이다. 가령 직업만족도를 흥미나 자기개념과 연결하는 것은 타당하지만, 경제적이거나 차별적인, 혹은 문화적 가치를 반영하는 여러 장애물을 경험하는 사람들에게는 이러한 연결이 부적절해 보인다.

둘째, 지난 100년 동안 Parsons(1909)가 '현명한 선택'과 관련된 요인이라고 간단히 기술해왔던 것은 많은 사람에게 한 가지 최상의 답으로 해결할 수 있는 퍼즐처럼 여겨졌다. 따라서 이러한 관점이 삶의 특정 단계에서 과업을 완수하도록 강조하는 발달적 접근과 결합하게 되면, 가장 적합한 것을 찾아야 한다는 요구뿐만 아니라 인생의 시간적인 순서에 따라 적합한 것을 실행해나가야 한다는 압력까지 포함하게 된다. 많은 경우, 이 접근은 젊은이들에게 "네 삶에서 무엇을 하고 싶은지 결정했니?" 혹은 "지금쯤이면 전공을 선택했어야 하는 것이 아니니?" 하는 질문을 던지게 한다. 이보다 더 나쁜 경우는 몇 년간 직장을 다니다가 직업을 바꾸려는 사람에게 "대학 다닌다고 들인 돈이 얼만데 이제 더이상 그 전공을 살리지 않겠다는 말이냐?"라고 부모님이 역정을 내는 경우다. 이와 유사한 반응들은 "그가 직업을 또 바꾼다며?"라고 말하는 친구들에게서도 나타난다. 사실, 경제적 상황이나 조직체계가 변화되었기 때문에 직업 경로를 예측하기는 더욱 어려워졌다. 그래서 삶의 특정 시기에 어느 정도의 수준을 통과해야 한다는 기준도 직업 변경에 적응하기 위해 필요한 특성들을 이해할 때에만 유용하다(Super & Knasel, 1981). 이러한 상황은 이제 예외가 아니라 일반 법칙이 되었다.

변화가 일반 법칙이 되었을지라도, 그 변화가 항상 환영을 받는 것은 아니다. 예상치 못한 이직을 견뎌낸 사람들은 그런 반갑지 않은 변화에 대해 유용한 관점을 제공하는데, 심층면접을 통하여 얻은 그들의 이야기의 일부가 다음에 이어진다(Ebberwein, 2000). 많은 경우, 계획을 변경하도록 하는 요인은 본래 부정적으로 여겨지는데, 왜냐하면 그러한 요인이 없었다면 행동의 경로가 부드럽게 진행될 수 있었던 것을 우회하게 되었다고 생각하기 때문이다(O' Connor & Wolfe, 1987). 이러한 경향은 조(Joe)의 사례에 잘 기술되어 있다. 그는 51세의 백인이며, 20년 동안 지역 인쇄소에서 근무하다가 일을 그만두었다. 그는 변화에 대한 초기 반응을 이렇게 기술하였다.

> 작업이 지체되기 시작하면, 꼭 해야 하는 일 이상은 하고 싶지 않다는 느낌을 갖게 되죠. 내가 지금 일을 하고 있어야 하는데 그렇지 못한 데에는 그것이 가장 큰 문제였다고 생각해요. 그건 제가 해야 할 일을 하지 않아서가 아니에요. 내가 할 수도 있었던 일들을 하지 않았기 때문이죠.

지나고 나서 보니 조는 성과가 부진했던 이유가 직장이 변하기 시작하면서 생겨난 분노와 슬픔 때문이라고 했다. 할 일이 줄어들었다는 것이 단지 '나쁜 변화'만은 아니었지만, 조에게 그것은 불공평하고 본질적으로 견딜 수 없는 것이었다. 그것은 개인적인 것이었다. 조의 실망감을 이해하기는 그리 어렵지 않다. 그래서 그는 나중에 자신의 감정과 그 감정이 인생 전체에 어떤 영향을 미쳤는지 누군가가 관심을 가져주기를 원했다고 인정했다. "당신은 당신을 위해 상담을 받을 필요가 있어요. 몇 차례 상담을 받게 되면 약간의 동기가 생길 것이고, 그것을 하나로 통합시킬 수 있을 거예요."

물론, 조의 발전을 제한하는 요인이 변화에 대한 감정만은 아니었다. 환경적인 요인 역시 하나의 역할을 담당했다(Lent, Brown, & Hackett, 2000). 조의 경우에는, 과학 기술이 발전하면서 그가 직장에서 사용했던 기술(원통주사)이 다른 기술로 대체되고 있었다(컴퓨터나 평면주사). 그의 초기 대응이 늦을 수밖에 없었던 이유가 환경이었든 그의 감정이었든 간에, 그가 이해한 것은 변화에 대한 실망감이 행동을 동기화하지는 못했다는 것이다. 오히려, 그는 많은 변화를 겪었음에도 행동하기를 주저했다.

더 넓은 관점

조의 경우처럼 실직의 고통을 겪고 있는 사람들에게 "나에게는 이러한 변화는 일어나지 말았어야 했다."는 실망과 "나에게 이러한 변화가 일어나지 않기를 바랐다."는 실망은 결코 같은 것이 아니다. 전자의 관점은 예상치 못한 변화를 정상적이지 않고 불공정한 실패나 고난이었다고 설명하는 반면, 후자의 관점은 그 변화가 필연적이고 심지어는 자연스러운 것이라는 가능성을 인정한다(O' Connor & Wolfe, 1987). 직업 유연성은 변화를 어떻게 예상하느냐에 달려 있으며, 또한 회피하거나 두려워하는 것이 아니라 예견하고 미리 준비하도록 돕는다.

직업 유연성은 직업 선택이나 직업 발달에 관한 이론이 아니다. 그것은 수많은 직업이론 개념들 사이의 '공통 요소'에 해당하며, 직업에 대한 능동적이고 반응적이며 진취적인 접근을 촉진한다. 전 생애에 걸쳐 다양한 직업을 갖는 것이 이제는 당연한 일이기 때문에(Cairo, Kritis, & Myers, 1996; Kinicki & Latack, 1990), 직업 선택 및 대안에 대한 인식, 자발적 태도, 적응하는 능

력을 뜻하는 직업 유연성은 직업생활을 건강하게 만드는 데 필수
적인 태도라고 할 수 있다. 그리고 건강한(혹은 건강하지 않은) 직
업생활은 한 개인이 전반적인 수준에서 신체적으로나 정신적으
로 건강한 삶을 살고 있는지에 큰 영향을 준다(Heslin, 2005;
Menaghan & Merves, 1984; Schulteiss, 2000; Williams & Johansen,
1985). 예를 들어, 의무는 많지만 결정권이 거의 없는 긴장감 높
은 직업을 가진 사람들은 우울감이 높았고 병가 사용도 많았다.
하지만 반대로, 여러 연구들은 일에 몰두하고 책임감을 느끼는
것은 심지어 명백하게 스트레스를 받을지라도 건강에 편익을 제
공한다는 사실을 밝히고 있다(예: Nelson & Simmons, 2003). 다시
말하면, 직업은 한 개인의 삶에서 다른 중요한 영역들과 상호작
용하며, 전반적인 건강과 만족감에 기여하기도 하지만 손상시키
기도 한다. 그러므로 직업에 개인적인 의미를 부여할 수 있도록
어릴 때부터 직업생활에 대해 계획을 세우는 것이 가장 바람직
하다.

직업생활 예상하기

네 살 난 그레이스(Grace)는 어떤 천주교 수녀가 간호사, 교사,
행정관, 사무원으로 일한다는 것을 알게 되었을 때, "나도 수녀
가 되고 싶어요."라고 말했다. 이유를 물어보니, "왜냐하면 수녀
님들은 되고 싶은 것이면 다 될 수 있잖아요."라고 대답했다. 네
살 무렵, 그레이스는 미래의 직업생활에 대해 한 가지는 분명하

게 알고 있었다. 바로 여러 가지 선택을 원한다는 것이다. 이 장에서는 그레이스가 성장하면서 그녀에게 다양한 좋은 선택들이 가능하다는 사실을 아는 것이 매우 유용하다고 주장한다. 더 나아가 직업 선택에 관한 전통적인 관점과는 다소 다르겠지만, 직업이라는 것이 정확하게 올바른 선택을 하기 위한 도전이 아니라, 여러 대안들을 추구할 기회를 제공해주는 것이라는 관점은 그녀에게 특히 유용할 것이다(Savickas, 2005).

만일 "너는 커서 무엇이 되고 싶니?"라는 질문에 대한 대답이 어떤 지표가 될 수 있다면, 대부분의 아이는 수년에 걸쳐 그들 자신을 위한 다양한 대안들을 머릿속에 그릴 것이다. 그러나 그 어린이가 성장하여 성인기로 접어들게 되면, 한 가지 대안을 선택하여 그것을 고수하도록 압력을 받게 된다(Osipow, 1986). '가장 적합한 것을 발견해야 한다.'는 개념이 선택을 예상하는 많은 젊은이의 바람과 언어에, 혹은 미래에 던져질 질문들을 빠르고 안정적으로 해결하기를 바라는 사랑하는 이들의 목소리에 굳어져 있는 것이다. 확실성을 바라는 것은 대개 유연성보다 더 편안할 수 있다. 물론 사회의 규범은 특정 유형의 직업(또는 고등학교 과정이나 대학의 전공)에 전념할 것을 요구하지만, 유연한 접근은 완벽한 일치를 찾으려는 시도에 저항하고 그 대신 만족스러운 다양한 일치가 존재한다는 것을 믿는 능력에 달려 있다(Super et al., 1996).

일반적으로 만족스러운 직업 선택을 추구하는 첫 번째 시도는 학교에서 직장으로의 이행에서 나타난다. 개인의 상황과 직업세계가 시시각각 변하기 때문에, 개개인은 이러한 이행을 준비하기 위해 다양한 길을 선택한다. 고등학교를 마치지 못한 사람들은 십대 중반에서 후반에 일을 시작하며 대개 저임금의 단순노동직을 얻게 된다(Kenny, Blustein, Chaves, Grossman, & Gallagher, 2003). 대부분은 고등학교를 졸업하거나, 대학 과정이나 직업훈련을 완수한 후, 혹은 준학사에서부터 박사에 이르기까지 다양한 학위를 수료한 후에 일을 시작하기 때문에, '직업'의 가능한 시작점은 이십 대까지 연기된다. 이러한 경로에는 정규교육뿐만 아니라 직업 실무 훈련, 수습 과정, 군복무 혹은 여러 과정이 함께 포함된다(Brown, 2003). 학교에서 직장으로 이행하는 결정은 미래에 대한 개인의 비전과 기대를 반영하며, 이는 다양한 내적·외적 요인을 기반으로 한다. 이러한 요인들에는 흥미, 가치, 성격, 능력, 성별, 인종, 가족의 사회경제적 지위, 부모의 직업, 교육에 대한 접근성, 차별의 경험이나 가능성, 직업 세계의 변화 흐름, 그리고 자신에 대한 믿음이 포함된다. 이러한 요인들이 학생들에게 개인적으로 어떤 영향을 미치는지를 인식하는 것은 여러 직업적인 대안을 인식하는 데 필수적이며, 앞서 언급했듯이 여러 대안을 인식하는 것은 직업 유연성의 첫 번째 요소가 된다.

　취업을 원하는 학생들을 준비시키기 위한 시도로, 학교에서 다양한 대안을 인식하도록 교육하는 것은 매우 유용하다. 이상적으로는 초등학교에 입학해서 고등학교를 졸업할 때까지, 학생들이 자기인식을 높이고 교육과 직업 기회를 탐색하며 직업을 계획하는 기술을 배울 수 있도록 격려해야 한다. 이러한 각 기술에 대한 예로는, 대인관계 상황에서 한 사람의 감정과 행동이 타인에게 어떠한 영향을 주는지에 대한 인식(자기인식), 다양한 직업의 사람들이 무엇을 하는지를 알기 위해 유용한 정보를 찾는 능력(탐색), 그리고 직장과 가족의 역할이 어떻게 상호작용하는지에 대한 인식(계획)이 포함된다(Kobylarz, 1996: Brown, 2003에서 인용).

이상적으로는, 자기고유의 선호와 성공에 대한 기대가 학교에서 직장으로의 이행을 결정하는 데 영향을 미칠 것이다. 예를 들어, 한 고등학생은 방학 때 목수의 보조로 일하다가 수습 과정을 밟게 되어 학교를 그만두기로 결정했다. 또 다른 예로 어떤 학생은 의과 대학에 가겠다는 결심이 확고해서 병원의 정식 의사로 취업할 때까지는 고등학교와 대학에서 학업만을 하겠다고 결심했다. 두 학생 모두가 이러한 결정을 한 데에는 선택한 길에 대한 열망과 성공적으로 수행할 수 있다는 능력에 대한 믿음인 자기효능감(self-efficacy)이 반영된다(Bandura, 2001). 직업 선택과 관련하여, 자기효능감은 더 높은 목표를 세우도록 하고, 지속적으로 노력할 수 있도록 도와줌으로써, 더 좋은 수행을 할 가능성을 증가시킨다(Lent, Brown, & Hackett, 1996). 몇몇 사람, 특히 아시아계 미국인 대학생들은 직업을 선택할 때 해당 분야에 대한 흥미보다는 성공에 대한 기대가 더 큰 기반이 되기 때문에(Tang, Fouad, & Smith, 1999), 직업을 선택할 때에도 직업적 흥미보다는 자기효능감이 더 큰 기여를 한다.

그러나 많은 젊은 사람의 경우에는, 희망에 가득 찬 열망에도 불구하고 환경적인 요인이 학교에서 직장으로의 이행에 대체로 더 많은 영향을 미치기도 한다(Fouad & Byars-Winston, 2005). 가령 저임금의 소수집단 가족의 구성원인 도시의 청소년들은 고등학교를 마칠 가능성이 적고, 대학이나 직장에 들어가기에는 학업적인 준비가 부족하며, 또한 그러한 장애물을 극복하도록 도와줄 수 있는 지역사회의 자원도 더 적을 수 있다(Kenny et al., 2003). 뿐만 아니라 환경은 자기효능감에도 영향을 준다. 예상하는 것처럼, 자신의 능력에 자신감이 적은 사람은 직업생활에 대한 목표도 제한된다. 여학생들은 수학과 과학과 같은 특정 직업에서 성공하지 못할 것이라고 인식하기 때문에 해당 영역에서의 기대를 제한한다. 이러한 인식은 수학과 과학에 대한 적성과는 무관하게 존재하며, 잠재적으로는 자기충족적 예언을 만들어낸다. 그 결과 개인이 느끼는 불편감이 학습을 방해하기 때문에 실제 수행력도 떨어지게 된다(Betz, 2004).

　환경과 낮은 자존감이 학교에서 직장으로의 성공적인 이행에 장애물이 되는 사람에게는, 양질의 대인관계가 그러한 난관을 극복하도록 도와주는 매우 일관된 요인으로 나타났다. 여성의 경우, 부모와의 강한 애착관계는 직업을 계획하는 과제를 성취할 수 있다는 자신감(직업 자기효능감)을 향상시켰고, 직업에 대한 열망도 증가시켰다(O'Brien, Fredman, Tipton, & Linn, 2000). 강한 애착관계는 위험 감수와 탐색과 같은 직업 발달 과업에서의 안전감에도 기여하는 것으로 나타났다(Schulteiss, 2000). 일반적으로 여성의 경우, 특히 멕시코계 미국인 여성에게 있어서 부모와 교사의 지지는 직업을 갖고자 하는 열망을 더 높여준다(McWhirter, Hackett, & Bandalos, 1998; Quimby & O'Brien, 2004). 가족과 사회의 지지는 다양한 인종의 청소년들의 학교와 직장에 대한 적응적인 태도(Kenny et al., 2003)와 아프리카계 미국인 청소년들의 학교 수행 및 자기확신과 관련이 있었다(Carter & Cook, 1992: Kenny et al., 2003에서 인용). 이러한 결과는 중요한 관계로부터 지지를 얻는 것이 청소년들에게 유익하다는 사실뿐만 아니라, 청소년들의 직업 발달에 도움이 될 수 있도록 사회가 지지적인 관계를 담보해줄 책임을 가진다는 사실 또한 지적하고 있다.

만족스러운 직업생활을 위해서 장애물을 극복하도록 격려하는 것이 명백하게 중요함에도 불구하고, 직업 유연성이 직업에는 '한계는 없다.'라는 관점과 동일한 것은 아니다. 각 개인이 여러 가지 만족스러운 직업을 가질 수 있다는 긍정적인 관점을 받아들인다 하더라도(Super et al., 1996), '마음을 다한다면 무엇이든 할 수 있다.'라고 제시하는 유형의 낙관성은 쉽게 좌절감을 야기하거나 몇몇 경우에는 실패감을 줄 수도 있다(Osipow, 1986). 지능, 신체적 성장, 특정 기술과 같은 몇몇 한계 요인은 미래의 직업의 범위를 좁힐 때 실질적인 수단을 제공할 수 있다. 직업 유연성은 어떤 선택도 모두 가능하다는 것이 아니라, 여러 선택이 가능하다는 것을 믿는 것이다. 그리고 능력에 대한 이러한 제한점들을 고려하고 현실을 반영하여 미래의 방향을 선택하는 것이다(Gottfredson, 1996). 직업 유연성의 이러한 한계를 인정하기 위해서는 정신적 유연성이 필요하다. 즉, 정신적 유연성이란, 현실적인 제한점을 기꺼이 받아들이려는 의지를 보이면서도 여러 좋은 선택들이 가능하다는 현실적 낙관성과의 균형을 유지하려는 의지를 말한다.

이러한 복잡한 요인들을 고려해야 하기 때문에, 직업 유연성은 의사결정을 위한 공식처럼 여겨져서는 안 되며, 직업을 구성하

고 수행하도록 준비시키는 일련의 기술과 태도로 이해되어야 한
다(Savickas, 2005). 직업을 예상하는 사람의 경우, 앞서 언급된
자기인식, 자기효능감, 정보를 근거로 현실적인 선택을 하는 능
력과 같은 직업 유연성의 측면을 인식하는 것만으로는 부족하며,
개개인은 변화하며 직업세계도 변화한다는 것도 충분히 인식해
야 한다. 앞서 언급했듯이 이 세상은 당연하게도 젊은이들이 하
나의 행동에 전념하기를 요구하는데(예: 지금 일하기 대 더 공부하
기, 과학 전공 대 교육학 전공), 대개의 경우 이러한 선택은 마지막
이라고 여겨지는 경우가 많다(Krieshok, 2001). 첫 번째 직업을 결
정하거나 전공을 결정하고 나면, 학생들은 "휴우, 모두 끝나서
다행이야." 하며 안도의 한숨을 내쉰다. 하지만 유연성이라는 관
점에서는 직업 선택을 마지막이 아니라 시작으로 보며, "이 결정
이 어떤 식으로 이어질까……." "만약 중요한 변화가 생긴다면
앞으로 더 알아봐야 할 거야." 라고 시작하는 미래에 대한 이야기
를 만들어가도록 한다.

끝이 없는 결정

직업에 대한 의사 결정이 단번에 이루어지는 것이 아니라 계속
진행되는 과정이라면, 학교에서 직장으로의 이행은 직업생활의
첫 번째 전환에 해당할 뿐이지 가장 중요한 것은 아닐 것이다. 이
러한 현실은 직업 유연성을 직업 선택과 대안들에 대한 인식, 자
발적 태도, 적응하는 능력이라고 앞에서 정의했던 것처럼, 성인

에게도 이러한 직업 유연성을 유지하는 것이 도움이 된다는 사실을 나타낸다. 변화를 촉진하는 환경에는 직장에서의 불만족 증가, 기술에 대한 수요 감소, 예상치 못한 실직, 다른 직장으로의 이직, 또는 단순히 대안을 탐색하고 싶은 바람 등이 포함된다.

직업세계에서 한 개인의 선택이 변하기 시작함에 따라, 유연성에 대한 요구도 그만큼 높아진다. 예를 들어, 직업만족도는 개인의 요구가 현재 작업 환경과 얼마나 잘 부합되는지를 부분적으로 반영한다(Dawis, 1996). 고용주와 고용인의 중요한 요구들이 대부분 만족된다면, 현재의 고용관계는 발전할 만한 선택으로 유지된다. 하지만 고용인이나 고용주 어느 한쪽이 불만을 경험하고 그 불만이 점점 커진다면, 고용인은 현재의 직업 상황이 점차 덜 중요한 선택이 되어간다는 것을 인식할 필요가 있다. 고용인은 불만족을 유발하는 변화가 어떤 유형인지에 따라 그 변화를 받아들이기 위한 시도, 가령 새로운 컴퓨터 시스템을 배우는 것과 같은 시도를 해야 할 수 있다(Thoresen, Bradley, Bliese, & Thoresen, 2004). 아니면 임금 인상과 같이 조직이 변화할 것을 요구할 수도 있으며, 혹은 그 회사가 아닌 새로운 직업 대안을 고려해볼 수도 있다. 이러한 상황에서 변화에 대한 반응은 성장의 기회를 제공하며, 반응하지 않는 것은 위기를 가져온다(O' Connor & Wolfe, 1987). 다음의 두 가지 사례가 그 차이를 설명해줄 것이다. 잭(Jack)은 신문 광고부서의 영업 관리자 지위에서 강등되어 상당히 낙담했다. 그는 그러한 조치를 받아들이고 최선을 다해 계속 일하겠다고 보고했지만, 이와 동시에 무언가 변화가 필요한 시점이라고 결심하게 되었다.

그래서 나는 학교로 돌아가 학위 과정을 마쳤고, 이제 약사
가 되고 싶은 내 꿈의 문이 열렸어요. 학사학위가 없이는 약을
팔 수가 없거든요. 나는 강등 당하기 일주일 반 전에 학위를 받
았어요. 그래요. 그건 뜻밖의 행운이었어요. 그보다 더 잘 설
명할 수가 없네요. 정말 너무나 힘들었어요. 나는 괴로웠지만,
끊임없이 노력하고 있어요. 그러다 보면 그 터널 끝에는 밝은
빛이 있을 거예요.

빌(Bill)은 직장에서의 지위 변화에 대해 다르게 반응했다. 한
회사에서 34년을 지냈는데, 불만족감이 점점 커져갔음에도 대안
을 고려하는 것에 상당히 불편해했다.

나는 곧 직장을 잃게 될 것 같은 느낌이 들었어요. 불과 2년
도 안 되는 기간에 관리자가 세 번째 바뀌었거든요. 많은 것이
불안정했어요. 나는 돈을 꽤 많이 받았어요. 올 해 초에 사람
들이 나를 간부 회의에서 제외시켰을 때, 아마도 직장을 잃게
될 거라고 느꼈어요. 새로운 관리자가 말했어요. "나는 회의에
들어가요. 빌, 영업팀에서 오는 전화 좀 다 받아줘요."

이후, 그는 이렇게 덧붙였다.

요즘에 나는 누구에게든 충고를 해요. 할 수만 있다면 컴퓨
터를 배우라고 말이죠. 나는 수년 전에 그걸 했어야 했어요.
아내와 나는 5~6년 전에 컴퓨터를 사자고 이야기했었거든요.

불행히도 우린 계속 미루기만 했어요. 전문 기술이 정말 필요
한 지금, 나에게는 그 기술이 없네요.

잭은 직장에서의 변화에 불만족을 느끼게 되었을 때 결심을 하
고 이를 실행에 옮긴 반면, 빌은 그렇게 하지 않았다. 자신의 기
술이 시대에 뒤떨어진다는 인식을 하고도 아무런 행동을 하지 않
은 것에 대한 빌의 후회는, 예상치 못한 실직을 경험한 사람들이
일반적으로 경험하는 것이며(Ebberwein, Krieshok, Ulven, &
Prosser, 2004), 환경이 개인의 선택에 어떤 영향을 미치는지를 보
여주는 사례다. 환경이 직업 계획에 도움이 되든(예: 지원) 아니면
제한이 되든(예: 실제적인 혹은 지각된 장애물), 한 개인의 환경을
인식하는 것은 중요하다. 장애물과 지원은 각각 직업에 대한 기
대에 중요한 영향을 미치는데, 즉 지원은 목표지향적 활동을 증
가시키는 반면, 지각된 장애물은 그러한 활동을 감소시킨다
(Kenny et al., 2003; Lent et al., 2000). 34세의 아프리카계 미국인으
로 두 아이의 엄마인 킴벌리(Kimberly)는, 이행기에 성인들이 직
면하게 되는 중요한 환경적 문제들, 즉 장애물과 지원 모두를 보
여주고 있다. 그녀는 회사 사장이 다른 도시로 이동하면서 사무
보조직을 잃게 되었고, 이에 새로운 직장을 구하는 중이었다.

지난번에 이야기를 나눴던 그 남자는 컴퓨터에서 출력한 직
업 목록 전체를 저에게 주었어요. 하지만 나에게 적합한 직업
을 전혀 찾을 수가 없었어요. 저는 많은 직업에 자격이 되었지
만, 거리가 너무 멀었어요. 거리는 정말 중요해요. 생각해보면

교통은 저에게 장애물이거든요. 왜냐하면 이런 직업들 같은 경우 그들이 "그래서 어떻게 출퇴근을 할 건가요?"라고 물어보면, 저는 "버스요."라고 대답해야 하기 때문이죠. 그렇지만 버스는 자주 늦게 오고 특히 겨울에는 심하잖아요. 회사 사람들은 "저, 버스가 늦었어요." 혹은 "버스가 안 왔는데요."라고 하는 말은 듣고 싶지 않을 거예요. 운 좋게도 이전 직장에서는 사람들이 유연했어요. 저는 8시까지 출근하기로 되어 있었는데 8시 10분까지도 못 가면 사람들이 도와주곤 했죠. 그들은 항상 "월급 삭감은 하지 않아요."라고 말했어요. 그들은 내 출퇴근 시간 카드에 8시라고 적어두라고 말해주었어요. 사장도 정말 괜찮은 사람이었고……. 하지만 지금 저와 제 남편은 차를 한 대 사려고 해요. 그러면 교통편에 대해서는 걱정하지 않아도 되잖아요. 우리에게는 두 아이가 있는데 버스를 타려고 할 때는 그게 또 문제가 되거든요. 큰 아이는 열네 살이고 작은 아이는 여섯 살인데, 작은 아이가 매달 진찰을 받으러 가야 해요. 매달 시간이 같은 것이 아니어서 종종 저는 아이를 병원에 데려다 주려고 직장에서 잠시 빠져나와야 하죠. 저는 이런 것들을 미리 알려요. 그래서 면접에 갔을 때 "난 이렇고 이런, 그리고 또 이런 일들이 있어요. 그렇지만 큰 문제는 아니랍니다. 왜냐하면 제가 할 수 없을 때는 남편이 할 수 있을 거예요."라고 말해요. 알다시피, 제 직업에 있어서 위험을 무릅쓰고 싶지는 않아요. 제가 느끼기에 저는 개인적인 일들이 참 많은 것 같아요.

구직자들에게 있어서 현실적인 장애물은 환경적인 장애물에 대해 크게 주목하지 않는 전문가들인데(Fouad & Byars-Winston, 2005), 킴벌리가 만났던 첫 직원과의 시나리오가 바로 그러한 예다. 그녀는 재정적인 환경으로 인한 교통 관련 장애물과 직장과 가정 간의 균형과 관련된 장애물에 대해 설명했다. 그녀는 자신의 장애물을 잘 알고 있었기 때문에 구직활동에 접근할 때에도 꽤 균형 잡힌 모습을 보여주었는데, 그것은 아마도 환경적인 지원을 잘 인식하고 있었기 때문이기도 하다.

　음, 제 남편은 저에게 단지 이렇게 말을 해요. "당신이 필요한 것을 해. 난 여기서 당신을 돕고 지지할게." 저는 어떤 일이 일어날 때마다 그에게 말하곤 해서, 그는 그런 일이 오리라는 것을 알아요. 그렇게 그는 알고 있었지만, 저처럼 그때가 언제인지는 모르죠. 그리고 우리 가족, 어머니와 남동생도 잘 알고 있어요. 저는 모든 사람에게 말을 했고, 그들은 제가 알아야 할 것들을 챙겨주죠. 말했듯이 남동생은 동네에 새로 개업하는 곳이 있으면 저에게 알려줘요. 엄마는 늘 관심을 가져주시고요. 그 밖에 다른 사람들, 가령 친구들은 "이제 뭘 할 거야?" 하고 묻고는 제가 말을 하면 "그래, 듣기 좋다. 그리고 그 직업을 찾았다면, 다른 일도 찾을 수 있을 거야." 하고 말해줘요.

킴벌리는 그녀가 가용할 수 있는 지원들이 편안함과 자신감의 원천이라고 설명한다. 이렇듯 사람들이 관심을 보여주고, 이들이 가능한 기회들에 대한 정보를 제공해준다는 사실을 아는 것은 도움이 된다. 이는 좋은 직업을 구하는 데 기여하는 일종의 네트워크라고 할 수 있다(Bolles, 2004).

　직업 인식을 잘 하는 사람들은 이상적으로 그들의 환경적인 장애물을 잘 이해하며 이를 극복하기 위한 지원에 대해서도 잘 이해하고 있다. 또한 그들은 잘 정립된 직업 전망과 자신에 대한 인식, 그리고 자신이 직업세계에서 어떻게 자리하게 될지에 대한 지식도 잘 인식하고 있다. 현재의 직업 환경에서는, 직업 흥미와 자기개념을 올바른 결정을 하기 위한 결정적인 실체라고 여기지 않는다(Savickas, 2005). 그보다는 자기의 변화하는 측면으로, 한 사람이 직업생활을 통해 표현하고자 하는 의미와 목적이 반영된 것으로 여긴다. 때때로 유연한 접근은 부가적인 경험이나 훈련 기회를 통해 직업 정체성(한 사람의 흥미, 재능, 목표에 대한 지속적인 관점)에 변화를 가져오기도 한다(Holland, Johnston, & Asama, 1993: Robitschek, 2003에서 인용). 가령 새로운 기술을 습득한 후에 직업을 바꾼 사람은 직업 정체성의 변화를 경험하게 된다.

　직업 정체성 변화에 대한 개방적 태도는 성격적 강점으로 여겨질 수 있지만(Robitschek, 2003), 그것이 항상 새로운 기술의 습득이나 흥미의 변화를 요구하는 것은 아니다. 때때로 그것은 단지 직업세계에 적응하기 위한 방법을 더 잘 인식할 것을 요구한다. 직업 재활 상담가로서 나는, 군복무 이후에 직업을 찾고 있는 한 남자 군인을 인터뷰한 적이 있었다. 그의 직업 정체성은 기본적으로 서비스맨이었다. 그는 군복무를 마쳤을 때 갖추고 있는 것이 거의 없어서 '모든 것을 새롭게 시작해야만 한다.'고 생각했다. 군대에서의 경험에 대해 질문하자 그는 헬리콥터 수리 기술자로 일했다고 대답했다. 그의 군 훈련 경험과 군대에서의 특수한 이력은 새로운 직업 환경에 적용할 수 있는 다양한 기술을 제공해주었다(Bolles, 2004). 그는 단지 그의 정체성을 '군복무를 끝낸 사람'에서 여러 직업에 적용할 수 있는 '기술 숙련자' 혹은 '수리 전문가'와 같은 것으로 새로 이름을 붙이기만 하면 되는 것이다. 더 많은 훈련과 교육을 통해 직업 정체성을 바꾸려는 노력도 유익할 수 있지만, 현재 그가 지니고 있는 기술과 특성에 대한 관점을 확장시키고 현실화하는 것 또한 현재 추구할 수 있는 좋은 대안일 수 있다.

자신에 대한 정확한 관점뿐만 아니라 대안을 현실적으로 인식하기 위해서도 직업과 직업세계에 대한 정확한 정보가 필요하다. 좋은 정보는 새로운 직업에 대해 효과적이고 시의적절한 행동을 취하도록 해준다는 점에서 직업을 바꾸려는 사람들에게 많은 도움을 주는 것으로 나타났다(Ebberwein et al., 2004). 직장인들은 다양한 방식으로 정보를 수집한다. 가령 과거의 경험을 회상하거나 새로운 직업을 탐색해보고, 타 직업군의 사람들에게 자문을 구하거나, 직업 훈련이나 인력 시장에 대한 내용을 읽어보고, 아니면 시간제 근무자로 직접 일을 해보는 등의 방법을 활용한다. 한 개인이 직업과 관련된 정보를 얼마나 잘 수집하는지는 그 사람의 변화에 대한 관점과 미래에 대한 관심이 어떠한지에 따라 부분적으로 좌우된다. 변화가 예기되어 있다는 관점을 가진 사람들은 앞으로의 직업에 대해 미래지향적이고 계획적인 접근을 하게 되며, 그로 인해 적응해보려는 자발적 태도와 능력을 부여받게 된다. 직업 적응이라는 개념은 관심, 호기심, 통제, 자신감으로 이해되는데(Savickas, 2005), 이는 적응하려는 자발적 태도와 적응하는 능력이 직업적으로 유연한 행동에 있어서 어떻게 나타나는지를 이해하는 데 큰 도움을 준다.

직업적 관심은 변화에 대한 준비를 촉진시키는데, 이러한 준비는 직업에 대한 불만족이나 예기치 않은 실직이 닥쳐야 하는 것은 아니다. 변화의 기회에 대비하기 위해서는, 무엇이 효율적인 의사결정에 기여하는지를 아는 것이 도움이 된다. 질문을 받았을 때, 사람들은 특정 전공이나 직업을 선택한 이유를 이야기할 수 있다. 그러나 그러한 결정이 의식적인 차원보다는 직관적인 차원에서 이루어진다는 증거들이 밝혀지면서, 이전보다 이유를 파악하기가 더욱 어려워졌다. 게다가 결정을 하면서 그 결정에 대한 이유를 분석하는 것은 그 과정을 돕기보다는 오히려 방해한다 (Krieshok, 2001).

이러한 이해가 의사결정 과정이 필요하다는 사실을 부정하는 것은 아니다. 이 과정은 여전히 중요하지만 만일 직관이 의식보다 더 큰 역할을 한다면, 효과적인 의사결정을 위해서는 결정을 하도록 맞추어진 결과 목록보다는 다양한 직업과 관련된 경험들이 더 큰 도움이 된다는 것이다. 어떤 학생은 이렇게 설명할지 모른다. "저는 이러한 이유로 경찰관이 되려고 합니다. 첫째, 제 아버지가 경찰관입니다. 둘째, 저는 고향에 계속 머물고 싶습니다. 셋째, 진로 상담가도 제가 이 직업을 좋아할 것이라는 데에 동의했습니다." 이러한 이유들 각각은 타당해 보일 수 있다. 그러나 가장 그럴듯한 이유들은 아직 '직감' 수준에 놓여 있으며, 이상적으로는 경찰관의 업무와 환경을 삶에서 직접 체험하고 이러한 과정을 통해 경찰관이 자신에게 '잘 맞는다.'고 수용하는 과정이 필요하다. 결국 변화가 불가피하다고 예상한다면, 성공적인 의사결정은 변화에 직면했을 때 유연성을 촉진시키는 방식으로 직업세계에 기꺼이 참여하려는 태도에 달려 있으며, 그 결과 기술과 관심사가 확장될 수 있고(Krieshok, 2001), 확실하게는 지식이 확장될 수 있다.

대안을 늘리려는 목적을 가지고 주변 환경에 참여하는 사람들은 호기심을 가지고 행동한다. 이때의 호기심이란 일상생활에서 사람들과 장소, 여러 사건들로부터 무언가를 배우려는 관심을 뜻한다. 이에 대한 예로는 다양한 직업을 가진 사람에게 질문하거나 자신의 전공과 전혀 다른 수업을 선별해서 수강하고, 지역 단체에서 자원봉사를 하거나 미래에 가능한 직업들의 목록을 작성하는 것 등이 있다. 이런 활동들은 단순히 "다음에는 어떤 직업 경로를 따라야만 하는가?"라는 질문에 대답하는 '행동 목록'이 아니다. 하지만 '참여하는 것(engagement)'은 개방적이고 목적지향적인 활동이며, 그 자체는 어떤 결과를 만들어내지는 못하지만 긴 시간에 걸쳐 의사결정에 직관적인 정보를 제공하여 가능한 직업을 경험하는 데 도움을 준다(Krieshok, Black, & McKay, in review). 참여는 마치 직관의 '생각을 하기 위한 재료'와도 같고, 그러한 행동은 의사결정 과정에 필요한 정보와 현실성을 제공한다(Savickas, 2005).

또한 호기심은 계획된 우연(planned happenstance)이 만들어낸 환경하에서 우연히 발생한 새로운 일에 대해 개방적인 사람들에게 도움을 준다(Mitchell, Levin, & Krumboltz, 1999). 계획된 우연에는, 주변 사람들과 상황에 대해 개방적인 자세를 취함으로써 계획되지 않은 경험을 자신과 직업세계에 대해 학습하는 기회로 활용한다는 기대가 반영되어 있다. 참여와 계획된 우연과 같은 개방적인 태도는 '모든 자료가 다 있는 것은 아니기' 때문에 성급하게 직업을 결정하지 않도록 도와준다. 사람은 호기심을 가지고, '만일 이렇다면 어떤 일이 생길까?' 라는 질문을 따라가면서 대안을 탐색하는 기회를 가지며, 명확하지 않은 계획에 얽매이지 않게 한다(Mitchell et al., 1999, p. 117).

참여를 통해 유익을 얻는 사람들에게 호기심을 갖는 것은 최선의 방법이지만, 참여는 시간과 자원의 영향을 받는다. 가난과 교통수단의 제한, 부모로서의 책임감과 같은 장애물은 참여의 기회를 제한하지만, 그렇다고 그 기회를 아주 없애지는 않는다. 도시에 사는 고등학생의 경우는 중요한 가족에게 지지를 받거나, 수업에 참여하고, 숙제를 하거나 미래의 직장에서 리더의 자리에 서게 되는 것을 상상할 때 참여를 하게 된다(Kenny et al., 2003). 전통적이지 않은 대학의 여학생은 여성 단체의 일원들에게 지지와 격려를 받을 때 참여하게 된다(Quimby & O'brien, 2004). 교도소에서 근래에 출소한 남성의 경우는 익명의 알코올 중독자 자조모임에서 직업에 대한 열정을 말하거나 교회에 다녀온 후에 참여하게 되고, 직업 상담 기관에서 상담을 받는 실직한 주부는 대학에 돌아갈 가능성을 상상할 때에 참여하게 된다. 킴벌리의 다른 이야기를 확인해보자.

여전히 무언가 할 수 있을 만큼의 자격이 되는지 알아보기 위해 그곳에 갔을 때, 그들은 제가 재초점 프로젝트에 참여할

수 있는 경우에 해당하고, 그래서 직업을 구할 수 있는지 알아
볼 수 있다고 하더군요. 그래서 제가 여기에 와 있는 거고요.
음, 그리고 아시다시피 여기에서 처음 오리엔테이션을 받고 그
주 목요일에 심사를 위해 다시 갔을 때 사람들이 현재 시급한
목표가 무엇인지 묻더군요. 그래서 저의 시급한 목표는 직업
을 구하는 것이라고 말했어요. 그게 저의 당면한 목표죠. 저는
완전고용협의회에 참석할 생각을 하고 있어요. 몇몇 프로그램
이 있다고 들었거든요. 그렇지만 보통은 학교에 가라고 한다
는데 저는 당장은 학교에 돌아가고 싶지 않아요. 저는 일을 하
고 싶죠. 그게 바로 제가 제 상담자에게 말했던 건데, 왜냐하면
그녀도 저에게 학교로 돌아가라고 했거든요. 그럴 수 있을 거
라고요. 그렇지만 지금 당장 학교에 가고 싶지 않아요. 아니,
이 말은 취소할게요. 학교에 가고 싶기는 해요. 그렇지만 둘째
(여섯 살)가 조금 더 자라고 큰 아이(열네 살)가 집을 떠나게
되거나 하면요. 왜냐하면 지금 당장은, 제가 일을 하기 위해 학
교로 돌아간다면, 아마도 잘할 수 없을 거예요. 아마 힘들겠죠.
남편이 저녁에 일하니까 저는 못할 것 같아요.

그녀는 단순히 직장을 알아보는 기회를 받아들이는 것만으로
도 그녀의 대안들에 대해 논의할 수 있었고, 그녀의 생각을 "당
장 일을 할 필요가 있다."에서 4~5년 안에 학교로 돌아가는 것
을 고려해보는 것으로 발전시켰다.

직업생활에 대해 호기심을 가지고 접근하는 것이 '장단점' 목
록이나 관심 목록과 같은 조직적이고 논리적인 의사결정 과정을

무시하는 것은 아니다. 적합한 직업을 찾기 위해서는 관심사와 환경을 맞춰보는 것 이상이 필요하고, 그러한 과정이 정형화된 형식이기보다는 적응적인 의사결정의 일부라는 사실을 인정해야 한다는 것이다. 계속 글을 읽고 쓴다면 다음 이야기가 떠오를 것이라고 믿는 작가처럼, 호기심에 가득 차 참여하는 의사결정자는 그의 직업 이야기가 펼쳐진다고 믿고, 그 가능성에 대하여 예상할 수 있게 된다.

직업에 대한 인식과 적응하려는 자발적 태도는 한 개인이 적응할 수 있는 능력의 정도까지만 직업 유연성에 도움을 준다. 직업의 변화에 대한 적응 능력은 앞서 논의되었던 요인들에 부분적으로 좌우되지만(예: 개인의 발전에 참여하려는 자발적 태도), 또한 미래의 직업에 대한 통제감과 노력하면 성공할 수 있다는 자신감에도 영향을 받는다. 통제감이 있는 성인은 자신과 직업세계에 대한 지식을 어떻게 활용할 것인지가 그들 자신에게 달려 있다고 생각한다. 바로 스스로가 선택하는 것이다. 과거에는, 의사결정에 대한 통제감이 한 사람이 첫 직업을 선택할 때 가장 큰 영향을 미쳤는데, 이후 조직에 들어가게 되면 그 자유는 줄어들게 된다. 오늘날, 미래를 구성하기 위해 그들의 이력을 '소유' 하고자 하는 젊은이들에게, 통제감은 현재의 직업을 보증해주는 하나의 특성이 되었다(Savickas, 2005). 하지만 직업 유연성의 자원이기도 한 통제감을 한 사람이 자신의 선택에 얼마나 영향력이 있는지와 혼동해서는 안 되며, 오히려 선택을 위해 한 사람이 어느 정도의 책임을 부담해야 하는지로 이해해야 한다. 예를 들어, 서구 문화의 특성인 독립에 대한 가치는 한 사람의 직업 결정이 성취감과 행복감에 기반해야 한다고 제시한다. 이러한 가치는 독립보다 상호의존성에 더 높은 가치를 부여하는 문화권의 사람들에게는 공유되지 않을 것이다. 개인적인 열망보다 가족을 상위에 두는 중국계 미국인 대학생의 경우, 직업 선택을 부모나 조부모가 용인하고 인정하는 것으로 제한할 수 있다(Leong & Hardin, 2002; Tang et al., 1999). 그러한 가치구조 내에 있는 사람들의 직업에 대한 통제감은, 다른 사람의 의견을 적절한 대안으로 받아들이고, 그 범위 내에서 최종 선택을 하며, 선택한 직업을 개인의 고유한 의미를 만들어내는 방향으로 형성해가는 것이 된다.

사람들이 마주하게 되는 다양한 환경적 장애물은 직업에 대한 통제감을 직업 선택에서 개인이 갖고 있는 영향력과 동일하게 여겨서는 안 되는 또 다른 이유를 보여준다. 재정적·교육적·차별적 장애물을 경험하는 사람들은 이러한 요인들이 자신의 직업 선택에 얼마나 영향을 미치는지 잘 인식하고 있다. 그러나 어느 시점에서 가능한 대안의 범위 내에서 목적을 가지고 선택하는 행위는 그러한 결정을 단지 운에 맡기는 것에 비해 통제감을 향상시킨다(Savickas, 2005). 앞서 논의되었던 킴벌리는 이러한 통찰력을 보여주면서 이야기를 마무리했다.

저는 맥도날드에서 일을 구할 수 있어요. 그렇지만 그 일은 제가 하고 싶은 일이 아니라는 것을 알고 있죠. 그저 돈만을 얻는 그런 일은 제가 하고 싶은 일이 아니에요. 그러니 단지 일하기 위해서 아무 직업이나 구할 필요는 없는 거죠. 왜냐하면 그렇게 해버린다면 오래가지 않을 테니까요.

킴벌리는 교통편과 가족에 대한 책임감, 교육 수준과 같은 제한점들에 대해 잘 이해하고 있었다. 그러한 한계를 잘 알고 있었기 때문에, 쉽게 구할 수 있는 첫 번째 직업을 택하기보다는 목적을 가지고 더 탐색해보기로 선택하였다. 세 명의 성인 자녀를 둔 55세의 이혼 여성인 케이티(Katie)는 재정적인 압박과 통제감 결여에 대응하면서 실직에 다르게 반응했다.

> 저는 정말 공황 상태였어요. 너무 두렵고 혼란스러웠기 때문에 될 수 있는 한 많은 일자리를 얻었어요. 저는 이 직업들이 응급처치에 불과하다고 생각했지만, 실제로는 그렇지 않았어요. 살아남기 위해서는 이 직업들 중 두 가지는 계속해야 했거든요. 그래서 95년부터 이 일, 저 일 하기 시작했어요. 제가 지쳐 쓰러질 때까지요. 두 직업을 한 번에 갖는 건 정말 피곤한 일이에요. 게다가 저에겐 중요한 것들에 집중하고 기술을 배울 시간도 없어요. 아니, 그것이 무엇이든 간에 상관없어요. 어쩌면 그러한 것은 정신적인 문제 때문일 수 있어요.

이제 직업 상담을 통해 도움을 받고 나서, 그녀는 그 상황을 이렇게 회상한다.

> 95년의 상황 때문에 그렇게 지쳤을 때, 내가 해야 했던 것은 실직을 받아들이고 그로부터 잠시 물러나 있는 것이었어요. 하지만 저는 공황에 빠져들었고, '내가 무엇을 해야 하나?'라는 질문만을 했죠. 저는 이 일만을 수년 동안 해왔는데, 이

일을 그만두고 갑자기 길거리에 내몰리게 되자 두려웠던 거예
요. 그건 정말 두려웠어요.

여러 가지 장애물을 경험하는 사람에게 지원은 매우 안정적인
도움을 주는데(Blustein et al., 2002; Chronister & McWhirter, 2006;
Eisenberg & Ota Wong, 2002), 이러한 사례들은 지원이 갖고 있는
기능 중 하나가 구직자에게 안전감을 더해주고 압박감은 줄여줌
으로써 그들의 직업 통제감을 향상시켜준다고 제안한다. 즉, 배
우자가 일을 하거나, 이직에 대해서 원조를 받거나, 재정적 지원
금과 같은 지원을 받는 사람들은 직업을 변경하는 과정 동안에
계획적으로 선택할 수 있다고 느낀다(Ebberwein et al., 2004).

직업을 선택할 수 있다는 능력에 대한 자신감, 즉 직업 자기효
능감(Betz, 2004)은 여러 가지 면에서 능력에 영향을 미친다. 앞
서 설명했듯이, 자기효능감은 목표를 더 높게 설정하도록 해주
며, 지속적인 노력을 유지하게 하여, 결과적으로 더 좋은 수행을
할 수 있도록 한다(Lent et al., 1996). 적응하는 능력은 자기효능
감 뿐 아니라, 또한 희망(hope)에 좌우되는데, 이때의 희망은 성
공할 수 있다는 기대와 성취를 위한 현실적인 계획을 기반으로
목표를 추구하려는 동기를 말한다(Snyder, Irving, & Anderson,
1991). 자기효능감이 "나는 그 목표를 이룰 수 있어."라는 출발
점을 제공한다면, 희망은 능력에 대한 한 개인의 인식을 "나는
이 목표를 이룰 거야. 이것이 방법이야."와 같은 관점까지 확장
시켜준다. '희망이 높은 사람들'은 자신의 노력에 대해 더 긍정
적으로 느끼는 경향이 있으며, 이는 계획적이고 동기화된 행동

을 강화한다(Lopez, Snyder, & Teramoto Pedrotti, 2003). 직업 희
망을 가지고 있는 사람은 직업의 변화에 직면했을 때 일에 대해
긍정적인 주의를 기울이고, 직업 목표를 가지며, 그 목표를 이루
기 위한 동기와 계획이 있는 사람이다(Juntunen & Wettersten,
2006). 다음 사례에 설명된 것처럼, 그들은 직업을 바꾸는 것에
대해서도 훨씬 더 고무되는 경향이 있다. 30세의 기혼 백인 여성
인 제인(Jane)은 새 직장을 얻은 지 몇 달 되지 않아 대규모의 구
조조정 대상이 되었다. 그녀는 재정 분석 분야에 대한 관심을 계
속해서 유지하기로 하였다.

그날 밤 집에 왔어요. 우리가 퇴직금을 받을 것이라고 알고
있었지만 정확히 얼마인지는 몰랐죠. 그래서 앉아서 남편에게
몇 가지 이야기를 했죠. 그는 "음, 만약 당신이 학교를 가지 않
는다면 당신은 바보야." 바로 내가 듣고 싶던 말이었어요. 그
래서 그날 밤부터 난 화내지 않았어요. 회사에서의 마지막 날
이 언제인지 확실히 알게 되자마자, 대학에 가서 내가 준비해
야 할 서류가 무엇이고 무엇을 가져가야 하는지를 알아봤어
요. 일을 그만두는 날에는 서류를 등록하기 위해 어디로 가야
하는지 알고 있었죠. 어디 보자. 마지막 날은 5월 28일이었고
수업을 시작한 것은 6월 7일이었죠. 일찍 일어나서 출근할 필
요가 없어지자 정말 안심이 되더군요. 잘됐다. 더 이상 일할
필요가 없구나. 더 이상 처리할 일이 없구나. 저한테는 이건
정말이지 크게 위안이 되는 일이었어요.

직업 미래에 대한 제인의 관점은, 직업을 선택하려는 동기가 있었고, 그것을 성취하기 위한 현실적인 경로를 결정했다는 점에서 희망적이었다.

직업 유연성을 이해하고 증진시키는 데에 자기효능감과 희망은 특히 유용한 구성개념이다. 왜냐하면 그것들은 개인적이고 내적인 것이며, 이익과 불이익 모두와 관련되기 때문이다(Juntunen & Wettersten, 2006). 환경적 요인과 비교할 때, 이러한 특성은 보다 개인의 통제 내에 있다. 사회에서 과소평가된 사람들에게 "나는 할 수 있다. 그리고 그럴 것이다. 그리고 이것이 그 방법이다."라는 믿음은 희망적이며, 그렇기에 특히 장애물에 직면했을 때 더욱 유익하다.

삶에서의 직업

작가이자 칼럼니스트인 Anna Quindlen은 이렇게 말했다. "일이 당신의 전부라고 한다면, 당신은 결코 일류가 될 수 없다. 그래서……. 내가 줄 수 있는 최고의 조언은 매우 간단하다. 삶을 찾아라. 승진이나 더 높은 월급, 더 큰 집을 열광적으로 추구하는 삶이 아니라, 진정한 삶 말이다."(Heslin, 2005, p. 386) 만일 직업 때문에 삶의 다른 중요한 영역이 고통 받는다면, 직업의 가장 근본적인 목표가 행복이라고 결론짓는 것은 실수가 된다. 행복은 삶을 잘 살면서 생겨나는 부산물이기 때문이다(Frankl, 1984). 만일 직업 유연성이 성공적인 직업생활에는 도움을 주지만 잘 사는 것을 손상시킨다면 그것은 더 이상 유용하지 않게 된다. 직장과 가정의 균형을 맞추는 전략(Golden, Viega, & Simsek, 2006; Somech & Drach-Zahavy, 2007)과 직장 밖에서 일과 관련 없는 삶의 역할을 발전시키는 것(Super et al. 1996), 그리고 은퇴 후의 삶을 미리 생각하는 것(Wang, 2007)은 모두, 한 개인의 고유한 맥락을 지속적으로 인식하는 것뿐 아니라 균형감과 유연성을 요구한다. 기본적인 요구를 충족시키는 수준에서, 그리고 다른 삶의 역할들과 잘 부합될 때, 직업은 최상이 된다.

요 약

자신의 성격과 직업 흥미를 객관적인 시각으로 볼 때, 자신의 직업 미래에 대한 풍부하고 복잡한 이야기를 이해할 수 있다. 그리고 그 정보들을 자신의 내력과 가치, 희망, 잠재력, 환경적이고 유전적인 제한점들을 포함하는 자신만의 고유한 삶의 맥락 안에 잘 위치시킬 때, 자신의 고유하고 의미 있는 이야기를 알 수 있다. 자신의 성격과 목표를 고려하여 유연하게 직업을 계획하는 사람들은 직업세계에 관한 정확한 정보를 알려고 하고, 좋은 대안을 만들어내기 위한 시도를 한다. 왜냐하면 오늘날의 직업세계에서는 대안들이 쉽게 변하기 때문에 그 대안이 오래 지속되기도 하지만 단시간에 그칠 수 있다는 사실을 항상 인식하고 있기 때문이다. 그렇기 때문에 정확한 정보를 얻는 것은 평생 지속해야 하는 과정이다. 각 개인은 자신과 주변 세상에 대하여 항상 더 배울 수 있다. 변화가 정상적이지는 않지만 불가피한 것으로 예상하는 미래에 대한 태도는, 변화에 대비하도록 하고 선택에 대해서도 건강한 인식을 갖도록 한다. 또한 끝없는 구직 활동을 계속 하도록 촉진하는 것이 아니라, 손으로 쓴 여러 아이디어, 기사, 편지, 사람들과 만났던 내용 등을 담아둔 '직업 대안' 이라는 제목의 서류함을 만들게 해준다. 이 작업을 통해 사람들은 다른 직업에 대해 알기 위해 질문을 하거나, 정기적으로 전문 잡지를 보고 인터넷을 이용하게 된다. 이러한 행동은 직업 유연성을 가진 사람이 현재의 위치를 넘어서 생각할 수 있도록 해주며, 순전히 우연에 의해서든 아니면 실직이나 불만족에 직면해서든, 직업 정체성의 변화가 일어날 때 잘 적응할 수 있는 태도를 갖게 한다. 직업과 관련된 장애물들이 많다고 인식하는 사람에게, 이러한 행동은 이전에는 생각하지 못했던 가능성들을 접하게 해줄 것이다. 호기심은 "이 일은 어떤 결과를 가져올까?"와 같은 의문에 찬 목소리로 전념하도록 북돋울 것이며, 이러한 목소리는 반드시 직업을 변경할 때의 목표와 결부되는 것은 아니지만, 가능한 미래를 궁금해하고 상상할 때의 목표와는 관련될 것이다.

| 개인적인 작은 실험들 |

직업 유연성

이 장에서는 한 사람의 직업생활에서 변화가 보편적이라고 예상하는 것의 중요성을 강조했다. 기꺼이 변화하려는 태도는 적응할 때가 되었을 때 좋은 선택을 할 수 있다는 믿음에서 비롯된다. 당신이 이러한 결정을 효율적으로 할 수 있다는 믿음을 향상시키기 위한 제안들이 다음에 이어질 것이다.

탐색하라   그 일들이 지금 당장 실현 가능한지는 상관없이, 당신에게 매력적인 2~3개의 직업을 적어보아라. 각각의 직업이 흥미로운 이유를 설명할 필요는 없다. 이러한 직업에 대해 무언가를 배우도록 시도해보라. 그 분야에 종사하는 사람이나 해당 분야에 대해 지식이 있는 사람들(예: 당신의 관심 영역에서 사람들을 훈련시키고 준비시키는 사람)과 이야기해보는 것이 이상적이다. 하지만 대안으로는 직업에 관련된 정보를 제공하기 위해 정부에서 발간한 책을 읽어볼 수 있다. 『직업 전망에 대한 핸드북(*The Occupational Outlook Handbook*)』은 그러한 정보를 제공하며 도서관이나 인터넷에서 이용할 수 있다(www.bls.gov/oco). 또한 CareerInfoNet(www.career-infonet.org)에서도 직업에 대한 유용한 정보를 제공한다. Career InfoNet에서 제공되는 비디오를 통해서 다양한 종류의 직업 종사자들이 일하는 모습을 볼 수 있으며, 그 직업에 필요한 기술과 훈련에 대해서도 알 수 있다. 일부 상업적인 직업 관련 웹사이트는 '직업 개요서' 부분에서 다양한 직업에 대한 설명을 제공한다. 이러한 정보 공급원을 이용한 후에는 당신이 중요하다고 생각하는 정보를 적어두거나 기억하라. 이 정보들은 특정 직업에 대한 당신의 관심을 증가시키거나 감소시킬 것이다. 또한 다른 직업에 대한 호기심을 불러일으킬 수도 있다.

미래를 상상하라　관심을 갖고 있는 직업에 대한 정보를 모았으면, 앞서 제안한 것처럼 이 직업으로 생활하는 일상적인 환경 속에서 능력을 발휘하고 있는 자신을 상상해보아라. 소리 내어 말해보거나 이 직업을 일인칭 시점에서 설명하는 글을 써볼 수도 있을 것이다. 예를 들어, Career InfoNet의 '가정 건강 도우미' 관련 설명을 인용하여 이렇게 말할 수 있을 것이다. "나는 환자와 그 가족을 위해 아이를 돌보거나 건강한 식단을 준비하고, 그들이 독립적으로 생활할 수 있도록 하며, 장애와 질병에 적응하도록 하기 위해 지원을 제공한다." 당신의 직업생활을 이러한 식으로 설명하면서 당신은 어떻게 반응했는가? 이렇게 매일 헌신하는 자신의 모습을 상상할 수 있는가?

피드백을 구하라　당신에게 진실한 관심을 가지고 있는 누군가를 생각해보아라. 당신이 듣고 싶은 말만 해주는 사람이기보다는 당신에게 진정 좋은 것을 원하는 사람이면 좋겠다. 그런 사람을 생각할 수 없다면, 학교나 직장, 친척 중에서 다른 사람을 잘 돌보는 사람을 찾아보아라. "당신은 미래에 이런 일을 하는 저를 상상할 수 있나요?" "제가 이 직업을 고려하고 있다고 말한다면 당신은 어떤 생각이 드나요?" 등의 질문을 하라. 당신이 받은 의견에 대해서 더욱 자세하게 물어보아라. 상대방의 직업생활에 대해서도 질문할 기회를 가져라. 그 일이 어떤 면에서 가치가 있는가? 무엇이 어려운가? 그 분야에서 계속 일할 것인가 아니면 변화를 줄 것인가? 미래에 다시 피드백을 구할 수 있는지 물어보아라. 또한 다른 사람들로부터 피드백을 받기 위해 질문을 하는 것도 고려해보아라.

당신이 수집한 정보들을 가까운 미래에 실제로 사용하든지, 아니면 먼 미래에 참고하기 위해 그 정보를 그대로 보관하든 지간에, 당신은 직업세계와 당신 자신에 대한 전반적인 관점 을 확장시킬 수 있을 것이다.

▶ 참고문헌

Bandura, A. (2001). Social cognitive theory: An agentic perspective. *Annual Review of Psychology, 52*, 1-26.

Betz, N. E. (2004). Contributions of self-efficacy theory to career counseling: A personal perspective. *Career Development Quarterly*, 52, 340-353.

Blustein, D. L., Chaves, A. P., Diemer, M. A., Gallagher, L. A., Marshall, K. G., Sirin, S., et al. (2002). Voices of the forgotten half: The role of social class in the school to work transition. *Journal of Counseling Psychology, 49*, 311-323.

Bolles, R. N. (2004). *What color is your parachute: A practical manual for job-hunter and career changers.* Berkeley, CA: Ten Speed.

Brown, D. (2003). *Career information, career counseling, and career development* (8th ed.). New York: Allyn and Bacon.

Brown, D., & Brooks, L. (1996). Introduction to theories of career development and choice: Origins, evolution, and current efforts. In D. Brown & L. Brooks (Eds.), *Career choice and development* (3rd ed., pp. 1-30). San Francisco: Jossey-Bass.

Cairo, P. C., Kritis, K. J., & Myers, R. M. (1996). Career assessment and the Adult Career Concerns Inventory. *Journal of Career Assessment, 4*,

189-204.

Carter, R. A., & Cook, D. A. (1992). A culturally relevant perspective for understanding the career paths of visible racial/ethnic group people. In H. D. Lea & Z. B. Leibowitz (Eds.), *Adult career development: Concepts, issues and practices* (pp. 192-217). Alexandria, VA: National Career Development Association.

Chronister, K. M., & McWhirter, E. H. (2006). An experimental examination of two career interventions for battered women. *Journal of Counseling Psychology, 53*, 151-164.

Dawis, R. (1996). The theory of work adjustment and person-environment-correspondence counseling. In D. Brown & L. Brooks. (Eds.), *Career choice and development* (3rd ed., pp. 75-120). San Francisco: Jossey-Bass.

Ebberwein, C. A. (2000). *Adaptability and the characteristics necessary for managing adult career transition: A qualitative investigation.* Unpublished doctoral dissertation, University of Kansas.

Ebberwein, C. A., Krieshok, T. S., Ulven, J. C., & Prosser, E. C. (2004). Voices in transition: Lessons on career adaptability. *Career Development Quarterly, 52*, 292-308.

Eisenberg, N., & Ota Wang, V. (2002). Toward a positive psychology: Social developmental and cultural contributions. In L. G. Aspinwall & U. M. Staudinger (Eds.), *A psychology of human strengths: Fundamental questions and future directions for a positive psychology* (pp. 117-129). Washington, DC: American Psychological Association.

Fouad, N. A., & Byars-Winston, A. M. (2005). Cultural context of career choice: Meta-analysis of race/ethnicity differences. *Career Development Quarterly, 53*, 223-233.

Frankl, V. E. (1984). *Man's search for meaning: An introduction to logotherapy* (3rd ed.). New York: Simon & Schuster.

Golden, T. D., Veiga, J. F., & Simsek, Z. (2006). Telecommuting's differential impact on work-family conflict: Is there no place like home? *Journal of Applied Psychology, 91*, 1340-1350.

Gottfredson, L. S. (1996). Gottfredson's theory of circumscription and compromise. In D. Brown & L. Brooks (Eds.), *Career choice and development* (3rd ed., pp. 179-232). San Francisco: Jossey-Bass.

Heslin, P. A. (2005). Experiencing career success. *Organizational Dynamics, 34*, 376-390.

Holland, J. L. (1992). *Making vocational choices: A theory of vocational personalities and work environments* (2nd ed.). Odessa, FL: Psychological Assessment Resources.

Holland, J. L., Johnston, J. A., & Asama, N. F. (1993). The Vocational Identity Scale: A diagnostic and treatment tool. *Journal of Career Assessment, 1*, 1-12.

Juntunen, C. L., & Wettersten, K. B. (2006). Work hope: Development and initial validation of a measure. *Journal of Counseling Psychology, 53*, 94-106.

Karoly, P. (1991). On the robustness and flexibility of clinical health interventions. In C. R. Snyder & D. R. Forsyth (Eds.), *Handbook of social and clinical psychology: The health perspective* (pp. 717-736). New York: Pergamon Press.

Kenny, M. E., Blustein, D. L., Chaves, A., Grossman, J. M., & Gallagher, L. A. (2003). The role of perceived barriers and relational support in the educational and vocational lives of urban high school students. *Journal of Counseling Psychology, 50*, 142-155.

Kinicki, A. J., & Latack, J. C. (1990). Explication of the construct of coping with involuntary job loss. *Journal of Vocational Behavior, 36*, 339-360.

Krieshok, T. S. (2001). How the decision-making literature might inform career center practice. *Journal of Career Development, 27*, 207-216.

Krieshok, T. S., Black, M. D., & McKay, R. A. (2007). Reason, intuition, and engagement: A trilateral model of adaptive career decision-making. Manuscript submitted for publication.

Lent, R. W., Brown, S. D., & Hackett, G. (1996). Career development from a social cognitive perspective. In D. Brown & L. Brooks (Eds.), *Career choice and development* (3rd ed., pp. 373-422). San Francisco: Jossey-Bass.

Lent, R. W., Brown, S. D., & Hackett, G. (2000). Contextual supports and barriers to career choice: A social cognitive analysis. *Journal of Counseling Psychology, 47*, 36-49.

Leong, F., & Hardin, E. (2002). Career psychology of Asian Americans: Cultural validity and cultural specificity. In G. Hall & S. Okazaki (Eds.), *Asian American Psychology: Scientific Innovations for the 21st Century* (pp. 131-152). Washington, DC: American Psychological Association.

Lopez, S. J., Snyder, C. R., & Teramoto Pedrotti, J. (2003). Hope: Many definitions, many measures. In S. J. Lopez & C. R. Snyder (Eds.), *Positive psychological assessment: A handbook of models and measures* (pp. 91-106). Washington, DC: American Psychological Association.

Martin, M. M., & Rubin, R. B. (1995). A new measure of cognitive flexibility. *Psychological Reports, 76*, 623-626.

McWhirter, E. H., Hackett, G., & Bandalos, D. L. (1998). A causal model of the educational plans and career expectations of Mexican American high school girls. *Journal of Counseling Psychology, 45*, 166-181.

Menaghan, E. G., & Merves, E. S. (1984). Coping with occupational problems: The limits of individual efforts. *Journal of Health and Social Behavior, 25*, 406-423.

Mitchell, K. E., Levin, A. S., & Krumboltz, J. D. (1999). Planned happenstance: Constructing unexpected career opportunities. *Journal of Counseling and Development, 77*, 115-124.

Nelson, D. L., & Simmons, B. L. (2003). Health psychology and work stress: A more positive approach. In J. C. Quick & L. E. Tetrick (Eds.), *Handbook of occupational health psychology* (pp. 97-119). Washington, DC: American Psychological Association.

O' Brien, K. M., Friedman, S. M., Tipton, L. C., & Linn, S. G. (2000). Attachment, separation, and women's vocational development: A longitudinal analysis. *Journal of Counseling Psychology, 47*, 301-315.

O' Connor, D. J., & Wolfe, D. M. (1987). On managing midlife transitions in career and family. *Human Relations, 40*, 799-816.

Osipow, S. H. (1986). Career issues through the lifespan. In M. S. Pallak & R. O. Perloff (Eds.), *Psychology and work: Productivity, change, and employment* (pp. 141-148). Washington, DC: American Psychological Association.

Parsons, F. (1909). *Choosing a vocation.* Boston: Houghton Mifflin.

Quimby, J. L., & O' Brien, K. M. (2004). Predictors of student and career decision-making self-efficacy among nontraditional college women. *Career Development Quarterly, 52*, 323-339.

Richardson, M. S. (1993). Work in people's lives: A location for counseling psychologists. *Journal of Counseling Psychology, 40*, 425-443.

Robitschek, C. (2003). Vocational psychology assessment: Positive human characteristics leading to positive work outcomes. In S. J. Lopez & C. R. Snyder (Eds.), *Positive psychological assessment: A handbook of models and measures* (pp. 377-392). Washington, DC: American Psychological Association.

Rothermund, K., & Brandstädter, J. (2003). Depression in later life: Cross-sequential patterns and possible determinants. *Psychology and Aging, 18*, 80-90.

Savickas, M. (2005). The theory and practice of career construction. In S. D. Brown & R. W. Lent (Eds.), *Career development and counseling: Putting theory and research to work* (pp. 42-70). Hoboken, NJ: Wiley.

Savickas, M. L., & Baker, D. B. (2005). The history of vocational psychology: Antecedents, origin, and early development. In B. Walsh & M. Savickas (Eds.), *The handbook of vocational psychology* (3rd ed., pp. 15-50). Thousand Oaks, CA: Sage Publications.

Snyder, C. R., Irving, L. M., & Anderson, J. R. (1991). Hope and health. In C. R. Snyder & D. R. Forsyth (Eds.), *Handbook of social and clinical psychology: The health perspective* (pp. 285-305). New York: Pergamon Press.

Somech, A., & Drach-Zahavy, A. (2007). Strategies for coping with work-family conflict: The distinctive relationship of gender role ideology. *Journal of Occupational Health Psychology, 12,* 1-19.

Super, D. E., & Knasel, E. G. (1981). Career development in adulthood: Some theoretical problems and a possible solution. *British Journal of Guidance & Counseling, 9,* 194-201.

Super, D. E., Savickas, M. L., & Super, C. M. (1996). The life-span, life-space, approach to careers. In D. Brown & L. Brooks (Eds.), *Career choice and development* (3rd ed., pp. 121-178). San Francisco: Jossey-Bass.

Tang, M., Fouad, N. A., & Smith, P. L. (1999). Asian Americans' career choices: A path model to examine factors influencing their career choices. *Journal of Vocational Behavior, 54,* 142-157.

Thoresen, J. C., Bradley, C. J., Bliese, P. D., & Thoresen, J. D. (2004). The big five personality traits and individual job performance growth trajectories in maintenance and transitional job stages. *Journal of Applied Psychology, 89,* 835-853.

Walsh, M. E., Galassi, J. P., Murphy, J. A., & Park-Taylor, J. (2002). Conceptual frameworks for counseling psychologists in schools. *The Counseling Psychologist, 30,* 682-704.

Wang, M. (2007). Profiling retirees in the retirement transition and adjustment process: Examining the longitudinal change patterns of retirees' psychological well-being. *Journal of Applied Psychology, 92,* 455-474.

Williams, J. E., & Johansen, E. (1985). Career disruption in higher education. *Journal of Higher Education, 56,* 145-160.

스트레스 경험 이후에
정서적 이야기 만들기

• Melanie A. Greenberg

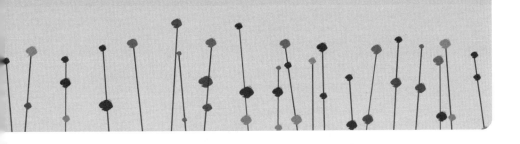

스트레스 경험 이후에 정서적 이야기 만들기

Melanie A. Greenberg

나는 내 경험을 이해하기에 글을 쓴다.

나는 단어, 언어, 심상, 표현을 사랑하기에 글을 쓴다.

나는 단지 삶을 사는 것만으로는 충분하지 않기에 글을 쓴다.

나는 기쁨과 슬픔을 다시 경험하기 위해,

때로는 무감각함을 이해하기 위해 글을 쓴다.

때로 나는 그저 "나는 여기에 있었고 그러한 일이 나에게 일어

났으며, 이것은 과거의 나이자 현재의 나이며 미래의 나다."라

고 말하기 위해 글을 쓴다.

글은 내 자신의 진실에 대한,

그리고 타인의 경험에 대한

증언.

한 여인과

겁먹은 어린 소녀,

빛나는 한 전사의 삶에서

그토록 다채로운 열정,

뜨거움과 차가움, 분노와 기쁨을

말하지 않을 수 없기에 나는 글을 쓴다.

(Karen Usatine의 "I write because", Bray의 책, 2004, pp. 71-72)

이 글은 유방암으로 화학치료를 받고 있던 중에 Sharon Bray
가 운영하는 글쓰기 집단에 참여한 한 여성이 쓴 글이다. 이 글은
외상이나 스트레스 사건 이후에 많은 이가 경험하게 되는 정서적
이야기 만들기에 대한 강렬한 필요성을 잘 보여주고 있다. 당시
의 힘들었던 경험을 다시 회상해야 하는 고통에도, 많은 사람이
자신의 이야기를 하고자 하고, 자신과 타인의 경험을 대면함으
로써 이러한 경험을 이해하고 통합하여 그들의 삶을 발전시키고
자 한다. 과학적인 문헌들은 그러한 진심 어린 표현들이 회복과
성장에 관련된 개인적·사회적 과정을 촉진한다는 점을 보여주
고 있다.

정서적 이야기 만들기와 표현에 대해 20년 이상 연구해온 연구
자로서, 나는 동료들의 도움으로 정서적 이야기 만들기가 신체
와 정신 건강에 지속적이고 유익한 효과를 미친다는 사실을 입증
하는 상당한 양의 증거를 축적해왔다. 하지만 그 효과가 항상 일
관된 것은 아니며, 어떤 이들은 분명히 다른 사람들보다 더 많은
도움을 받는다. 내 작업의 주된 초점은 스트레스와 외상으로부

터 회복하기 위한 방법으로 개인의 표현과 연결된 심리적이고 사회적인 과정과, 건강을 증진하는 정서적 이야기 만들기를 촉진하는 환경, 그리고 이러한 접근이 가장 적합한 사람이나 스트레스 요인의 유형을 이해하는 데 맞추어져 있다.

　이 장에서, 나는 이러한 과정에 대해 알게 된 여러 지식을 공유하고자 한다. 스트레스 사건 이후에 자신의 정서를 이야기로 만드는 것은 긍정적 효과를 갖는다. 이러한 긍정적 효과에 대해 더 많이 알수록, 삶의 스트레스 이후에 자신과 다른 사람의 치유와 성장을 증진시키고, 외상으로 인한 무력감과 괴로움, 절망감과 싸우기 위해서 이러한 과정들을 더 잘 이용할 수 있게 된다.

　외상 사건을 언어로 표현하게 되면, 그 사건은 다른 형태로 변하고, 새롭고도 희망적인 의미가 그 사건에 더해지게 된다. 그 결과 스트레스 경험은 개인의 역량을 강화하고 영감을 주는 원천이 되어 더 충만하고 의미 있게 살 수 있도록 하고, 다른 이의 고통을 경감하도록 도움을 주며, 사회 제도에 긍정적인 변화를 가져오게 한다. 첫 번째 절에서는 정서적 이야기 만들기 사례로 두드러지는 한 유명 인사에 대해 논의할 것이다. 그의 글은 가장 암울했던 환경에서의 감정조차 진실하게 담고 있으며, 그의 이야기에 담긴 내용들은 개인적 의미뿐 아니라 집단적인 도덕 원칙까지도 고취시킨다. 이러한 개인의 이야기는 우리가 공유하고 있는 인간애와 그러한 기본 가치를 유지하기 위해 치열하게 싸우는 것이 얼마나 중요한지에 관한 근본적인 교훈들을 전한다. 그리고 그가 충격적이고 끔찍한 외상에 대해 이러한 방식으로 이야기하게 되기까지 십여 년이 걸렸다는 사실은 매우 흥미롭다.

Elie Wiesel 박사: 영웅적 인물의
정서적 이야기 만들기

동유럽 출신의 유태계 작가이자 홀로코스트 생존자인 Elie Wiesel은 전 세계적으로 인정받는 작가이자 교사이며, 학자다. 그는 홀로코스트에 대한 인식을 높이고, 세계 어디에서든 인권 침해와 집단 학살이 발생할 경우, 이에 맞서 강력하게 반대 목소리를 높이는 것이 중요하다는 것을 인식시키는 데 그의 삶을 바쳤다. 1986년, 그는 인권에 헌신한 공로로 노벨 평화상을 수상했으며, 다른 선도적인 인도주의자들에게 큰 영감을 불러일으켰다. 2006년에는 오프라 윈프리(Oprah Winfrey)가 Wiesel 박사와 함께 아우슈비츠를 방문했으며, 이 과정이 그녀의 프로그램을 통해 방송되었다. Wiesel 박사의 소설인 『밤(*Night*)』(1977)에는 그의 어린 시절인 1944년에 가족 모두가 아우슈비츠-비르케나우 강제 수용소로 이송되었을 때의 자전적 내용이 담겨 있다. 그의 어머니와 여동생은 도착 직후 어딘가로 끌려갔는데, 두 번 다시 그들을 볼 수 없었다. 그는 아버지와 함께 비르케나우에 있었으나, 몇 년 지나지 않아 그의 아버지도 돌아가셨다.

『밤』은 홀로코스트의 비인간성과 악행을 명백하게 보여주는 기록물이 되었다. 다음의 발췌문에서, Wiesel 박사는 그러한 참사를 정확하게 묘사할 만한 말들을 찾기가 어려웠다는 점과 마침내 그가 홀로코스트 경험에 대해 글을 써서 증언하도록 용기를 주었던 동기에 대해 기술하고 있다.

역사상 이 시기의 일들은 언젠가 심판받게 될 것이라고 확신했기 때문에, 내가 이러한 증언들을 해야만 하고, 견뎌내야 한다는 것을 알고 있었다……. 밀폐된 가축 운반차에 실려, 알 수 없는 곳으로 떠나가는 마지막 여정에 대해서 묘사할 방법이 있을까? 그리고 비인간적인 것이 인간적인 것이 되고, 훈련받고 교육받은 제복 입은 사람들이 살인을 저지르며, 무고한 아이들과 힘없는 노인들이 죽어가는, 그렇게 미쳐 날뛰는 냉혹한 세계를 목도했을 때, 이를 묘사할 수 있겠는가? 혹은 하룻밤의 화염 속의 무수한 이별들, 그리고 가족과 마을 전체가 파괴되는 것을 설명할 수 있을까?

아우슈비츠를 경험한 사람들만이 그것이 무엇인지 알 것이다. 다른 사람들은 결코 알지 못할 것이다. 그러나 그들도 최소한 이해는 할 수 있지 않을까? 이러한 경험을 겪고 살아온 우리들 중 누군가는, 비록 그 일이 아무리 힘들더라도 침묵해서는 안 되며, 가능하다면 그에 대해 말을 해야 할 것이다. 목격자인 자신이 자신을 증언하도록 하는 것이다. 오늘날의 젊은이들과 그리고 미래에 태어날 아이들을 위해서. 우리는 우리의 과거가 그들의 미래가 되기를 원하지 않는다(Wiesel의 서문에서, 1977).

이런 상상하기도 힘든 경험을 설명할 만한 말들을 찾기가 대단히 어려웠음에도 불구하고, Wiesel 박사는 자신의 가족과, 다른 희생자들, 그리고 생존자들을 대신해서 증언해야 한다는 도덕적 책무를 느꼈다. 그는 홀로코스트를 겪지 않은 사람들에게 아우슈비츠의 참사를 전하기 위해, 그리고 사회가 인권 침해에 적극적으로 맞서야 미래의 세대가 그런 비운을 겪지 않는다는 사실을 일깨우기 위해 글을 썼다. Wiesel 박사는 외상 사건 자체에서가 아니라, 분노와 공감을 유발함으로써 재발 방지를 위해 다른 사람들이 행동하도록 동기화하는 언어의 잠재적인 힘에서 의미를 발견하였다.

그러므로 이것은 스트레스 경험 후에 정서적 이야기 만들기가 갖는 잠재적인 이득 중 하나다. 그러한 정서적 이야기는 한 사람의 경험을 개인의 비극에서 집단적인 도덕 문제로 변형시킨다. 글은 다른 사람들의 마음과 인간애를 자극하고, 도덕적 의분을 일깨우며, 연민을 불어넣고, 행동을 고취하는 잠재력을 갖는다는 점에서, 글쓴이에게 희생자들이 일반적으로 겪게 되는 무력감과 의미 상실에 반하여 행동할 수 있도록 미래에 일어날 사건을 통제할 수 있다는 느낌과 목적의식을 제공해준다.

또한 Wiesel 박사가 처음 『밤』의 이디시어[10]판을 쓸 수 있었던 것이 아우슈비츠에서 구출된 지 10년이 지나서였다는 사실을 깨닫는 것 역시 중요하다. 그가 그런 끔찍한 경험을 한 직후에 글을 쓰려 했다면, 아마도 그러한 잔혹한 행위에 대해 그렇게도 조직화되고, 고귀하며, 의미심장한 글을 쓸 수 없었을 것이다. 오히려 그의 이야기는 갈피를 못 잡아 산만하고, 끔찍한 이미지와 강렬하고 압도적인 감정들로 가득 차 있었을 것이다. 다음 두 절에서는 인지적 해결을 촉진하는 정서적 이야기 만들기의 잠재적 힘을

---

10 중부 및 동부유럽 출신 유대인이 사용하는 언어.

강조하기 위해, 마음이 어떻게 외상 기억을 처리하는지에 대한 이론과 연구들을 설명하고자 한다.

뇌가 외상 기억을 저장하는 방식과 이야기의 효과

외상 기억의 불일치와 정서적 강렬함은 외상을 당한 사람이 그 사건과 그 사건에 연합된 감정을 예상치 못한 부적절한 순간에 반복적으로 재경험하도록 하며, 그 결과 정서적 스트레스를 연장하고 정상적인 삶의 활동을 저해하도록 한다. 어떤 사람들은 외상에 대한 사고와 감정을 의도적으로 차단하는 인지적 회피, 또는 그 기억을 촉발하는 상황이나 사람들을 회피하는 행동적 회피를 통해서 재경험의 고통을 피하려고 애쓴다(Horowitz, 1986). 물론 어느 정도의 재경험은 정상적인 스트레스 반응이다. 왜냐하면 외상은 다른 경험이나 지각과 조화를 이루면서 장기기억에 인지적으로 정리되기 전까지는 능동적인 단기 기억으로 저장되어 있기 때문이다. 그러나 어떤 사람들은 해당 기억과 연합된 감정이 너무나 강렬해서 과도하게 그 감정을 회피하기 때문에, 외상을 장기기억 저장소에 통합하여 그 만성적 침투를 감소시키는 정신적 능력이 저해된다. 따라서 이런 사람들은 외상과 연합된 사고, 심상, 정서를 반복적으로 그리고 통제할 수 없이 경험하게 되고, 이것은 만성적 스트레스의 원인이 되어 현재의 관계와 활동을 방해하게 된다.

몇몇 이론가들은 처리되지 않은 외상 사건이 파편화되고 조직화되지 않은 방식으로 기억에 저장된다고 제안했다. 이는 폭탄이 터진 후 허공에서 신체 일부들이 날아다니는 짧고 끔찍한 심상이나, 현재의 어떤 경험과도 연결되어 있지 않은 갑작스러운 공포나 압도적인 슬픔으로 구성되기도 하고, 때로는 어린 시절 학대받은 사람이 학대하는 배우자와 결혼하는 것처럼 외상을 무의식적으로 재연하도록 한다(van der Kolk & van der Hart, 1991). 이렇게 기억이 파편화되는 이유는 사건 당시의 극단적인 정서적 각성이 기억을 담당하고 있는 뇌구조인 해마의 기억 처리와 조직화 과정을 방해하기 때문이다(van der Kolkm, 1994).

외상 후 스트레스 증상을 가진 사람들이 그 사건을 충분히 이해하고 일관된 이야기로 조직화할 수 있을 정도로 명확하게 생각하며 감정이 완화될 때까지는, 이러한 끔찍한 기억들과 심상들에 의도적으로 직면하고 머무르도록 하는 전문적인 도움이 필요하다. 기억의 조각들을 조직화된 정서적 이야기로 전환하게 되면, 사람들은 이 정보를 다른 지식이나 경험들과 조화시키고 통합하여 그러한 부조화를 해결하는 새로운 의미를 만들어내기 때문이다.

따라서 정서적 이야기 만들기는 외상 기억들을 다른 경험이나 자기에 대한 관점에 더욱 명확하게 통합시킴으로써 그에 대처하는 능력을 향상시켜준다. 외상을 상기시키는 자극들이 희생화와 무력감을 촉발할 때에도, 이제 이러한 지각을 그가 스트레스를 유능하고 효과적으로 다루었던 다른 상황에 대한 기억들로 상쇄할 수 있게 된다. 학대자에 의해 배신당하고 기만당했던 기억은 사랑받고 지지받았던 다른 관계의 기억들로 상쇄할 수 있다. 그러므로 정서적 이야기 만들기는 외상에 대한 인지적 통합과 수용을 촉진시키고, 고통스러운 감정을 다루는 대처 전략의 범주를 확대시킨다. 그리고 외상은 개인의 삶을 정의하는 유일한 특징이라기보다는 개인의 삶에서 하나의 경험이라는 맥락에 놓이게 된다.

다음 절에서는 외상이 자기와 세상에 대한 관점에 영향을 미치는 또 다른 방식을 설명하고자 한다. 특히 어떻게 외상이 자신과 세계에 대한 개인의 기본적인 가정을 파괴하고, 이로 인해 이러한 사건을 이해하고 다른 정보나 기억들과 조화시키는 것을 더 어렵게 만드는지에 대해 설명할 것이다.

외상의 심리적 결과와 이야기의 힘

스트레스 사건이나 외상 사건은 우리 자신과 우리의 신념이 기반하고 있는 가족 구성원, 지역사회, 사회 제도의 한계와 취약성을 부각시키면서 신체적이고 심리적인 위험과 상실에 직면하게 한다. 그것들은 또한 세상과 영적인 신념에 대한 우리의 기본적인 가정에 대해서도 의문을 제기하게 한다. Ronnie Janoff-Bulman(1992)은 그녀의 저서 『파괴된 가정(Shattered Assumption)』에서 외상, 특히 대인 폭력, 착취, 무관심과 관련된 외상들에 의해 무참히 깨져버린 세 가지 가정들에 대해 설명하고 있다. 이 가정은 세상은 의미 있고, 세상은 호의적이며, 자기자신은 가치 있다는 가정이다. 고의적인 공격자에 의해서건(예: Virginia 공대에서의 대규모 총기사건), 다른 사람의 부주의로 인한 의도치 않은 결과에 의해서건(예: 음주 운전 사고), 그리고 자연의 힘이나 인간의 무관심에 의해서건(예: 카트리나, 리타 허리케인의 여파), 무고한 사람들이 희생자가 되었을 때, 우리는 이런 고통에 무감각해져 의미 있는 설명을 부정하게 된다. 게다가 이러한 사건들은 세상이 안전하다는 우리의 생각과 인간의 본성이 선하다는 우리의 믿음에 도전한다. 생존자들은 희생이나 상실 경험을 이해하려고 노력하다가, 이러한 결과가 당연한 것이라고, 가령 자신의 행동들이 그러한 결과를 초래했다는 식으로 결론 내리기도 한다. 강간, 배우자 구타, 아동 학대와 같은 몇몇 경우에서처럼, 실제로 가해자는 희생자에게 이것이 모두 희생자의 잘못이거나 희생자의 개인적인 불완전함과 무가치함 때문에 발생했다고 말하기도 한다.

정서적 이야기 만들기는 그 안에 담긴 잠재적인 부정적 의미들에 대면하고, 관련 사실들을 나열하며, 그 사실들에 반하거나 그를 입증하는 증거들을 평가하는 방식을 통해 도움을 준다. 이야기를 만들다 보면, 더 긍정적이며 대안이 되는 의미들이 나타나기도 한다. 강간이나 테러와 같은 외상 사건들을 다른 경험이나 지식과 비교할 때, 사람들은 이러한 사건이 개인적인 목표를 향해가는 의미 있는 과정이나 타인과의 애정 어린 관계를 특징으로 하는 삶의 경험과 일치하지 않는다는 사실을 알게 된다. 어떤 이야기에서는, 외상의 의미가 그 사건이 자신과 자신의 삶의 과정을 정의하거나 그 사건의 희생자가 되도록 내버려두지 않는 것에 있다고 말한다. 다른 이야기에서는 외상 사건에도 불구하고, 우리가 인간의 본성과 더 큰 미지의 힘에 대해 확신할 수 있도록 해 준다고 말한다. 가령 외상을 자신의 삶을 되돌아보라는 신의 메시지나 교훈으로 해석할 수도 있다. 사람들은 그들이 살아남을 수 있었던 이유가 신의 축복과 다른 사람들의 영웅적인 행동이나 눈물겨운 노력 때문이라고 해석하기도 한다. 예를 들면, 암 생존자는 암을 치료해준 의료진의 능력에 믿음을 갖고 있을 것이다. 이 장 도입부의 시를 썼던 여성의 경우처럼, 일부 사람들은 살아남았고 그러한 진실을 말할 수 있음에 긍정적인 의미를 두기도 한다. 대신, 이야기를 한다는 것은 필연적으로 삶에 있어서 새롭게 가능해진 가치지향적인 방향성과 목적들을 강조하게 된다. 다시 말해, 이야기는 외상이 가진 반가치적이며 무의미한 것들과 대조되는 요소를 제공하는 것이다. 이러한 내용은 Wiesel 박사의 이야기와 자신과 다른 사람들이 학대에 이겨내도록 힘을 주기 위해 9세 때 자신이 겪은 성적 학대 경험을 대중에게 공개한 오프라 윈프리의 사례에서 보다 분명해진다.

그리고 정서적 이야기를 만드는 것은 이러한 내적인 투쟁에 대한 진정한 토로이며, 또한 우리 자신과 타인의 고통에 대해서 증언을 하도록 하고, 어떠한 판단도 내리지 않은 채 우리의 반응을 존중하고 다시 연결될 수 있도록 도와준다. 자신의 이야기를 동정심을 가진 타인들과 실제로든 상상으로든 공유하는 행위는 유대관계를 강화해주는 잠재력을 가지고 있기 때문에 스트레스 사건이 촉발한 상실감, 소외감, 희생감을 해독하는 역할을 한다. 다른 이들이 자신의 이야기에 공감하거나, 깊은 감명을 받았다고 생각하게 되면, 글쓴이는 인간의 자비심과 상호연결성에 대한 믿음을 회복하게 될 것이다. 다른 이들과의 관계를 유지하기 위한 한 가지 방법으로 자신의 이야기를 하려는 욕구는 왜 사람들이 멀리 떨어진 친구나 가족에게 편지를 쓰는지, 그리고 인터넷 채팅방이 왜 그렇게 폭발적인 인기를 얻는지를 설명해줄 수 있다. 또한 자신의 정서적 이야기를 말한다는 것에는 종종 명시적이거나 암묵적인 사회적 요소가 담겨 있는데, 이는 다음 절에서 논의할 것이다. 우리는 정서적 이야기 만들기가 타인으로부터 긍정적인 반응을 불러일으킴으로써 스트레스 사건으로 인해 위태로워진 인간의 자비심과 자기가치감에 대한 가정을 재구축하는 데 도움을 준다는 사실에 대해서 말하고자 한다.

정서적 이야기 만들기의 명시적인 대인 간 측면과 암묵적인 대인 간 측면

많은 사람에게 청중의 반응은 그것이 실제적이든 상상이든 자신의 이야기에 의미를 제공해준다. 그리고 그들이 바라는 반응은 사건 자체만큼이나 제각각이다. 근친상간의 희생자에게는 가해자나 다른 가족들이 희생자가 실제로 겪은 일들을 지속적으로 부인하기 때문에, 자신이 겪은 일들을 이야기하고 다른 사람이 그 이야기를 믿고 지지해주는 경험을 하는 것이 정서적 치유를 위한 선행조건이 된다. 암환자가 자신의 진단 결과를 가족에게 말했을 때, 사랑하는 사람들에게 받은 공감적인 연결과 지지는 앞으로 투병하는 과정에서 반드시 필요한 공유된 힘의 근원이 된다. 가족 중 누군가가 살해를 당했다는 아픔에도 불구하고, 그로 인한 고통이 무엇이고 유린당한 삶의 가치가 무엇인지를 증언하게 되면, 듣는 이는 도덕적 분개를 일으키며 과거나 미래의 가해자에 맞서는 행동을 하도록 고무될 것이다. 만성적인 통증이나 피로를 느끼는 환자가 자신의 병에 치료 불가능한 면이 있다는 사실을 다른 사람들이 이해하지 못한다고 느낄 때, 그 사람의 개인적인 이야기는 그 경험을 타당화하는 방법이 되고, 다른 사람들에게도 그 고통의 실상을 납득시킬 수 있다. 배우자나 연인과 이별한 사람들은 정서적 이야기를 함으로써 사랑하는 사람이 양심의 가책을 느껴 관계가 다시 회복될 수 있을 것이라고 상상할 수 있다. 게이라는 비밀을 가진 젊은이나 인종적 편견에 직면한 아프리카계 미국인이 정서적 이야기를 쓰거나 말한다는 것은 편견에 사로잡힌 사회가 그를 배척하기보다는 그의 인간애를 이해하고 결국에는 그를 수용하고 포용했으면 하는 바람을 담고 있다.

　이러한 모든 사람에게, 스트레스에 대해 이야기를 쓴다는 것은 공감적인 타자의 시선을 통해 자신의 경험을 보도록 하며, 그 결과 암묵적으로 자신의 경험과 반응을 타당화해주는 기능을 한다. 또한 그 이야기에는 필요한 지지와 힘을 제공해주고 치유와 회복을 촉진시키는 타인의 정서적 반응에 대한 간절한 희망이 함축되어 있다. 사람들은 이러한 대인관계에 대한 내재적인 욕구를 인식함으로써, 자신이 바라는 관계를 만들어내기 위해 세상에서 행동하게 될 것이다. 자신의 이야기를 비공식적으로 쓰는 것은 관계를 맺고 있는 사람들, 혹은 그 상황에 대해 무언가 할 수 있는 힘을 가진 사람들과 마침내 마주하고 비밀을 털어놓게 되는 과정의 첫 단계가 될 것이다.

　실제로 타인에게 이야기를 하는 경우, 듣는 이의 반응은 말하는 사람의 정서에 영향을 미칠 수 있다. 공감적으로 듣고 수용하며 지지하는 태도는 정서적 치유를 촉진시키지만, 경청하지 않거나 사건의 중요함을 축소하고 개인의 반응을 판단하게 되면, 말하는 사람을 침묵하게 하거나 자신의 반응이 타당한지 의문을 갖도록 하기 때문에, 이야기가 지닌 치유의 힘이 저해된다. 내 동료인 Stephen J. Lepore는 이런 부정적인 반응을 '사회적 제약(social constraint)'이라고 지칭했다. 그와 다른 연구자들은 여러 연구를 통해, 아이를 잃은 것에서부터 전립선암에 이르는 다양한 스트레스 사건에 대해 높은 수준의 침투적 사고를 지닌 사람들은 친밀한 사람들이 사회적 제약 반응을 보인다고 지각할 때, 몇 달 후 우울감을 느낀다는 사실을 보여주었다(Lepore & Helgeson, 1998; Lepore, Silver, Wortman, & Wayment, 1996). 즉, 심리적으로 해결되지 않은 스트레스 사건을 갖고 있거나 정서적 이야기를 다른 사람과 공유하거나 말할 수 없을 때, 이는 소외감, 분노, 무력감을 유발하게 되고 결국 우울증으로 발전하게 된다.

　해결되지 않은 스트레스 사건과 정신적으로 싸우고 있는 사람들에게 사회적 제약이 미치는 해로운 영향에 대한 연구에 의하면, 정서적 이야기 만들기는 절대적으로 필요한 사회적 과정이라고 제안한다. 자신의 이야기를 말할 때, 우리는 자신이 가치 있고, 사랑스럽고, 유능하며, 혹은 스트레스가 가해져서는 안 되는 무고한 존재라고 재구성하게 된다. 그리고 타인이 이러한 인식

을 타당화할 때만이, 세상이 안전하고 의미 있다는 가정들이 재
건될 수 있다. 다음 절에서는, 정서적 이야기 만들기를 통한 치유
에서 선행조건이기도 한 정서 및 신체적인 안전의 중요성에 대해
논의하고자 한다.

정서적 이야기 만들기를 위한 관여와 안전의 중요성

초창기 정서 이론가인 Thomas Scheff(1979)는 스트레스 요인
과 연합된 정서들을 재경험하게 되면 억압되었던 신체적·심리
적 에너지가 방출되어 치료효과가 발생하는데, 이러한 상황을 기
술하기 위해서 '최적의 거리두기(optimal distancing)'라는 용어를
만들었다. 그는 이 용어를, 실제로 그 사건이 다시 일어난 것처럼
외상을 재경험하면서 강렬하고 거친 정서에 압도되는 '과소 거
리두기(underdistancing)'와, 진정한 감정에 접근하지 않으면서 그
사건을 지나치게 지적인 방식으로 되풀이하는 '과잉 거리두기
(overdistanced responding)'로 대조하여 설명했다. 자신의 정서적
이야기를 '최적의 거리(optimal distance)'에서 말한다는 것은, 외
상과 연합된 감정들을 경험하면서도 동시에 '현재는 안전하다는
맥락'을 구분해내는 개인의 인식을 의미한다. 특정한 환경적 자
극이 안전한 맥락을 만들어낸다는 점에서 이러한 정의가 모호할
수 있지만, 이는 경험적으로 검증할 수 있는 네 가지 중요한 요인
들을 강조하고 있다. (1) 정서적으로 해결되지 않은 스트레스 요
인을 경험했어야만 한다. (2) 외상 사건과 연합된 감정들을 강렬

하고 확실하게 경험했어야만 한다. (3) 사건에 대한 기억으로부터 현재의 맥락으로 주의를 전환할 수 있어야 하고, 또한 급박한 위협이 없다는 사실을 깨달아야만 한다. (4) 감정에 대한 통제감과 숙련감을 지각할 수 있어야 한다. 다시 말해, 압도되거나 정신을 잃지 않으면서 그 감정을 다룰 수 있다고 지각해야 한다.

거리두기에 대한 논의가 갖는 함의는 정서적 이야기 만들기가 모든 사람에게 보편적으로 이롭지는 않다는 데 있다. 어떤 사람들은 강렬한 정서를 다루지 못하기 때문에 그로 인해 다시 외상을 당할 수도 있고, 어떤 사람들은 그 감정에 빠지지 않기 위해 현재도 충분히 도움이 된다고 할 수 있다. 일부 사람들은 그러한 맥락을 안전하지 않다고 느낄 수 있는데, 왜냐하면 그들이 사회적으로 고립되어 있거나, 강렬한 감정들로 인해 다른 많은 책임을 수행하지 못하고 있거나, 혹은 주변 사람들이 그들의 고통스러운 정서를 감내해주지 못하기 때문이다. 아마도, 그들은 자신이 위협을 당하거나 안전하지 않다고 느낄 수 있고, 또한 화가 나서 그 감정들을 최소화하거나 없애려고 할 수 있으며, 사람을 부정적으로 판단한다고 생각할 수 있다.

심리치료의 가치는 적어도 부분적으로는 정서적인 이야기를 말할 수 있는 안전한 맥락을 제공하는 것이다. 치료자의 전문적인 자질과 따뜻하고 공감적인 태도, 내담자가 치료자와 매일 상호작용할 필요가 없다는 사실은, 과거의 스트레스 요인과 연합된 고통스러운 사고와 감정에 직면하도록 하는 이상적인 잠재적 맥락을 만들어준다. 그러나 불행히도 해결해야 할 스트레스를 지닌 많은 사람은 정신 건강 문제와 관련된 사회적 낙인과 재정적 제약 때문에 치료자를 찾지 않는다. 그렇다면 다음과 같은 질문을 할 수 있다. 치료적 맥락 외에 사람들이 치유적인 정서적 이야기를 만들도록 도울 방법은 없을까? 간단하고 비용이 많이 들지 않는 개입으로 '현재는 안전하다.'는 조건을 만들어낼 수는 없을까? 어떤 유형의 사람들과 스트레스 사건이 그런 접근에 가장 적합할까?

표현적 글쓰기 패러다임

James Pennebaker와 동료들(예: Pennenbaker & Beall, 1986)은 혁신적인 표현적 글쓰기 패러다임을 개척했는데, 이는 이후 이어진 수백 개의 연구들에 자극을 주었으며, 공적인 영역에서의 많은 정서적 이야기 만들기 워크숍과 과정들에 영감을 주었다. 최초의 연구는 건강한 대학생집단을 대상으로 이루어졌는데, 삶의 가장 큰 외상 사건과 연합된 가장 깊은 생각과 느낌에 대해 글을 쓰도록 할당한 집단은, 다른 통제집단, 가령 매일의 계획과 같은 비정서적 사건들을 쓰도록 한 집단이나, 스트레스 사건이나 외상에 대해 사실만을 쓰도록 할당한 집단에 비해 건강상에서 이로운 효과를 보였다. 특히 첫 번째 집단은 다른 참가자들에 비해 두통이나 감기와 같은 질병을 더 적게 보고했고, 이후 몇 달간 학생 의료 센터를 더 적게 방문했다. 네 번째 집단은 사실을 언급하지 않고 사건에 대한 느낌만을 쓰도록 지시받았는데, 그들 역시 질병을 더 적게 보고하기는 했지만, 의료 서비스 이용은 감소되지 않았다.

이 연구자들은 정서적 이야기 만들기가 지속적으로 건강상에 이득을 준다고 결론지었다. 더 나아가 그 결과를 스트레스 사건에 대한 감정에 접근하고, 그 사건의 사실과 그와 연합된 생각과 느낌이 통합되도록 이야기를 만드는 것이 얼마나 중요한지를 강조하는 것으로 해석하였다. 추가로, 그들은 대부분의 사람이 감정에 압도될 수 있다는 두려움과 사회적인 낙인이나 비난, 거절에 대한 두려움 때문에 과거의 외상과 연합된 생각과 느낌을 공개적으로 표현하는 것을 의도적으로 억제하게 된다고 주장했다. 그러나 시간이 지남에 따라 만성적인 정서적 억제는 신체적인 탈진을 가져오고 면역력과 질병에 대한 저항력을 손상시킨다는 점에서, 신체적으로 많은 스트레스를 주는 것으로 생각하게 되었다. 그러므로 사람들에게 표현적 이야기를 쓰도록 기회를 제공하는 것은 만성적으로 억제된 스트레스를 완화하고 건강상의 보편적인 편익을 제공하기 위해 고안된 것이다.

또한 Pennebaker의 표현적 글쓰기 개입이 4일 동안 하루에 단지 20분 정도 에세이를 쓰는 것과 같이 비교적 짧게 이루어진다는 점에 주목해야 한다. 그 이유는 건강상의 이득이 단지 시간의 경과나 실험자의 주목을 받고 있기 때문에 발생하는 것은 아니라는 사실을 보여주기 위해서는 통제집단이 필요하기 때문이다. 하루 종일 계획을 세우도록 하거나 그보다 더 긴 시간 동안 방안에 있는 사물에 대해서 글을 쓰도록 하면, 사람들은 지루해하면서 실험에서 이탈할 수도 있다. 이에 반해 짧은 심리치료에서는 50분 회기를 12회에서 15회 정도 요구한다. 그러므로 이러한 표현적 글쓰기 접근은 처음에는 신체적 손상이나 정신과적 진단이 없는 건강한 대학생을 대상으로 고안되었지만, 이 집단뿐 아니라 자신의 이야기에 사별, 부모의 이혼, 부모의 신체적 또는 정신적 질병, 데이트 강간, 관계의 파탄, 외로움과 같은 사건과 관련된 생각과 느낌을 이야기에 진심으로 기술했던 많은 참여자에게 효과가 있었다.

　신체적 증상이 완화되고 의료 서비스 이용이 감소했다고 보고한 최초의 연구결과는, 다양한 스트레스 요인, 가령 실직, 의대 입학시험, 대학 적응과 같은 구체적인 스트레스 요인에 대해서 글을 쓴 건강한 집단에서도 반복 검증되었다. 또한 일부 연구에서는 결석률 감소, 성적 향상, 빠른 재고용, 자존감 향상, 우울감 완화 등과 같은 심리적이고 행동적인 이득이 발견되었다. 심지어 어떤 연구에서는 통제집단에 비해 글쓰기 집단에서 T세포의 개수, 백신에 대한 면역 반응, 엡스타인 바 바이러스(Epstein-Barr virus)[11] 항원과 같은 면역 지표에서도 향상이 나타났다(Esterling, Antoni, Fletcher, Margulies, & Schneiderman, 1994; Pennebaker, Kiecolt-Glaser, & Glaser, 1988; Petrie, Booth, Pennebaker, Davison, & Thomas, 1995).

　1998년, Josh Smyth는 건강한 모집단을 대상으로 한 연구들을 취합하여, 표현적 글쓰기가 통제집단에 비해 얼마나 큰 효과가 있는지를 측정하기 위해서 메타분석이라는 통계적 방법을 사용하여 연구했다. 그 연구에서는 표현적 글쓰기 집단의 결과가 통

---

11 급성 감염성 단핵세포 증가증의 주요 원인인 헤르페스 바이러스.

제집단에 비해 평균적으로 23%가 향상되었다고 평가했다. 즉, 표현적 글쓰기 치료 조건에 참여했던 사람들은 통제집단에 비해 병원에 가거나, 감기에 걸리는 것과 같은 결과가 23% 정도 더 낮았다는 것이다(Smyth, 1998). 이러한 건강한 모집단의 효과크기는 비교적 큰 편이었으며, 건강 개선에 초점을 맞추고 있는 다른 행동적 · 교육적 개입에서 발견되는 효과와도 비견될 만하다. 더 나아가 표현적 글쓰기는 네 가지 유형의 결과들에 유의한 향상을 가져왔는데, 이 유형에는 보고된 신체적 건강, 심리적 안녕감, 신체적 기능, 적응적 행동이 포함된다.

대부분의 연구에서 표현적 글쓰기는 건강한 모집단에서 거의 모든 시기에 효과를 발휘하는 것으로 나타났지만, 그러한 글쓰기가 왜 효과가 있는지, 어떤 사람에게 가장 효과가 있는지는 분명하게 제시하지 못했다. 또한 더 심각한 외상이나 만성적 스트레스 요인들을 경험하는 다른 집단에게도 글쓰기의 효과가 적용될 수 있는지 의문을 가졌다. 이러한 주제들은 표현적 글쓰기 개입을 의학적인 질병이나 정신과적 질병이 있는 집단까지 확장하려는 많은 연구의 초점이 되었다. 정신적 또는 신체적 질병을 가진 표본들을 사용한 9개의 연구들을 통해 표현적 글쓰기의 효과를 개관한 최근의 메타분석(Frisina, Borod, & Leporo, 2004)에서도 글쓰기의 효과가 확인되었지만, 계산된 효과 크기는 Smyth가 건강한 모집단에서 보고한 것보다는 더 작았다. 전반적으로, 그 개입은 심리적 건강보다는 신체적 건강에 더 효과적이었다. 그러나 몇몇 연구에서는 만성적 통증과 암을 가진 환자를 비롯한 다양한 의학적 집단에서 글쓰기가 신체적인 효과와 심리적인 효과를 모두 나타낸다는 결과를 보여주었다.

앞선 절에서 나는 표현적 글쓰기에 대한 대부분의 문헌을 개관했다. 다음 절에서는 내가 정서적 이야기 만들기 연구를 시작하게 된 과정과 이유를 설명하고, 건강하거나 혹은 만성적으로 스트레스를 받거나, 의학적으로 질병이 있는 집단을 대상으로 수행한 연구들 중 일부를 기술할 것이다.

나는 왜 정서적 이야기 만들기 연구를 시작했는가

Pennebaker와 Beall이 1986년에 연구물을 출판했을 때, 나는 뉴욕의 Stony Brook 대학에서 임상심리학을 공부하는 대학원 신입생이었다. 나에게는 외상이라는 주제뿐만 아니라, 사람들이 자신의 실제 감정을 말하지 않고 억압한다는 사실이 매우 중요했다. 나는 남아프리카 공화국에서 태어나 26세가 될 때까지 그곳에 살았으며, 이후 미국의 대학원에 입학하였다. 1986년 당시의 남아프리카 공화국은 인종 차별 정책이 극에 달해 있었고, 거리에서는 사람들이 공포스러운 이야기들을 조용히 속삭이고 있었다. 흑인 활동가들의 지도자인 Steve Biko가 보안 경찰에 의해 고문당하고 살해당했다는 이야기에서부터 케이프 타운에 있는 큰 교회의 계단에서 경찰들이 학생 시위대를 구타했다는 이야기까지 그 범위는 넓었다. 또한 흑인 구역에서는 흑인들이 분노해서 경찰의 밀정으로 의심되는 사람들을 교수형에 처하거나, 그들의 허리에 고무 타이어를 두르게 한 다음 거기에 불을 붙였다는 소문도 들렸다. 범죄와 폭력이 만연했으며, 백인들이 주로 거주하는 요하네스버그와 같은 도시의 주민들은 높은 벽과 보안 출입문 안에 살았으며, 도둑과 강간범들을 쫓아내기 위해서 큰 개를 두기도 했다.

나는 이러한 사회적 외상을 남아프리카 공화국의 백인계 국민들은 왜 불완전하게 공유하거나 표현할 수밖에 없었는지를 설명하기 위해 '거리에서는 조용히 속삭이고 있었다.' 라는 문구를 사용했는데, 그 두 가지 이유는 다음과 같다. 첫째, 경찰 국가가 현재의 상황을 '비상사태'로 선포했기 때문에 언론과 출판의 자유가 없었고, 반정부 시위대는 재판 없이 무기한 구금되기도 했으며, 심지어 고문을 받는 경우도 있었다. 정부가 국영방송인 남아프리카 방송의 텔레비전 뉴스를 검열했기 때문에, 뉴스에서는 인종 차별 정책 때문에 사람들이 고통 받고 있다는 사실은 외면한 채 광대한 영토와 햇빛, 금과 다이아몬드 광산으로 유명한 국가의 천연자원과 부에 초점을 맞추고 있었다. 둘째, 남아프리카 공화국 백인계 국민들은 훼손되지 않은 자연의 경관들을 이용하고, 자원 획득을 위한 경쟁을 하지 않으며, 또한 가족이나 친구들과 여가를 보내면서 안락한 삶을 영위하고 있었다. 하지만 그들은 인종 차별 정책하에 폭력과 억압이 난무하는 조국의 현실과 사회에 잠재적인 위험이 드리워지고 있다는 사실에 대해서는 말하거나 생각하지 않으려고 했다. 그 무렵, 나의 삶 또한 황폐해졌는데, 특히 절친한 친구들이 호주의 시드니나 캐나다의 토론토로 이민을 가게 되면서 더욱 그러했다.

내가 지구 반대편의 나라로 공부하기 위해 남아프리카 공화국을 떠날 결심을 하고, 다시는 돌아오지 않겠다고 다짐을 한 것도 이러한 분위기 때문이었다. 나는 부모님이 나를 떠나보낼 때 그들의 눈에서 고통을 보았고, 그들을 남겨두고 떠나야 한다는 사실에 슬픔과 죄책감을 느꼈다. 하지만 동료 대학원생들에게는 이러한 고통에 대해 결코 말할 수 없었다. 왜냐하면 그들은 재정적인 문제와 학점에 여념이 없었기 때문이다. 고향의 내 가족과 친구들은 나를 세계에서 가장 부유하고 안전한 나라에서 살 수 있고, 엘리트 기관에서 대학원 교육을 받을 수 있는 기회를 얻은 운 좋은 사람이라고 생각했다. 내 대학원 동료들은 일상적인 삶이 당연한 일로 여겨지는 전혀 다른 공간에서 살고 있었다. 그러나 나는 여전히 내 가족과 고향땅이 그리웠다. 햇살과 싱그러운 공기, 풍부한 내음과 색깔이 있는 그곳의 땅이 그리웠다. 그리고 무엇보다도 조금은 느긋한 생활방식이, 사람들의 진심 어린 온기가 그리웠다. 물론 나는 폭력의 위협이 상존하는 사회에 살고 있는 가족에게 무슨 일이 발생할지 걱정했다. 하지만 나는 대체로 침묵했으며, 이에 대해 결코 말하지 않았다. 대신 나는 일에 파묻혀서 고통스러운 감정을 억누르려 노력했다.

이 무렵, 나는 Pennebaker와 Beall의 고전적 연구를 탐독하게 되었는데, 내 자신의 정서적 억제와 고향과 가족에 대한 기억이나 힘든 감정과 싸우면서, 내 상황과 관련하여 정서적 이야기를 말하거나 글을 쓰는 것이 지닌 잠재적 가치를 깨닫게 되었다. 이는 감정을 표출할 수 있는 기회와, 내 경험을 좀 더 의미 있는 방식으로 조직화하는 구조를 제공하며, 그 결과 새로운 통찰력과 해결책을 제시해준다. 정서적 이야기 만들기가 지닌 치료적 측면들을 밝혀냄으로써, 내 고통스러운 경험을 다른 사람을 돕고 교육하기 위한 방편으로 전환할 수 있는 기회가 바로 여기에 있었다. 나는 이 주제를 앞으로의 내 연구의 핵심으로 삼기로 결심했다. 한 수준에서, 나는 어떻게 정서적 이야기 만들기가 작동하는지를 모두 이해하고자 했다. 또 다른 수준에서는, 사람들이 어떻게 정서적 고통과 외상을 치유하는지, 통제할 수 없는 부정적 경험을 어떻게 긍정적이고 의미 있는 관점들로, 혹은 의미 있는 삶을 위한 목표나 기초로 바꿀 수 있는지와 같은 더 큰 질문에 몰두하게 되었다. 그럼에도 불구하고, 그 당시 나는 그것에 대해 잘 알지 못했으며, 직관적인 긍정심리학자에 불과했다.

다음 절에서 논의될 내용은 내 동료와 학생들, 그리고 내가 정서적 이야기를 말하는 것이 어떻게, 왜, 누구에게 도움이 되는지를 밝혀내기 위해 건강한 대학생과 특정한 유형의 스트레스를 겪고 있는 사람 모두를 대상으로 수행했던 연구에 대한 것이다.

정서적 이야기 만들기는 누구에게 그리고 왜 효과가 있는가

임상건강심리학 분야의 연구자로 20여 년간 일하면서 나는 표현적 글쓰기에 대한 많은 연구를 수행하고 감독했다. 이러한 연구들은 표현적 글쓰기와 말하기 개입이 여러 다양한 모집단에서 효과가 있는지의 여부를 조사하기 위해 개인과 집단을 대상으로 행해졌다. 그 모집단의 범위는 건강한 대학생에서부터 이별을 겪고 있는 사람, 게이 남성, 암 환자의 간병인, 만성적인 고통과 과민성 장 증후군(IBS)을 보이는 성인과 청소년에 이르기까지 매우 다양하고 광범위했다. 몇몇 연구와 일부의 결과 측정치에서는 개입의 효과가 명백하고 전반적이었지만, 다른 경우에는 결과가 가변적이었고, 개입의 효과도 특정 하위집단에서만 나타났다. 이 절에서, 나는 이러한 연구를 통해 알게 된 몇 가지 교훈을 공유할 것이다.

정서적 표현 집단에서 가장 효과가 있었다는 사실을 입증한 연구의 경우, 참가자의 선발은 특정 대학의 학생들이거나 특정한 의학적 진단을 받은 사람들이라는 것보다는 그들이 어떤 외상이나 삶의 주요한 스트레스 요인들, 그리고 만성적인 긴장을 경험하고 있다는 사실에 근거하여 이루어졌다. 가령 나의 박사 논문 프로젝트를 기반으로 처음 출판된 연구들 중 하나(Greenberg, Wrotman, & Stone, 1996)에서, 우리는 부모의 사망, 아동기 혹은 성인기 성폭행, 부모의 정신질환 등의 심각한 외상을 경험한 참가자를 선정했다. 이 연구에서, 표현적 개방 집단에 속한 참가자는 통제집단에 비해 개입 이후 두 달 동안 의사나 건강 센터를 더 적게 방문했다. 비록 이러한 개입의 심리적 효과가 명확하지는 않았지만, 나는 외상 경험으로 선정된 참가자에게서 신체적 건강의 향상을 발견했던 Pennebaker와 Beall의 초기 결과를 반복 검증할 수 있었다.

이전에 공개했거나 공개하지 않은 외상에 대해 글을 썼던 참가자와 통제집단을 비교한 초기 연구에서(Greenberg & Stone, 1992), 우리는 외상 경험에 기초해서 참가자를 선발한 것이 아니

라 글을 쓰겠다고 지원한 사람이라면 누구든지 참가하도록 했
다. 연구결과, 외상을 공개했든 그렇지 않았든 간에 글쓰기 집단
은 통제집단에 비해 장기간의 건강이나 기분에서 효과를 보이지
않았다. 하지만 흥미롭게도, 더 심각한 외상에 대해 글을 썼다고
평정하거나 실제로 사별, 부모의 갈등이나 이혼과 같은 주요 생
활 스트레스에 대해 글을 쓴 참가자는, 자신의 외상적 글쓰기 주
제가 덜 심각하다고 평정한 참가자와 비정서적 주제에 대해 글을
쓴 통제집단에 비해, 연구가 끝난 이후 몇 달 동안 더 적은 신체
증상을 보고했다.

 이러한 결과를 해석해보면, 모든 사람이 정서적 이야기 만들기
를 통해 동일하게 도움을 받는 것은 아니라는 사실이 명백해진
다. 가령 주관적으로 매우 스트레스가 되는 사건을 경험했고, 이
를 공개하기로 선택한 사람이 건강상의 이득을 가장 많이 얻었
다. 하지만 그만큼의 사건을 경험하지 않은 사람은 자신의 정서
적 이야기를 이런 식으로 이야기할 필요가 없었을지 모른다. 왜
냐하면 그 상황을 다루기에는 그들의 대처 기술과 지지 체계로도
충분했기 때문이다. 다른 실험 참가자들은 자신이 경험한 스트
레스 사건의 심각성을 축소시키기도 하고, 진정한 감정을 경험
하지 않은 채 지나치게 거리를 두는 방식으로 글을 썼을 수도 있
다. 앞서 논의한 이론들이 강조하는 것처럼, 정서적 이야기 만들
기의 이득을 경험하기 위해서는 스트레스가 되는 사건의 특성을
인정하고 그와 연합된 감정을 기꺼이 마주할 필요가 있다.

 보다 최근의 연구인 Genelle Weits의 논문에서는, 병인이 밝혀
지지 않은 통증 증후군인 섬유근육통을 가진 청소년 환자들을 대

상으로 표현적인 언어 개방이 갖는 효과를 검증했다(Weits, Greenberg, & Szer, 2007). 통증과 기분 상태, 그리고 삶의 질에 대한 자기보고와 부모의 평정치를 결과로 사용하여 3개월 추수 연구를 진행한 결과, 정서적 이야기를 말하도록 할당된 참가자와 비정서적 사건을 말하도록 할당된 참가자 간에 건강 상태에서의 전반적인 차이는 발견되지 않았다. 그러나 정서적 이야기 만들기 집단 중 자신의 이야기가 더 개인적이고, 의미 있고, 정서적이며, 스트레스가 된다고 지각했던 하위집단은 동일 집단임에도 불구하고 충분히 개방하지 않은 참가자와 비교할 때, 통증, 피로, 삶의 질에 대한 환자와 부모의 평정에서 일관된 향상 패턴을 보여주었다. 다시 말해, 이러한 결과는 정서적 이야기를 통해 긍정적인 효과를 이끌어내기 위해서는, 개인이 주관적으로 스트레스가 되는 사건을 표현하고, 이 사건에 대해 매우 개인적이고 정서적으로 관여된 방식으로 글을 쓰거나 말해야 한다고 제안한다. 진심 어린 감정에 접근하지 않고 비개인적인 관점에서 거리를 두고 이야기하는 것은 신체적이거나 심리적인 표현으로는 충분하지 않다. 단지 의학적 진단이 있다는 이유만으로는 그들이 진심으로 정서적 이야기를 말한다거나 과거의 외상이나 현재의 스트레스에 정서적으로 관여하고 있다고 판단할 수는 없다.

내가 감독한 IBS를 가진 참가자를 대상으로 한 다른 연구에서도 이와 유사한 결과를 발견했다. 구체적으로 설명하면, 정서적 에세이를 2주에 걸쳐 4일 동안 쓰도록 할당된 참가자들은 자신의 과거, 현재, 미래의 계획을 쓰도록 한 통제집단에 비해 건강상에서 장·단기 효과를 모두 보이지 않았다(Siegel, Greenberg, &

Longstreth, 2003). 그러나 이전 연구에서처럼 하위집단은 정서적 이야기 만들기의 장기적인 효과를 보여주었다. 특히 에세이를 쓰는 동안 높은 수준의 긍정 정서를 유지했던 정서적 글쓰기 집단의 참가자는 글을 쓰는 동안 긍정 정서가 감소했던 참가자와 비교할 때, 2주 후와 3개월 후에 IBS와 관련한 삶의 질이 더 향상되었다. 또한 글쓰기 회기 동안 부정 정서가 평균 이상으로 증가했던 사람들 역시 2주 후 정서적 스트레스를 더 적게 보고했다. 이러한 부정 정서와 관련된 결과는 장기 효과를 이끌어내기 위해서 스트레스 사건과 관련된 부정적인 정서를 대면하는 것이 얼마나 중요한지에 대해 다시 강조해준다.

  에세이를 쓰는 동안 높은 수준의 긍정 정서를 유지했던 참가자가 더 큰 효과를 보인다는 결과는, 그들의 이야기에 긍정적인 언어를 더 많이 사용한 참가자가 이후 건강이 더 크게 향상되었다는 다른 표현적 글쓰기의 연구결과와 일치한다(Pennebaker & Segal, 1999). 이러한 결과는 극심한 스트레스 사건을 이야기할 때에도 일정 수준의 긍정 정서를 유지하는 능력이 정서적 이야기 만들기가 왜 효과적인지를 밝히는 핵심적 측면이 될 수 있음을 시사한다. 긍정 정서 이론들(예: Fredrickson, 2001)과 이를 지지하는 경험적 연구들은 긍정 정서가 부정 정서로부터의 생리적인 회복을 촉진하고 그를 통해 원상태로 되돌릴 수 있음을 보여준다. 스트레스를 주는 영화를 본 직후 정서적으로 긍정적인 영화를 본 참가자는 긍정적인 영화를 보지 않은 사람들보다 혈압이 스트레스를 받기 전의 상태로 보다 빠르게 회복되었다. 더 나아가, 부정 정서는 위협과 고통의 원천에만 주의를 좁히도록 하는 반면, 긍정 정서는 사고 과정을 확장시켜준다. 일반적으로 사람들은 긍정적인 기분일 때, 문제에 대한 보다 창의적인 해결책을 생각하게 된다.

　정서적 이야기 만들기는 참가자들이 부정 정서와 함께 긍정 정서를 경험할 때 '최적의 거리두기' 상태가 되며, 치유적일 수 있다. 이러한 긍정 정서의 원천은 무엇인가? 아마도 이야기를 하는 사람은 현재 안전한 맥락에 있음을 지각하게 될 것이다. 즉, 이러한 사건 속에서도 살아남았고 이제는 물리적으로나 심리적으로 전혀 다른 공간에 있다는 사실을 인식할 것이다. 혹은 역경의 한가운데에서도 승리와 친밀감의 순간을 기억해낼 수 있을 것이다. 사람들은 긍정적인 기분을 유지함으로써 사건을 더 넓은 관점에서 바라보게 되며, 이를 통해 특정한 가치를 받아들이게 되고, 특정한 형태의 삶을 살아가게 되며, 사회적 변화를 만들어내기 위해 적극적으로 노력하는 추동력을 얻게 된다. 스트레스 사건의 슬픔이나 공포는 현재 삶의 다른 긍정적인 측면으로 균형을 이루게 된다. 가령 어떤 이는 과거 외상에 대한 고통스러운 기억들을 정답고 지지적인 가족이나 친구들의 장면으로, 혹은 아이를 보며 느끼는 자부심과 기쁨들로 완화할 수 있다. 이때 기억을 함으로써 고통도 느끼겠지만, 이와 동시에 살아남았고 자신과 자손들을 위해 더 나은 삶을 만들어간다는 점에서 자부심을 느낄 수 있다. 이것이 낙관적인 사람들이 비관적인 사람들에 비해 비구조적 정서적 이야기 만들기로부터 더 많은 효과를 보이는지의 이유가 될 수 있다. 긍정 정서와 확장된 사고는 심각한 외상에도 성장에 대한 잠재력이 내재되어 있다고 생각하게 해준다. 다음 절에서는, 정서적 이야기 만들기가 삶의 질을 비롯한 다양한 심리사회적 결과물에 영향을 주는 이유가 무엇인지에 대해 살펴볼 것이다.

정서적 이야기 만들기에 참여한 후에 삶의 질이 향상되는 이유는 무엇인가

앞서 논의된 적어도 두 개의 연구에서는, 표현적 글쓰기 집단이나 하위집단에서 증명된 건강에 대한 효과가 신체적 기능에 한정되지 않고 삶의 질 척도로 평가되는 기능의 전반적인 측면들도 포함하고 있음을 증명했다. 유사하게, 다른 연구들에서도 글쓰기가 성적과 재고용을 향상시키는 것에서부터 향수병과 장기결근을 감소시키는 것까지 광범위한 영역에서 효과를 보인다는 사실을 밝혀냈다. 나와 Stephen Lepore는 관계가 깨진 사람들의 적응을 돕는 데 표현적 글쓰기가 얼마나 효과적인지를 연구한 결과(Lepore & Greenberg, 2002), 표현적 글쓰기 집단의 참가자가 통제집단에 비해 그들의 전 파트너와 재결합할 가능성이 더 높았다. 물론, 이러한 발견은 비교적 극소수의 피험자에 해당한다. 에세이 쓰기의 이러한 폭넓은 효과는 단순히 생리적인 과정으로만 설명될 수는 없으며, 정서적 이야기 만들기에 참여하는 것이 대인관계와 업무 기능도 강화한다는 것을 시사한다.

이러한 결과에 대한 한 가지 설명은, 해결되지 않은 외상과 그와 관련된 인지적 반추과정이 현재 삶의 과제에 주의를 기울이지 못하도록 방해한다는 것이다. 만일 글쓰기가 과거와 현재의 스트레스 요인들을 수용하고 해결하도록 촉진한다면, 사람들은 그 순간을 보다 자유롭게 살 수 있게 되며, 그럼으로써 현재의 활동들과 대인관계에 더 큰 기쁨을 느끼면서 잘 참여하게 되고, 잠재적으로는 학업과 일에서도 성공하게 될 것이다. 예를 들어, 실직 후에 이전 고용주에 대한 분노를 표출할 수 있는 안전한 모임이 있다면, 실직과 관련된 반추와 감정으로 인해 구직 활동에 전념해야 할 그의 능력이 저해되지는 않을 것이다. 구직자가 이전 직업이나 고용주에 대해 반추하는 데 시간과 감정적 에너지를 소모한다면, 새로운 기회들은 사라질 것이고, 그 이후 앞으로 나서지 못하게 되거나 부정적인 감정이 새어나와 면접 과정에서의 수행을 저해할 수 있다.

미취업 상태의 기술자를 대상으로 한 준 통제 연구(Spera, Buhrfiend, & Pennebaker, 1994)에서는, 표현적 글쓰기 집단이 평범한 글쓰기 집단에 비해 재고용이 더 빠르게 이루어지는 것으로 나타났다. 역설적이게도, 이들 집단은 진부하게라도 정서적인 표현을 하지 않는 것으로 유명하다. 나와 Lynn Joseph(Joseph & Greenberg, 2001)이 수행한 연구는 자기표현을 위한 모임에서 이전 고용주를 만나는 상황을 상상하게 하는 심상 기법을 사용한 통제 연구였으며, 우리는 이 연구에서 Spera와 그의 동료들이 발견한 결과를 반복 검증할 수 있었다. 심상 개입의 다른 모듈에서는 생산성에 가치를 두는 사회에서 실직을 당했다는 부정적인 자기상을 상쇄하기 위해서 미래의 긍정적인 자기상을 상상하도록 초점을 맞추었으며, 또한 자신의 긍정적인 측면을 확인하는 데 초점을 두었다. 비정서적 심상 통제집단과 비교할 때 표현적인 심상집단의 참가자는 두 달 후와 넉 달 후의 추수 연구에서 재고 용될 가능성이 유의하게 높았으며, 실직과 재고용의 과정에서 통 제감을 더 크게 지각했다.

Joseph과 Greenberg(2001)의 연구에서는 여러 다른 과정이 재 고용에 영향을 미치는 것으로 나타났다. 아마도, 심상적 표현을 함으로써 참가자들은 실직에 대한 감정을 직면하고, 인지적인 처 리를 할 수 있는 기회를 얻게 되었을 수 있다. 그리고 자기의 긍 정적인 측면을 재확인함으로써, 실직과 구직에 대처할 수 있는 자심감과 회복력을 향상시켰을 수 있다. 초기 유방암 여성 환자 를 대상으로 한 최근의 표현적 글쓰기 연구에서는(Creswell et al., 2007), 객관적인 평정자가 에세이의 내용을 코딩했다. 표현적 글 쓰기 집단 참가자의 에세이에는 자기확신이라는 범주에 부합되 거나 자신과 자신의 삶에 가치 있는 측면을 긍정적으로 반영하는 진술을 평균 두 개씩 담고 있었다. 예를 들어, 참가자들은 결혼생 활에서 애정이 깊어지고 안정적이 되었다고 하거나, 암을 겪으면 서 인생에 대해 긍정적인 관점을 가지게 되었다고 하거나, 영적 인 신념과 강점을 가지게 되었다고 기술하였다. 더 나아가, 자기 확신은 에세이 쓰기가 이후 발생하는 신체 증상을 감소시키는 데 많은 설명을 제공해준다. 그러므로 참가자들에게 정서적 이야기 를 말하도록 지시할 때에는, 그들의 강점과 인생에서 감사할 만 한 것들을 상기하도록 그들의 이야기 안에 자기확신적인 진술을 포함하도록 하는 것이 좋다. 그리고 이를 통해 유방암이나 실직 과 같은 불운한 사건을 직면했을 때 탄력성을 강화할 수 있다.

정서적 이야기 만들기와 지각된 통제감

동물과 사람을 대상으로 한 많은 연구를 통해서, 통제 불가능한 스트레스가 불안과 학습된 무기력을 유발하고 지속시킨다는 사실이 밝혀졌다(Abramson, Seligman, & Teasdale, 1978; Maiser & Seligman, 1976; Mineka & Henderson, 1985; Overmier & Seligman, 1967; Seligman & Maier, 1967). 예를 들어, 고전적인 동물 연구(예: Mineka & Henderson, 1985)에서, 한 집단의 쥐에게는 전기 충격에 노출하되 레버를 누름으로써 전기 충격을 종료할 수 있는 기회도 함께 주었으나, 다른 집단의 쥐에게는 첫 번째 집단과 연결이 되어 있어 동일한 양의 전기 충격을 받긴 하지만, 그 발생 시점에 대해서는 통제할 수 없도록 했다. 전기 충격의 지속시간과 강도가 두 집단 모두 동일하였음에도, 불안 반응은 스트레스를 통제할 수 있었던 집단에 비해 통제할 수 없었던 집단에서 유의하게 높게 나타났다. 그것은 아마도 전기 충격을 중단함으로써 상황을 통제할 수 있는 기회가 바로 당장은 전기 충격이 없을 것이라는 안전 신호로 작동했기 때문일 것이다. 이는 신체의 부교감 신경계가 휴식을 취할 수 있도록 함으로써 전기 충격에 대비하기 위한 신체의 '싸움/도주'의 반응들을 멈추게 하고, 혈압과 심박동도 줄어들게 한다. 하지만 그러한 신호가 없을 경우에는 신체가 지속적으로 각성 상태에 있게 되며, 그 결과 만성적으로 높은 혈압과 심박동을 초래하게 되고, 잠재적으로는 심혈관 장애에 대한 취약성이 증가하게 된다.

Lynn Joseph과 함께한 나의 연구에서 나타난 것처럼(Greenberg & Joseph, 2001), 말이나 심상으로 정서적 이야기를 하는 것이 스트레스 요인이나 그에 대한 반응에 대한 통제감을 더 많이 지각하도록 한다면, 이는 스트레스 기억과 현재의 안전한 맥락 간의 차이를 더 완벽하게 구분할 수 있도록 하기 때문에, 혈압과 심박동을 감소시키고, 심박률을 더 가변적으로 만든다고 기대할 수 있다. 이것이 나와 Kimberley Bechwith McGuire, Richard Gevirtz가 수행한 연구(Bechwith Mcguire, Greenberg, & Gevirtz, 2005)의 초점이었다. 우리는 가벼운 고혈압으로 진단받은 사람을 표본으로, 비정서적 글쓰기 집단과 비교하여 표현적 글쓰기 집단의 생리적 효과를 검증하기 위해서 연구를 설계했다. 이 연구에서 우리는 심장 계통에 약간의 취약성만 있는 사람을 원했기 때문에 가벼운 고혈압 환자를 선택했다. 왜냐하면 심각한 고혈압 환자의 경우에는, 과도한 약물의 사용이 표현적 글쓰기와 같은 간단한 개입에 대한 혈압의 반응을 제한할 수 있기 때문이다. 우리는 표현적 글쓰기의 생리적인 효과를 기대함과 동시에, 만성적으로 정서를 억압하고 있는 참가자, 즉 분노를 억압하는 사람에게도 표현적 글쓰기가 더 큰 효과를 발휘할 것이라고 기대하고 있었다. 참가자들은 3일에 걸쳐 하루 20분씩 주어진 주제에 대해 글을 썼다. 우리는 글을 쓰기 직전에, 그리고 글을 쓴 뒤 한 달 후와 네 달 후에 혈압과 심박률, 그리고 심박동의 변이를 측정했다. 예상대로, 표현적 글쓰기 집단의 경우, 심장 수축 시와 확장 시의 혈압 모두가 기저선부터 한 달 후에 측정할 때까지 유의미하게 감소했다. 더 나아가, 통제집단에 비해 표현적 글쓰기 집단은 한 달 동안 심박동의 변이가 더 크게 증가했는데, 이러한 결과는 표현적 글쓰기가 스트레스로부터 심장계의 회복을 향상시킨다는 사실을 시사한다.

앞서 말한 것처럼, 표현적 글쓰기는 이런 모집단에서 심장계의 변인들을 단기간에 향상시킨다. 게다가 우리가 예견한 대로, 분노를 억압한다고 보고한 표현적 글쓰기 집단의 참가자들은 통제집단에 비해 네 달 후 심장 확장시의 혈압이 장기간에 걸쳐 감소하였다. 그러므로 표현적 글쓰기가 글쓰기 집단 전반에는 단기간의 효과를 나타냈지만, 분노 감정을 억압하는 사람들에게는 건강상의 이득이 장기간에 걸쳐 나타났다. 이러한 결과는 정서적 이야기 만들기를 위해 안전한 맥락을 제공하는 것이 일상 생활에서 스트레스와 관련된 감정을 억제하는 이들에게 더 큰 도움이 된다는 사실을 보여준다. 왜냐하면 이들은 이런 감정에 압도되는 것을 두려워하고, 감정을 표출함으로써 다른 사람에게 해를 끼치거나 부정적인 반응을 불러일으킬 것을 걱정하기 때문이다. 예를 들어, 비판적인 배우자나 부모에게 힘든 감정을 말했을 때, 그들이 더 상처주는 말을 하기도 하고, 때로는 울거나 극단적으로 괴로워하기 때문에, 차라리 그러한 감정을 억누르는 것이 더 쉬운 선택이 될 수 있다. 이러한 경우에, 표현적 글쓰기는 만성적 스트레스를 경험하면서도 표현에 대한 사회적 제약을 가진 이들에게 더욱 도움이 될 것이다. 이 주제들은 다음에 설명되는 작업을 통해서 살펴볼 것이다.

만성적인 스트레스에 노출되면서도
표현이 억제된 집단에서의 정서적 이야기 만들기

내 연구실에서 수행한 두 개의 연구에서는 게이 남성(Swanbon, Boyce, & Greenberg, 2008)과 암 환자를 간병하는 배우자(Dickinson, 2005)를 대상으로 표현적 글쓰기의 효과를 검증했다. 두 모집단은 만성적 스트레스에 노출되어 있다. 왜냐하면 게이 남성들은 이성애가 우세한 사회에서 성장했기 때문에 자신이 게이라는 사실을 밝히게 되면 가족과 친구들에게 거절당하거나, 낯선 이들로부터 적대시되고, 심지어 반동성애자들의 폭력과 조롱에 시달리게 되기 때문이다. 한편, 암환자를 간병하는 배우자들은 피로, 분노, 우울을 경험하고, 암으로 배우자를 잃을 수도 있다는 두려움을 느낀다. 하지만 그들은 이러한 감정을 환자에게 표현할 수 없는데, 그 이유는 환자에게 의학적 회복을 저해할 수 있는 스트레스를 주고 싶지 않기 때문이다. 그러므로 이 두 모집단은 각자의 스트레스의 사건과 관련된 느낌과 생각들을 억압하거나 회피하는 경향이 있다. 그러한 만성적인 회피는 스트레스 누적을 증가시키고, 신체에 부담을 주어 결국에는 질병에 대한 면역력을 손상시키게 된다. 두 연구에서, 우리는 참가자들을 표현적 글쓰기 집단과 비정서적 글쓰기 집단에 무선적으로 할당했으며, 수개월에 걸쳐 건강과 심리적 기능을 측정했다. 예상한 대로 두 연구 모두에서, 정서적 글쓰기가 건강에 유의미한 이득을 주는 것으로 나타났다.

첫 번째 연구(Swanbon et al., 2008)에서는, 현재의 문화 풍토에서 게이로 산다는 것에 대해 표현적 글쓰기를 한 게이 남성들이 비정서적으로 글을 쓴 통제집단에 비해 한 달 뒤 추수 연구에서 더 적은 신체적 증상들을 보고하는 것으로 나타났다. 게다가 표현적 글쓰기 집단은 동일한 기간 동안 게이로 산다는 것과 관련된 감정의 회피와 침투 사고가 감소했다고 보고했는데, 이러한 회피의 감소는 증상에 대한 글쓰기 개입의 효과를 설명할 수 있다. 이 연구에 참여했던 게이 남성들은 그들이 게이라는 사실을 밝혔을 때 가족들에게 거절당하고 학교에서 선생님과 동료들에게 조롱당했던 일, 이성에 대해서 처음으로 매력을 느끼게 되었을 때 혼란스러웠던 일, 다른 사람들에게 거절당했을 때의 고통스러운 감정을 없애기 위한 시도로 무절제한 성생활과 약물 남용에 빠지게 되었던 일, 그리고 게이가 됨으로써 낮아진 자존감과 무가치감의 경험들에 대해서 통렬한 심정으로 글을 썼다. 또한 그들은 게이에 대한 편견으로 가득 찬 사회에서 게이로 살아가는 스트레스에 대해 힘들고 고통스러운 정서적 이야기를 말했는데, 그 결과 게이로 산다는 것과 관련된 느낌이나 생각들을 반추하거나, 의도적으로 억제하고 회피하는 경향이 감소했다. 그리고 잠재적으로는 만성적인 정신적 스트레스가 완화되었고, 그와 결부된 심인성 질환도 감소했다. 흥미롭게도, 게이와 관련하여 주관적인 스트레스를 가장 많이 보고한 표현적 글쓰기 집단의 참가자들의 경우, 추수 연구에서 의료 서비스 이용이 유의하게 감소한 것으로 나타났다. 이러한 결과는 해결되지 않은 감정을 가장 많이 경험했던 사람들이 정서적 이야기에 직면하여 명확하게 이야기를 만들면서 건강상의 이득을 가장 많이 얻게 된다는 점을 시사한다.

간병인 연구(Dickinson, 2005)에서, 우리는 간병인의 부담감을 측정하는 척도의 절단 점수에 해당하는 참가자들을 선정했는데, 표현적 글쓰기 집단은 통제집단에 비해 글을 쓴 후 3개월 동안 의료 서비스 이용이 유의미하게 감소한 것으로 나타났다. 피로, 우울, 침투 사고의 측정치는 두 집단 모두에서 시간이 경과함에 따라 유의미하게 감소했다. 아마도, 두 집단의 참가자들은 간병인 연구에 참여하고 간병에 대한 사고와 감정에 대한 질문지를 작성하는 것만으로도, 이 주제에 대해서 더 많이 숙고하게 되었고 다른 사람들과도 더 많은 이야기를 했을 것이다. 이러한 설명과 일관되게, 두 집단의 참가자들은 개입이 있은 후 한 달 동안 표현에 방해가 되는 사회적 제약이 더 적다고 인식하였다. 만일 그들이 어떤 집단에 속했는지와 상관없이 연구에 참여함으로써 배우자나 가족 구성원들에게 자신의 감정을 더 많이 표현할 수 있게 된다면, 자신이 기대했던 것보다 다른 사람들이 자신을 더 잘 타당하게 여기고 수용해준다는 사실에 놀랄 것이다.

두 집단 모두가 '간병인 스트레스' 연구에 참여하여 심리적인 이득을 얻었다고 할지라도, 표현적 글쓰기 집단에서만 이후 수개월 동안의 의료 서비스 이용이 감소되었다. 그러므로 표현적 글쓰기, 즉 간병인들에게 정서적 이야기를 말로 표현하도록 하면 더 많은 수용과 해결이 이루어지게 되고, 경험에 대한 관점도 변화될 수 있다. 예를 들어, 한 참가자는 다음과 같이 진술했다.

나는 내 분노에 대해서 누구에게 말해야겠다고 생각해본 적
이 없었다. 그러나 그것에 대해 글을 쓰는 것은 쉬워 보였다.
내가 썼던 글을 읽었던 바로 그 순간, 나는 내가 분노하고 있는
대상이 남편이 아니라 암이라는 질병이고, 아내로서의 역할
변화였다는 것을 알아차리게 되었다. 우리는 이제 그것에 대
해 농담을 할 정도다. 남편은 이제 나에게 생긴 변화의 대부분
을 깨닫게 되었고, 나도 더 이상 그에게 많이 소리치지 않는다
(Dickinson, 2005, p. 139).

이 참가자는 글쓰기를 통해 인지적 변화를 경험했으며, 분노의
방향도 배우자에서 암으로 변화되었다. 이 글의 함의는 참가자가
자신의 느낌을 배우자와 직접적으로 공유할 수 있었으며, 이를
통해 그들 사이의 친밀감과 이해도가 향상되었다는 사실이다.

비슷한 맥락에서, 추수 연구에서는 표현적 글쓰기 집단의 57%
가 지지집단의 목록을 주었을 때 그러한 집단에 참여할 계획이라
고 밝혔으나, 통제집단의 경우에는 15%만이 그런 의도가 있다고
말했다. 그러므로 앞서 제안한 것처럼, 정서적 이야기를 쓴다는
것은 지지와 타당화가 필요한 다수의 사람들이 사회적 공유와 지
지를 찾는다는 전조이며, 그로 인해 실제로 글을 쓰는 80~90분
의 시간에 발생하는 것보다 더 큰 이득을 얻게 된다. 나의 이야기
로 되돌아와서, 이러한 연구를 하는 이유는 이민, 가족과 고향의
상실, 그리고 가족과 친구들에게 가해지는 압도적인 사회적 폭
력에 직면했을 때의 무력감에 대해 나의 정서적 이야기를 말하는
것이며, 이를 통해 그들과 나와의 관계가 더욱 깊어질 수 있고,

다가올 긴 시간 동안 나를 지지해주는 사회적 연대가 만들어질 수 있기 때문이다.

앞선 논의들을 요약하면, 정서적 이야기 만들기가 스트레스로부터의 회복에 도움이 되는 데에는 많은 이유가 있다. 즉, 정서적 이야기를 통해 인지적인 해결이 가능해지고, 현재의 삶의 과제에 주의를 집중할 수 있는 자유가 주어지며, 글을 쓰는 과정에서 의미와 힘을 찾게 되고, 자신의 삶을 보다 새롭고 긍정적인 방향으로 정의하게 되며, 자신의 가치와 삶에 대한 지각된 통제감을 재설정하게 된다. 또한 긍정 정서를 이용하고, 현재는 안전하다고 인식하게 되며, 고통감을 완화하기 위해 해당 사건으로부터 거리를 두게 되고, 정서적이고 행동적인 억제로 인한 부정적인 신체적 영향으로부터 회복하게 되며, 사회적 공유를 촉진하고, 사회적 연대가 더욱 깊어질 수 있다. 여기에 나는 '정서적 자기효능감'이라고 명명한 한 가지 과정을 덧붙이고 싶은데, 이는 강렬한 감정에 압도되거나 두려워 않고 이를 직면하고 견디는 능력을 말한다. 다음 절에서는 정서적 이야기 만들기가 어떻게 정서적 자기효능감을 만들어내는지 논의하고자 한다.

정서적 이야기 만들기와 정서를 다루는 자기효능감

심리학 내의 다양한 이론적 지향을 가진 저자들은 심각한 외상의 결과 중 하나가 정서적 반응을 촉발하는 상황의 수를 증가시킬 뿐 아니라 정서적 반응의 강도를 증가시키는 데 있다고 주장했다. 외상 생존자들은 외상의 양상과 현재의 상황을 구별하는 능력을 상실한 것처럼 보인다. 즉, 어떤 상황들이 최초 외상 사건과 아주 조금 유사하다는 이유만으로, 외상과 관련된 감각적 혹은 정서적 기억들이 너무 쉽게 활성화된다(Pitman & Orr, 1990). 외부 관찰자에게는 그들의 정서적 반응이 부적절해 보이거나, 그 반응을 자극하는 상황에 비해서 정도가 지나치게 보인다. 예를 들어, 폭발로 절친한 동료를 잃은 이라크 참전 군인의 경우, 예기치 못한 큰 소리를 들었을 때 공포에 사로잡히게 되고, 자신의 아이들을 안을 때에도 강한 불안을 경험할 수 있다. 비록 그 군인이 그러한 고통의 원인이 무엇인지 인식하지 못한다 할지라도, 큰 소리는 폭발의 기억을 상기시키고, 아이들을 안았을 때의 따뜻하고 애정 어린 느낌은 전사한 동료에 대한 그의 애정과 함께 분노와 슬픔을 떠오르게 할 수 있다.

예상치 못한 순간에 강한 정서를 갑작스럽게 자주 경험하게 되면, 어떤 상황이나 생각이 외상과 관련된 기억 구조에 의식적이든 무의식적이든 신호를 주게 되는데, 이때 외상 생존자는 정서적 경험에 대해 놀라게 되고, 이를 회피하게 되며, 이분법적인 방식으로 정서를 경험하게 된다. Krystal(1998)은 심각한 아동기 외상과 극심한 성인기 외상은 '정서에 대한 공포와 정서 감내력의 손상'을 야기한다고 주장했다(p. 147).

외상을 겪은 군인이 이라크에서 보낸 시간을 이야기하며 외상경험과 그와 관련된 생각과 느낌을 의도적으로 언어화하는 것은 비록 극도로 고통스럽고 어려운 일이지만, 이를 통해 그 고통이 무엇 때문인지에 대한 통찰력이 증가되고, 사람들이나 외상 사건에 대한 정서적 반응을 예상하고 통제하는 능력도 향상된다. 또한 규정된 시간 동안 지지적인 환경에서 이러한 기억과 감정에 조심스럽게 직면하게 되면, 자신이 강한 감정을 경험했고, 살아남았으며, 이러한 고통에도 끝이 있다는 사실을 깨닫게 되면서 결과적으로 이러한 반응의 강도가 줄어들게 된다. 또한 사람들은 상대적으로 안전한 환경인 현재와 외상이 발생했던 위협적인 환경을 구분하는 방법을 배우게 된다.

이러한 직면을 통제된 형태로 조심스럽게 반복한 결과, 외상 생존자들은 정서적 반응을 더 잘 통제하게 되었다고 지각하면서, 그 반응을 더 잘 이해하게 되었고, 수용할 수 있게 되었다. 또한 그로 인해 현재 삶에 있어서 사람들이나 사건에 대해 더 자발적이고 개방적인 자세로 반응하게 되었으며, 잠재적으로는 만성적 스트레스와 불안이 감소했고, 다른 사람들과 친밀감이 증가했으며, 삶의 질도 향상되었다. 이러한 주장은 몇 개의 표현적 글쓰기 연구에 대한 통계적 재분석을 통해 지지되었는데(Pennebaker, Mayne, & Francis, 1997), 회기가 진행되는 동안 스트레스와 관련된 그들의 이야기에 사건의 원인이나 통찰력을 기술한 단어의 비율에서 가장 큰 증가를 보인 참가자들이 가장 오랜 기간 동안 건강상의 이득을 보이는 것으로 나타났다. 다른 연구에서는 정서적 에세이 쓰기가 첫 번째 회기에서 마지막 회기로 진행되는 동안 생리적 반응과 정서적 반응의 강도가 줄어들었고, 습관화라고 알려진 현상, 즉 반복된 노출로 스트레스 반응이 줄어든다는 사실을 발견했다(자세한 논의는 Greenberg & Lepore, 2004와 Lepore, Greenberg, Bruno, & Smyth, 2002 참조).

정서적 이야기 만들기와 긍정심리학

정서적 이야기 만들기는 긍정심리학이 특별하게 적용된 경우로, 스트레스나 외상 사건에 대한 반응과 기억들에 직면하게 함으로써 이러한 반응들에 대한 통제감을 증가시키고 이러한 사건들에 심리적 성장을 위한 잠재력이 내재되어 있다는 것을 보여준다. 성장이 고통의 종결을 의미하는 것은 아니지만, 스트레스 사건이나 외상 사건이 발생한 것을 기뻐해야 한다는 것을 의미하는 것도 아니다. 오히려 성장이란 스트레스 사건으로부터 긍정적인 의미를 발견해내고, 자신의 삶을 긍정적인 방식으로 재구성하는 힘으로 그 사건을 활용하는 과정이다. 긍정적인 의미는 개별적으로, 그리고 자발적으로 구성되어야 한다. 결코 강요할 수 없다. 그 형태가 어떠하든 긍정적인 의미는 건강과 삶의 질에 지속적인 보호 효과를 가져온다. 이러한 현상은 인체 면역 결핍 바이러스(HIV)에 감염된 사람들이 쓴 이야기를 검토한 두 개의 연구에서 검증되었다.

UCLA의 Julieann Bower와 동료(Bower, Kemeny, Taylor, & Fahey, 1998)들이 수행한 첫 번째 연구에서는, 객관적인 평정자들이 후천성 면역 결핍 증후군(AIDS)으로 인해 사별한 사람들의 이야기를 읽으면서, 이 사건을 통해서 의미를 찾으려고 하거나 실제로 발견했다는 언급이 있는지를 코딩했다. 단지 의미를 찾으려는 시도는 어떠한 건강상의 이득도 가져오지 못했다. 그러나 이러한 슬픈 사건에 담긴 의미를 발견한 사람들은 그 의미가 어떤 형태이든 의미를 발견하지 못한 사람들에 비해 면역 기능이 향상되었고, AIDS 관련 사망률도 더 낮았다.

두 번째 연구는 Wendi Vierra의 논문인데, 나와 학생들(Vierra, Dickinson, & Greenberg, 2001)은 두 회기에 걸쳐 그 질병에 대한 자신의 경험을 쓴 HIV 양성인 게이 남성을 대상으로 이야기에 표현된 긍정적인 신념 평가가 갖는 잠재적인 보호 효과를 연구했다. 우리는 각각의 이야기들을 구체적인 생각 단위로 나누고, 그 생각의 단위가 긍정적인 신념을 전달하는지 아니면 부정적인 신념을 전달하는지의 비율을 코딩했다. 그 결과, 부정적인 신념은 심리적 적응과 관련이 없었던 반면에, HIV에 대한 긍정적인 신념의 비율이 더 높았던 참가자들은 몇 달 후에 우울 증상을 더 적게 보고했다. 긍정적인 신념 평가는 HIV에 감염된 것과 관련된 개인적인 의미와 여러 긍정적인 측면을 시사하고 있다. 예를 들면, 개인의 강점과 영적 성장을 인식하게 되고, 다른 사람에 대한 친밀감과 애정을 느끼게 되며, HIV에 대해 교육하거나 지역사회에 봉사할 수 있는 기회를 갖게 되거나, 중독으로부터 벗어나 가치지향적이고 진정한 삶을 살 수 있는 기회를 갖게 되는 것 등이다.

요약하면, 자신의 정서적 이야기를 말한다는 것은 단지 과거 사건을 열거하는 것만이 아니다. 오히려 다른 사람들과의 관계를 깊게 하고, 그 사건의 의미를 긍정적인 방식으로 변화시키며, 더 의미 있는 삶을 살도록 하면서 외상이 자신과 앞으로의 세대에게 재발되지 않도록 새로운 길과 방향을 강조하는 잠재력을 가진 역동적인 재건 과정이다. 그러므로 정서적 이야기 만들기는 긍정심리학을 위한 강력한 도구를 나타낸다. 우리가 이와 관련된 과정들에 대해 많은 것을 알게 되었지만, 사람들이 스트레스 경험으로부터 살아남고 성장하도록 돕기 위해 이야기가 가진 힘을 최대한 효과적으로 활용하기 위해서는 배워야 할 것들이 아직도 많이 남아 있다.

| 개인적인 작은 실험들 |

당신의 스트레스 사건에 대한 정서적 이야기를 만들어라

이 장에서, 우리는 스트레스를 겪고 난 후 정서적 이야기 만들기가 갖는 효과와 이점에 대해서 논의했다. 이 기법은 어린 시절의 경험과 만성적이거나 생명을 위협할 정도의 질병, 개인적 좌절, 대인관계 문제, 사별 등을 포함한 다양한 종류의 스트레스를 다루는 데 사용될 수 있다. 우리는, 당신이 이러한 사건들이 어떻게 당신의 삶에 영향을 미쳤는지 이해하고, 그러한 경험 속에서 개인적이고 의미 있는 성장 가능성을 발견할 수 있도록 당신 자신의 정서적 이야기를 쓰도록 독려할 것이다.

이야기를 쓰기 위한 안전한 맥락 만들기 첫째, 글쓰기를 위해 구체적인 장소와 시간을 설정하라. 글을 쓰는 장소는 조용하고 편안해서 어떠한 방해나 간섭이 없어야 하다. 글을 쓰기 전에, 당신은 기지개를 켜거나, 깊은 숨을 한 번 쉬고, 아니면 조용히 앉아서 무슨 생각이 떠오르는지 관찰해보고 싶을 것이다. 글을 쓰는 동안에는 어떤 이유에서건 그 과정이 방해되어서는 안 된다. 모든 휴대전화를 끄고 전화벨은 무음으로 해놓아라. 다른 사람들에게 당신이 방해받아서는 안 된다고 말하라. 사생활을 지키기 위해서 당신의 일지를 보관할 장소에 대한 계획을 마련하라. 마지막으로, 당신은 일시적으로 화가 나거나, 슬퍼질 수도 있으며, 또한 그만두고 묵상에 잠길 수도 있으므로, 글을 쓰고 나서 일상의 삶으로 전환하기까지 충분한 시간을 가져라. 글 쓰는 시간을 보통 20분에서 40분 정도로 규정해놓고 시간이 다 되면 글 쓰는 것을 그만두어라. 당신은 하루에 한 번이나, 며칠에 한 번씩 쓰기를 원할 수도 있다. 매일 동일한 시간과 같은 장소에서 글을 쓰도록 노력하라. 원한다면, 글쓰기를 시작하기 전에 전날의 일지를 읽고 그것에 대해 생각해보고, 반성할 수 있을 것이다. 자신의 글을 읽을 때, 당신에게 떠오르는 새로운 통찰력과 당신의 느낌들을 알아차려라.

스트레스 사건에 대한 정서적 이야기 쓰기 다음의 지시들은 표현적 글쓰기에서 사용된 것들과 유사하다. 다음 20분에서 40분 동안, 당신은 과거나 현재에 스트레스를 주었거나 곤란한 사건들에 대해 쓸 수 있다. 글을 쓰기 전에 마음속에 그곳에 있던 사람들, 장면, 소리, 냄새, 그리고 그 사건들을 그리려고 노력하라. 당신의 신체에서 무엇을 느끼는지, 그리고 머리에 어떤 생각이 떠오르는지를 알아차려라. 이제, 그 사건이 다시 일어나는 것처럼 그것에 대해 글을 쓰기 시작하라. 그 사건과 관련된 마음에서 우러나는 느낌들과 생각들을 경험해보고, 그것들을 당신의 이야기 속에 통합하려 노력하라. 또한 당신은 이 사건 이전에 당신의 삶이 어떠했는지, 사건 당시 어떻게 생각하고 있었는지, 그리고 이후에 어떤 영향을 받았으며, 현재까지도 여전히 영향을 받고 있는지에 대해서 생각해보기를 원할 수도 있다. 당신에게 떠오르는 생각이나 느낌은 그 어떤 것이라도 판단하지 말고, 이야기 속에 넣도록 노력하라. 문체나 철자, 문법에 대해서는 걱정하지 말라. 그보다는 당신 자신의 경험에 대해서 좀 더 자발적이고 개방된 자세로 글을 써라.

정서적 이야기에 새로운 의미를 더하기   어떤 사람들은 이전의 연습을 통해서 이러한 사건의 맥락 속에 담겨 있는 느낌과 반응을 충분히 이해하고, 경험하며, 존중할 수 있다. 반면, 다른 이들은 자신의 정서적 이야기에 새로운 의미를 의도적으로 더함으로써 그것을 변형하거나, 그들의 이야기 속에 새로운 통찰력을 글에 통합하기를 원할 것이다. 당신이 이런 경우라고 한다면, 다음 연습들을 시도해볼 수 있다.

당신의 이야기를 쓰고 그 사건에 대한 생각들과 느낌들을 온전히 경험하도록 하는 과정을 통해서, 당신은 그 사건을 전혀 다른 방식이나 새로운 관점에서 보게 될 것이다. 이런 경우라고 한다면, 이러한 새로운 관점을 당신의 이야기에 포함시켜라. 당신은 그 사건에 대한 새로운 사고방식, 당신이 전념할 수 있는 새로운 가치와 목표들, 혹은 그 사건을 보다 용이하게 다루거나 받아들이기 위해 취하고 싶은 행동을 발견할 수 있을 것이다.

이처럼 어려운 경험에서 벗어날 수 있는 긍정적이거나 의미 있는 것들에는 무엇이 있을까? 당신은 자신의 경험을 다른 사람을 돕거나 가르치는 데, 아니면 당신 자신을 보다 더 잘 돌보기 위해서 배우는 데, 혹은 미래의 위험으로부터 당신 자신과 가까운 사람들을 보호하는 데 사용할 수 있겠는가? 다음 20분에서 30분 동안 당신은 새로운 이야기를 쓰거나, 예전 이야기의 새로운 판을 쓸 수 있다. 예를 들면, 당신은 살아남거나 대처하는 당신의 능력과 강점을 존중하는 글이나, 새롭고 보다 더 긍정적인 관점이나 방향으로 당신을 정의하는 글을 쓸 수 있다.

> 참고문헌

Abramson, L. Y., Seligman, M. E. P., & Teasdale, J. D. (1978). Learned helplessness in humans: Critique and reformulation. *Journal of Abnormal Psychology, 87*, 49-74.

Beckwith McGuire, K. M., Greenberg, M. A., & Gevirtz, R. (2005). Autonomic effects of expressive writing in individuals with elevated blood pressure. *Journal of Health Psychology, 10*, 197-209.

Bower, J. E., Kemeny, M. E., Taylor, S. E., & Fahey, J. L. (1998). Cognitive processing, discovery of meaning, CD4 decline, and AIDS related mortality among bereaved HIV-seropositive men. *Journal of Consulting and Clinical Psychology, 66*, 979-986.

Bray, S. (2004). *A healing journey: Writing together through breast cancer.* Amherst, MA: Amherst Writers and Artists Press.

Creswell, J. D., Lam, S., Stanton, A. L., Taylor, S. E., Bower, J. E., & Sherman, D. K. (2007). Does self-affirmation, cognitive processing, or discovery of meaning explain cancer-related health benefits of expressive writing? *Personality & Social Psychology Bulletin, 33,* 238-250.

Dickinson, P. E. (2005). *Written emotional expression in spousal caregivers of cancer patients.* San Diego, CA: California School of Professional Psychology at Alliant International University.

Esterling, B. A., Antoni, M. H., Fletcher, M. A., Margulies, S., & Schneiderman, N. (1994). Emotional disclosure through writing or speaking modulates latent Epstein-Barr virus antibody titers. *Journal of Consulting and Clinical Psychology, 62,* 130-140.

Fredrickson, B. L. (2001). The role of positive emotions in positive psychology: The broaden-and-build theory of positive emotions. *American Psychologist, 56,* 218-226.

Frisina, P. G., Borod, J. C., & Lepore, S. J. (2004). A meta-analysis of the effects of written emotional disclosure on the health outcomes of clinical populations. *The Journal of Nervous and Mental Disease, 192,* 629-634.

Greenberg, M. A., & Lepore, S. J. (2004). Theoretical mechanisms involved in disclosure: From inhibition to self-regulation. In I. Nyklicek, A. J. J. M. Vingerhoets, & L. R. Temoshok (Eds.), *Emotional expression and health: Advances in theory, assessment and clinical applications* (pp. 43-60). London: Brunner-Routledge.

Greenberg, M. A., & Stone, A. A. (1992). Emotional disclosure about traumas and its relation to health: Effects of previous disclosure and trauma severity. *Journal of Personality and Social Psychology, 63,* 75-84.

Greenberg, M. A., Wortman, C. B., & Stone, A. A. (1996). Emotional expression and physical health: Revising traumatic memories or fostering self-regulation? *Journal of Personality and Social Psychology, 71,* 558-602.

Horowitz, M. J. (1986). *Stress response syndromes* (2nd ed.). Northvale, NJ: Aronson.

Janoff-Bulman, R. (1992). *Shattered assumptions: Towards a new psychology of trauma.* New York: Free Press.

Joseph, L. M., & Greenberg, M. A. (2001). The effects of a career transition program on reemployment success in laid-off professionals. *Consulting Psychology Journal, 53,* 169-181.

Krystal, H. (1988). *Integration and self-healing: Affect, trauma, alexithymia.* Hillsdale, NJ: Analytic Press.

Lepore, S. J., & Greenberg, M. A. (2002). Mending broken hearts: Effects of expressive writing on mood, cognitive processing, social adjustment, and health following a relationship breakup. *Psychology and Health, 17,* 547-560.

Lepore, S. J., Greenberg, M. A., Bruno, M., & Smyth, J. M. (2002). Expressive writing and health: Self-regulation of emotion-related experience, physiology, and behavior. In S. J. Lepore & J. M. Smyth (Eds.), *The Writing Cure* (pp. 99-117). Washington, DC: American Psychological Association.

Lepore, S. J., & Helgeson, V. (1998). Social constraints moderate the relation between intrusive thoughts and mental health in prostrate cancer survivors. *Journal of Social and Clinical Psychology, 17,* 89-106.

Lepore, S. J., Silver, R. C., Wortman, C. B., & Wayment, H. A. (1996). Social constraints, intrusive thoughts, and depressive symptoms among bereaved mothers. *Journal of Personality and Social Psychology, 70,* 271-282.

Maier, S. F., & Seligman, M. E. P. (1976). Learned helplessness: Theory and evidence, *Journal of Experimental Psychology: General, 105,* 3-46.

Mineka, S., & Henderson, R. (1985). Controllability and predictability in acquired motivation. *Annual Review of Psychology, 36,* 495-530.

Overmier, J. B., & Seligman, M. E. P. (1967). Effects of inescapable shock upon subsequent escape and avoidance responding. *Journal of Comparative and Physiological Psychology, 63,* 28-33.

Pennebaker, J. W., & Beall, S. (1986). Confronting a traumatic event: Towards an understanding of inhibition and disease. *Journal of Abnormal Psychology, 95*, 274-281.

Pennebaker, J. W., Kiecolt-Glaser, J. K., & Glaser, R. (1988). Disclosure of traumas and immune function: Health implications for psychotherapy. *Journal of Consulting and Clinical Psychology, 56*, 239-245.

Pennebaker, J. W., Mayne, T. J., & Francis, M. E. (1997). Linguistic predictors of adaptive bereavement. *Journal of Personality & Social Psychology, 72*, 863-871.

Pennebaker, J. W., & Seagal, J. D. (1999). Forming a story: The health benefits of narrative. *Journal of Clinical Psychology, 55*, 1243-1254.

Petrie, K. J., Booth, R., Pennebaker, J. W., Davison, K. P., & Thomas, M. (1995). Disclosure of trauma and immune response to a Hepatitis B vaccination program. *Journal of Consulting and Clinical Psychology, 63*, 787-792.

Pitman, R. K., & Orr, S. P. (1990). The black hole of trauma. *Biological Psychiatry, 27*, 469-471.

Scheff, T. J. (1979). *Catharsis in healing, ritual, and drama.* Berkeley: University of California Press.

Seligman, M. E. P., & Maier, S. F. (1967). Failure to escape traumatic shock. *Journal of Experimental Psychology, 74*, 1-9.

Siegel, K. M., Greenberg, M. A., & Longstreth, G. F. (2003). *Emotional disclosure and symptoms, emotional distress, healthcare utilization, and quality of life in IBS: a controlled trial.* Poster presented at Digestive Diseases Week, Orlando, FL.

Smyth, J. M. (1998). Written emotional expression: Effect sizes, outcome types, and moderating variables. *Journal of Consulting and Clinical Psychology, 66*, 174-178.

Spera, S. P., Buhrfiend, E. D., & Pennebaker, J. W. (1994). Expressive writing and coping with job loss. *The Academy of Management*

Journal, 37, 722-733.

Swanbon, T., Boyce, L., & Greenberg, M. A. (2008). Expressive writing reduces avoidance and somatic symptoms in a population subject to chronic inhibition. *British Journal of Health Psychology, 13*(1), 53-56.

van der Kolk, B. (1994). The body keeps the score: Memory and the evolving psychobiology of traumatic stress. *Harvard Review of Psychiatry, 1,* 253-265.

van der Kolk, B., & van der Hart, O. (1991). The intrusive past: The flexibility of memory and the engraving of trauma. *American Imago, 48,* 425-454.

Vierra, W., Dickinson, P., & Greenberg, M. A. (2001, May). *The relationship of belief appraisals to depression in HIV: A narrative study.* Poster presented at the European Conference on Traumatic Stress, Edinburgh, Scotland, United Kingdom.

Weits, G. I., Greenberg, M. A., & Szer, I. (2007, March). *Verbal emotional expression in Juvenile Primary Fibromyalgia Syndrome (JPFS): Effects on physical and psychological health.* Paper presented at the annual meeting of the Society of Behavioral Medicine, Washington, DC.

Wiesel, E. (1977). *Night: A new translation from the French by Marion Wiesel.* New York: Hill & Wang/Farrar, Straus, & Giroux.

    요즘 한국사회의 키워드 중 하나는 '행복'이다. 행복도시, 행복기업, 행복학교, 행복전철과 같이 행복이라는 단어가 홍보문안을 채우고 있다. 행복에 관한 많은 책이 베스트셀러 대열에 오르고, 대다수의 지방자치단체나 기업들이 추구하는 핵심가치로 행복을 내세우고 있다. 이러한 현상은 행복에 대한 한국인의 갈망이 그만큼 강하기 때문인지 모른다.

    돌이켜보면, 한국사회의 지난 반세기는 사람다운 삶의 기본적 조건을 구축하기 위해 몸부림친 기간이었다. 일본의 강점에서 해방되어 한국전쟁을 치르고, 독재정권하에서 숨가쁘게 경제발전을 이루면서 가난에서 벗어나 의식주 문제를 해결할 수 있게 되었으며, 급기야 정치적 민주화까지 이루었다. 경제규모가 세계 10위권으로 성장한 한국은 20세기 후반에 경제발전과 정치민주화라는 두 마리 토끼를 모두 잡은 거의 유일한 나라로 여겨지고 있다.

    그런데 과연 이러한 한국사회에서 살고 있는 한국인들은 행복한가? 1인당 GDP 2만불 시대를 살고 있는 한국인들은 그에 걸맞은 행복을 누리고 있는가? 여러 통계지표에 따르면, 그렇지 않다. OECD 국가 중 한국은 자살률 1위, 이혼율 2위, 직업 스트레스 1위, 국민행복도는 하위권(30개국 중 25위)으로 나타나고 있다. 이러한 지표들은 한국인이 경제적 발전수준에 비해 현저하게 불행한 삶을 살고 있다는 것을 보여주고 있다.

21세기 한국사회의 화두 중 하나는 물질적 풍요를 어떻게 정신적 행복과 성숙으로 승화시키느냐는 것이다. 우리 사회에 행복을 표방하는 슬로건은 난무하지만 행복에 대한 심도 있는 논의는 드물다. 아직도 물질적 풍요가 곧 행복이라고 여기는 인식이 우리 사회에 팽배해 있다.

최근에 심리학 분야에서 새롭게 부각되고 있는 긍정심리학은 한국사회가 주목해야 할 학문분야다. 자칫 추상적이고 사변적인 탁상공론으로 흘러갈 수 있는 행복의 주제에 대해서 과학적이고 체계적인 접근을 하고 있기 때문이다. 또한 행복을 증진할 수 있는 개인적 · 사회적 방법을 다양하게 제시할 뿐만 아니라 그 효과를 실증적으로 검증하는 장치까지 갖추고 있다. 더구나 최근에 이루어지고 있는 긍정심리학의 발전은 눈부시다. 연구뿐만 아니라 실제적 적용에 있어서도 다양한 접근이 시도되고 있다.

긍정심리학에 관한 최근의 문헌을 대학원생들과 함께 공부해 가던 중에 저명한 긍정심리학자인 Shane Lopez가 편집한 〈긍정심리학 시리즈〉를 발견하게 되었다. 네 권으로 구성된 이 시리즈는 긍정심리학의 네 가지 핵심주제, 즉 (1) 행복과 성공으로 인도하는 성격강점의 발견과 활용, (2) 주관적 행복의 핵심을 이루는 긍정 정서의 이해와 활용, (3) 인생의 고난과 역경을 통한 성장, (4) 개인과 조직이 잠재력을 최대한 발휘하며 번영하는 사회에 대한 최근의 연구결과들을 체계적으로 잘 소개하고 있다. 특히 다양한 주제를 집필한 집필자들이 긍정심리학 분야의 최고 전문가들로 구성되어 있어 최근의 핵심적 연구결과를 압축적으로 잘 소개하고 있다. 이 시리즈를 대학원생들과 함께 읽으면서 한국

독자들에게 소개하고 싶은 마음을 내게 되었다.

〈긍정심리학 시리즈〉의 각 장은 서울대학교 임상·상담심리학연구실의 여러 대학원생들에 의해서 초역되었다. 이들 중 책임번역자로 자원한 정지현 선생이 1권을, 임선영·김기환 선생이 2권을, 박선영·하현주 선생이 3권을, 그리고 임영진·신우승 선생이 4권을 맡아 초역된 문장을 원문과 대조하며 다듬었다. 이렇게 다듬어진 원고를 역자대표가 최종적으로 검토하고 수정하여 역서를 발간하게 되었다.

네 권의 역서를 준비하는 과정은 고난과 역경을 통해 성장하는 과정에 가까웠다. 일곱 명의 책임번역자 선생들에게는 더더욱 그러했을 것이다. 역자대표의 반복되는 수정 요구에 묵묵히 인내하며 각자의 강점을 발휘하면서 최선을 다해준 그들에게 감사의 마음을 전한다. 또한 2년 전에 이 책을 함께 공부하며 초역을 맡아주었던 김윤희, 김지영, 하승수, 서장원, 조혜진, 홍바울, 전주리, 이슬아 선생의 소중한 노력이 이 역서의 곳곳에 담겨 있음을 밝히며 모두에게 고마운 마음을 전한다. 아울러 이 역서의 발간을 위해 물심양면으로 지원해주신 학지사 김진환 사장님과 편집을 맡아주신 이지혜 차장님께도 감사드린다. 아무쪼록 이 역서가 긍정심리학을 공부하고자 하는 독자들의 갈증을 조금이라도 해소하는 데 도움이 되기를 소망한다.

2011년 8월
역자 대표 권 석 만

> 찾아보기

〈인 명〉

〈내 용〉

Shane J. Lopez Clifton 강점 연구소의 연구책임자이며 갤럽의 선임연구자다. *Journal of Positive Psychology*의 편집위원이자 디스커버리 채널의 입학 전 교육 프로그램인 'Ready, Set, Learn' 의 자문위원으로도 활동하고 있다. 현재 학교장면에서 희망 훈련 프로그램의 효과를 연구하고 있으며, 심리학적 용기 모델을 발전시키고 있을 뿐만 아니라 교육, 직업, 건강, 가족의 기능에 있어서 삶의 기술이 어떤 결과를 산출하는지 그 연결고리를 탐색하고 있다. 저서로는 C. R. Snyder와 공저한 *The Handbook of Positive Psychology, Positive Psychological Assessment: A Handbook of Models and Measures, Positive Psychology: Scientific and Practical Explorations of Human Strength*가 있다.

Joshua Aronson New York 대학교의 발달 · 사회 · 교육심리학의 부교수로 있으며, 소수 인종 학생과 여성들의 수학, 과학 과목의 성취에 미치는 사회 · 심리적 영향에 대해 연구하고 있다. 또한 *Improving Academic Achievement: Impact of Psychological Factors on Education*의 저자이며, 사회문제심리연구회 및 국립과학재단으로부터 Early Career 상을, 미국 심리학회로부터 G. Stanley Hall 강의 상을 수상한 바 있다. New York 대학교의 문화, 발달, 교육 연구 센터의 창립 이사를 역임하였다.

Margit I. Berman Maryland 대학교의 상담심리학과 방문 부교수이며, 외도, 이혼, 이별와 같은 연애관계의 스트레스 요인들과 스트레스 사건 후의 성공 경로, 커플 심리치료, 섭식장애의 심리치료에 관심을 가지고 있다.

Christopher A. Ebberwein Kansas 주의 위치타에서 직업 평가 및 직업 상담을 주로 하는 개업 상담심리학자로 활동하고 있다. 대학원에서 직업 발달 과정에 대해 강의해왔으며, 성인의 직업 변동에 주된 관심을 지니고 있다.

Robert D. Enright Wisconsin 대학교 Madison 캠퍼스에서 교육심리학과 교수로 재직 중이며, 자격증을 소지한 심리학자로서 20여 년간 대인관계에서의 용서에 대해 연구해왔다. *Forgiveness Is a Choice*(2001)와 아동용 도서인 *Rising above the Storm Clouds*(2004) 등 100건이 넘는 저술을 집필하였다.

Robert J. Fazio 'Hold the Door for Others' 라는 비영리 기관의 공동창립자이자 회장이다. Springfield College에서 운동 상담으로 석사학위를 받았고, Virginia Commonweath 대학에서 상담심리학 전공 및 컨설팅을 부전공으로 하여 박사학위를 받았다. Pennsylvania 대학교에서 박사 전 수련을 이수한 후 심리학 자격증을 취득하였고 리더십 연구소에서 재능과 리더십 자문가로 활동하고 있으며, 위기와 변화 시기에 재능 관리 해결과 성장 리더십을 전문으로 한다.

Patricia A. Frazier Minnesota 대학교에서 상담 및 사회심리학 교수로 재직 중이며, 사회심리학의 이론과 연구들을 상담심리학의 문제에 적용하여 두 영역을 연계하는 데 관심을 두고 있다. 주된 연구 분야는 관계 문제를 포함한 스트레스 사건 및 외상 사건의 적응과 관련된 요인들을 식별하는 것이었으며, 특히 외상 후 성장과 통제감 경험에 초점을 맞추고 연구하고 있다.

Melanie A. Greenberg San Diego의 재향 군인 건강 시스템 연구원으로서 만성 배통(back pain) 장애의 원인론과 치료에 대해 연구하고 있다. 또한 개업의로 활동하고 있으며, 샌디에이고에 있는 Alliant 국제 대학에서 14년 간 임상 및 건강심리학의 교수로 재직하였다. 외상에 대한 인지적 적응, 만성통증, 스트레스, 대처에 대한 심리사회적 측면과 같은 스트레스 및 건강심리학 관련 주제들에 대한 '감정표현적 글쓰기' 를 다룬 수많은 논문과 저서를 집필하였다.

H'Sien Hayward Havard 대학교의 임상심리학 박사 과정생이며, Richard J. McNally 교수와 함께 외상과 탄력성에 대해 연구하고 있다. Stanford 대학교에서 심리학 학부와 석사 과정을 마쳤고, 정서조절과 미국 현

대문화에서의 안녕감이라는 주제로 연구하였다. 학부와 대학원 과정 사이에 Pennsylvania 대학교의 긍정심리학 센터에서 장애인을 대상으로 한 낙관성 및 탄력성 훈련에 대해 연구한 바 있다.

Clyde Hendrick Texas 공과대학의 심리학과 교수(Paul Whitfield Horn Professor)이며, 친밀한 관계, 과학철학, 종교심리학 연구에 주된 관심을 가지고 있다. 수많은 저서와 원고, 학회지 논문을 발표하였다.

Susan S. Hendrick Texas 공과대학의 심리학과 교수(Paul Whitfield Horn Professor)이며, 친밀한 관계에 대한 학문적 관심을 지니고 있으며, 임상적으로 는 커플 치료와 심리사회적 종양학(oncology)에 관심을 두고 있다.

Anthony C. Holter Notre Dame 대학교에서 가톨릭 교육 리더십 프로그램 연합의 교수로 재직 중이다. 그는 Wisconsin 대학교 Madison 캠퍼스에서 교육심리학 박사학위를 받았으며, 건강한 발달에 기여하는 교육활동과 배경에 대해 연구하고 강의하고 있다.

Chad M. Magnuson Wisconsin 대학교 Madison 캠퍼스의 박사과정생으 로, 용서하는 '지역사회'의 발달이 개인과 집단 기능에 어떤 영향을 주는지에 관심을 가지고 있다. 최근 미국과 북아일랜드의 용서 교육 프로젝트의 연구 진 행자로 활동하고 있다.

Tayyab Rashid Pennsylvania 대학교의 긍정심리학 센터의 임상 자문위원 이자, 캐나다 온타리오의 토론토 지부 학교위원회에서 일하고 있다. 뉴저지 주 의 티넥 시에 있는 Fairleigh Dickinson 대학에서 임상심리학 박사학위를 받았 고, Pennsylvania 대학교에서 박사후 과정 특별 연구원으로 있으면서 Martin Seligman과 긍정심리치료(PPT)라 불리는 우울증의 새로운 심리치료를 개발하 였다. Rashid 박사는 널리 알려진 일화인 '물이 반이나 담긴 컵'에 대해 적극 적으로 연구하고 강의하고 있다.

Leoandra Rogers New York 대학교의 발달심리학 박사학위 지원자로서, 소수 인종 청소년들의 정체감 발달, 특히 그들이 부정적인 고정관념을 어떻게 해석하고 대응하는지와 그것이 학업적 성취에 미치는 함의에 초점을 맞추고 연구하고 있다.

Karrie A. Shogren Texas 대학교 Austin 캠퍼스에서 특수교육학과 조교수로 있으며, 지적장애 및 발달장애를 가진 아동·청소년·성인들을 대상으로 하여 자기결정의 발달에 주로 관심을 가지고 연구하고 있다. 또한 자기결정과 장애인에게 긍정심리학을 적용하는 것에 대한 다양한 논문들을 발표하였다.

Ty Tashiro Maryland 대학교의 상담심리학과 조교수로 있으며, 그는 사회심리학의 기초과학적 발견을 치료 장면에서 흔히 대두되는 대인관계 문제에 대한 개입에 적용하는 데 관심을 두고 있다. 또한 자기개념 이론에 근거하여 이별 혹은 이혼 후 경험하는 고통이 미래의 관계를 강화시키는 개인적 성장의 기회를 제공할 수 있다는 가능성에 대해 연구하고 있다.

Michael L. Wehmeyer Kansas 대학교의 발달장애 센터와 Kansas 대학교 양쪽에서 특수교육학 교수이자 감독자로 있다. 자기결정과 지적장애 학생과 발달장애 학생 교육에 지속적으로 관심을 가지고 있으며, 200편 이상의 학회지 논문을 발표하였고, 관련 주제에 대한 20권의 책을 공동으로 집필하거나 편집한 바 있다.

Tammy Lowery Zacchilli 현재 Saint Leo 대학교의 부교수로 재직하고 있다. 그녀는 2007년 5월에 Lubbock에 소재하는 Texas Tech 대학교에서 사회심리학 전공으로 박사학위를 받았으며, 고급과정의 강사에게 수여하는 대학원생 교육상을 수상했다. 그녀의 교육 관심사는 사회심리학, 통계학, 연구방법론, 성격심리학, 발달심리학, 친밀한 관계, 심리학개론이며, 연구 관심사는 낭만적 관계의 갈등과 사회적 배척에 관한 것이다.

■■■ 역자 소개

권석만
서울대학교 대학원에서 임상심리학 전공으로 석사학위를 받았으며 호주 Queensland 대학교에서 박사학위를 받았다. 현재 서울대학교 심리학과 교수로 재직하고 있으며, 한국임상심리학회 회장과 서울대학교 대학생활문화원장을 역임하였다. 주요 저서로는 『긍정 심리학: 행복의 과학적 탐구』『현대 이상심리학』『인간관계의 심리학』『인생의 2막 대학생활』『우울증』『자기애성 성격장애』(공저), 『이상심리학 총론』(공저) 등이 있으며, 역서로는 『마음읽기: 공감과 이해의 심리학』『인지치료의 창시자: 아론 벡』『인생을 향유하기: 행복체험의 심리학』(공역), 『심리도식치료』(공역), 『정신분석적 사례이해』(공역), 『정신분석적 심리치료』(공역) 등이 있다.

박선영
서울대학교 대학원에서 임상·상담심리학 전공으로 석사학위를 받았으며 박사과정을 수료했다. 신촌 세브란스 병원에서 임상심리 수련과정을 수료했으며, 임상심리전문가와 정신보건임상심리사(1급) 자격을 취득하였다. 현재 서울대학교 강사, 마음사랑 인지행동치료센터 선임연구원으로 활동하고 있다. 저서 및 역서로는 『여덟살 심리학』(공저), 『임상노년심리학』(공역)이 있으며, 사회 불안과 신체화 증상에 관한 논문이 있다.

하현주
서울대학교 대학원에서 임상·상담심리학 전공으로 석사학위를 받았다. 상담심리사(1급) 자격을 취득하였으며, 서울디지털대학교 상담센터, 서울대학교 전기공학부 학생생활연구실 상담원을 거쳐 현재 서울대학교 대학생활문화원에서 전임상담원으로 재직하고 있다. 마음챙김 명상 경험에 영향을 미치는 심리적 특성에 관한 논문이 있다.

긍정심리학: 인간의 최고 상태에 대한 탐구 3

역경을 통해 성장하기

2011년 9월 30일 1판 1쇄 발행
2017년 9월 25일 1판 2쇄 발행

엮은이 • Shane J. Lopez
옮긴이 • 권석만 · 박선영 · 하현주
펴낸이 • 김 진 환
펴낸곳 • ㈜ **학지사**

04031 서울특별시 마포구 양화로 15길 20 마인드월드빌딩 5층

대표전화 • 02) 330-5114   팩스 • 02) 324-2345

등록번호 • 제313-2006-000265호

홈페이지 • http://www.hakjisa.co.kr
페이스북 • https://www.facebook.com/hakjisabook

ISBN 978-89-6330-763-3 94180
    978-89-6330-760-2 (set)

정가 15,000원

역자와의 협약으로 인지는 생략합니다.
파본은 구입처에서 교환하여 드립니다.

이 책을 무단으로 전재하거나 복제할 경우 저작권법에 따라 처벌을 받게 됩니다.

교육문화출판미디어그룹 학지사

학술논문서비스 **뉴논문** www.newnonmun.com
심리검사연구소 **인싸이트** www.inpsyt.co.kr
원격교육연수원 **카운피아** www.counpia.com

긍정심리학 시리즈

• 인간의 최고 상태에 대한 탐구 •

1권: 인간의 강점 발견하기

인간의 강점을 발견하는 것이 왜 중요한지를 보여주는 사례와 함께 강점을 측정하는 대표적인 척도들을 소개하고 있다. 아울러 대표적인 세 가지 강점, 즉 지혜, 용기, 낙관성이 제공하는 여러 가지 이득과 더불어 긍정심리학이라는 선물을 어떻게 전 세계로 전달할 수 있을지를 제시하고 있다.

2권: 정서적 경험 활용하기

긍정적인 정서 경험을 어떻게 생산적인 방식으로 최대한 활용할 수 있는지를 제시하고 있다. 긍정 정서의 확장 및 축적 이론, 긍정 정서와 장수의 관계에 대한 연구, 그리고 다양한 사례를 통해서 긍정 정서를 증진하는 감사하기, 나눔, 정서 지능, 타인애(allophilia)가 우리의 삶에 제공하는 이득에 관해 소개한다.

3권: 역경을 통해 성장하기

인생에서 겪게 되는 역경과 상실 경험을 통해서 성장하게 된 개인적인 사례들과 더불어 역경이 우리의 삶에 도움을 주게 되는 과정의 설명체계를 제시하고 있다. 아울러 사랑의 갈등과 실연, 지적인 장애와 같은 특수한 역경, 직업 장면에서 겪는 역경을 극복하는 방법뿐만 아니라 역경으로부터 긍정적인 의미를 발견하는 방법을 소개한다.

4권: 인간의 번영 추구하기

인간이 자신의 능력을 최대한 발휘하며 성공적인 삶을 영위하는 번영(flourishing)을 다양한 측면에서 제시하고 있다. 완전한 정신건강의 의미, 행복에 기여하는 요인과 행복의 지속 가능성, 물질주의가 지니는 부정적인 역할과 아울러 가족, 학교, 직업 상황에서 사람들이 어떻게 리더로서 또는 구성원으로서 최적의 기능 상태를 발휘하며 번영하고 있는지를 소개한다.